拿破仑的外交策略

[法] 蒂埃里·伦茨 著　安康 陈沁 译

NAPOLÉON

DIPLOMATE

上海社会科学院出版社

万卷轩图书
WIPUB BOOKS

前 言

提及拿破仑时代法国与欧洲其他国家的关系时，人们脑海中便会立刻浮现出法国与英国、俄国、奥地利以及普鲁士之间的纠葛纷争，有时候可能还会联想到法国与当时被称作"第二集团势力"的德意志王国及德意志公国（巴伐利亚、符腾堡、萨克森、巴登等）、瑞典，甚至与西班牙的关系。法国与这些国家同样裹葛不清、争端不止。当然，我们无法回避的是，这种对外交往时常以"另一种方式"延续着。透过"拿破仑式的"战争，随军记者中的拿破仑主义者们往往喜欢将那些伟大的战争以及战争所带来的光荣反响拟成爆炸性的新闻，并且乐于传播这样的新闻。因此，法国执政府时期以及法兰西帝国时期的对外政治时常被简化成——面对纷繁复杂的情况时——各种武力的对抗。

本书探讨的是拿破仑的外交问题，书中既涵盖了"中心问题"（法兰西帝国），也详述了拿破仑时代法国与欧洲、非洲、东方及美洲等"周边问题"。

本书以四个系列专题的形式展开：

专题一，涉及"中心问题"。本专题将对拿破仑的欧洲计划进行概述。这是一个宏大的话题，我们努力在书中将这一计划（合理地）理论化。在他的计划里，这位法兰西人的皇帝自称查理曼大帝的"继任者"，他甚至认为，如此的自诩行为既合理又合法。不过，查理曼大帝对拿破仑的施政行为不可谓毫无影响，本专题将对此进行评论。

专题二，本书将把我们领向地中海的另一边，聚焦埃及战役的前世今生，并将战争的原因重新置于大的外交背景中进行考量；深入研究拿破仑时代法国与摩洛哥——一个虽屈膝于欧洲争权诸公的强大压力但仍保持独立的旧王国——之间的关系。

专题三，介绍拿破仑对欧洲三个地位不同的地区的政治策略：旧式王国，即西班牙王国，彼时的西班牙为封锁西欧并为达成与英格兰争夺制海权的企图而与法国缔结成强大的联盟；联合王国的一部分——爱尔兰，向往脱离联合王国，法国政府幻想这部分地区成为"英格兰版的旺代省"；没有国家的民族——波兰民族，小国"华沙大公国"是该民族的代表，它是法国的伙伴国，同时，当法国面对俄罗斯、奥地利和普鲁士时，它是对外政治的永恒的关键所在。

专题四，带领我们横跨大西洋。首先引起我们兴趣的是年轻的美国与法兰西帝国之间极其特殊的关系；最后，讨论围绕恢复奴隶制度这一棘手问题，波拿巴对安的列斯群岛的政治策略。

每个章节研究的内容相互独立，但是，我希望把这些研究纳入一种研究拿破仑功勋的方法——客观、毫不夸张、尊重历史的方法中去。自20世纪80年代末期，雅克·约库和让·图拉尔主编的刊物收录了几篇

我的早期文章，以及十年后法亚尔出版社的德尼·马拉瓦尔出版了我的作品《大执政府时代》（1999年）以及《法兰西第一帝国新史》（四卷，2002～2010年）以后，我便开始尝试遵循这种研究方法了。

蒂埃里·伦茨

2012年7月 巴黎

专题二 拿破仑的北非外交策略

拿破仑的野心决不止于欧洲大陆，他的外交跨过地中海，触及到非洲北部。

第三章 地缘政治与东方的诱惑：埃及之战源出何处？

◇ 波拿巴的东方梦想　◇ 督政府希望摆脱波拿巴吗？

◇ 周密外交计划中的一环：武力攻克埃及

第四章 海格力之柱　拿破仑与摩洛哥

◇ 穆莱·苏莱曼的摩洛哥　◇ 君主及其统治

◇ 与欧洲的贸易关系：孤立主义倾向

◇ 拿破仑执政时期法国和摩洛哥的关系

◇ 法兰西代表团在摩洛哥　◇ 波拿巴与摩洛哥的首次建交

◇ 1808 年之后的准战争　◇ 断断续续的直接关系

◇ 布雷尔上尉的任务　◇ 占领西班牙和葡萄牙的结果

◇ 从丹吉尔出发　◇ 离开马德里，抵达丹吉尔

◇ 观察国王　◇ 抵达非斯　◇ 摩洛哥皇帝的公开接见

◇ 第二次求见，遭拒　◇ 阿布谢利姆亲王的特别接见

◇ 与帕夏兼部长的会谈　◇ 返回吉丹尔

◇ 返回西班牙　◇ 与帕夏兼部长的最后一次会面

071　073　087

目录 CONTENTS

前言 001

导语　反思『拿破仑时代』的对外政策

专题一　拿破仑的欧洲外交策略 019

拿破仑，这位自称是查理曼大帝「继承者」的法兰西皇帝，曾酝酿着宏大的欧洲计划。他的宏伟蓝图究竟是怎样一番景象？又遇到了什么样的挫折？

第一章　拿破仑的『联盟体系』 021

◇ 拿破仑的宏伟蓝图　◇ 拿破仑体系的指导原则
◇ 反均衡政策体系：「联盟」梦想的破碎

第二章　『我是查理曼』 039

◇ 18世纪末的查理曼传奇　◇ 查理曼归来
◇ 拿破仑帝国寻根加洛林　◇ 拿破仑拜会查理曼
◇ 拿破仑加冕礼上的加洛林元素　◇ 查理曼：宣传和奉承的道具
◇ 查理曼「拯救」帝国政治

专题四　拿破仑横跨大西洋的外交

跨过大西洋，年轻的美国与法兰西之间有着怎样错综复杂的关系？安的列斯群岛与殖民地的奴隶制又是如何困扰这位伟大的法兰西皇帝的？ ……………… 205

第八章　不成功的约会：拿破仑与美国 ……………… 207

◇ 波拿巴及其同时代人眼中的「美国问题」
◇ 在美国：围绕外部关系建立一个国家
◇ 法国大革命：美国内政的分界线
◇ 美利坚与执政府时期的法兰西
◇ 路易斯安那事件与《莫尔泰丰坦协定》
◇ 美利坚，法国的盟友吗？　◇ 美国：英格兰人的「敌人」
◇ 拿破仑的最后一份美国计划

第九章　波拿巴、安的列斯群岛与殖民地的奴隶制 ……………… 241

◇ 夺回殖民帝国
◇ 废除奴隶制、圣－多明各和对英格兰战争
◇ 巴黎当权的殖民「游说集团」　◇ 与杜桑·卢维尔图尔的关系出现裂缝
◇ 波拿巴的抉择：强硬手段　◇ 镇压瓜德鲁普岛
◇ 重建奴隶制度　◇ 圣－多明各事件的结局

参考书目 ……………… 271

专题三 欧洲三地区的外交政策

波拿巴时期的法国政府，对于爱尔兰、西班牙、波兰都有过很多幻想，或者想将之变成自己的板块，或者变成自己的卫星国。拿破仑对这些国家的外交策略到底是如何践行的呢？

第五章 『英格兰版旺代省』的幻想：拿破仑与爱尔兰

◇ 1798 年起义以及亨伯特将军的全副武装 ◇ 罗伯特·埃米特起义的失败 ◇ 永不终结的计划

第六章 被法国轻视的盟国：1808 年之前的拿破仑与西班牙

◇ 西班牙与启蒙运动 ◇ 西班牙王国与法国大革命的开端 ◇ 路易十六诉讼案 ◇ 法西战争 ◇ 西班牙：法国的卫星国 ◇ 放荡的西班牙宫廷 ◇ 曼努埃尔·戈多伊 ◇ 反英格兰联盟 ◇ 戈多伊：如何摆脱联盟的陷阱？ ◇ 一种危险的优越感 ◇ 卡洛斯与费尔南德间的不和 ◇ 被迫退位与约瑟夫·波拿巴登基

第七章 波兰在拿破仑体系中的地位

◇ 从执政府到 1806 年战争：接受瓜分 ◇ 华沙大公国：一个被拿破仑体系征服的「波兰」 ◇ 姗姗来迟的波兰王国

135

137

149

188

导 语

反思"拿破仑时代"的对外政策

　　研究法国执政府时期以及第一帝国时期的国际关系，当然要研究战争或者拿破仑的个人角色。但这种研究同样要——甚至可以说是尤其要——建立在研究不同民族，即法兰西民族和非法兰西民族，发生的重大事件以及民族历史纠葛交错的相互作用基础上。个人作用同样扮演着重要的角色，这样的例子屡见不鲜，从这个意义上来说，拿破仑并非这个时代唯一的"伟人"，在这个时代同时诞生了许多被证实的天才，例如塔列朗、梅特涅、卡斯尔雷、亚历山大一世、教皇庇护七世等。很长时期以来，研究法国的国际关系只能围绕传统和习惯展开，重点强调那些每个国家和朝代都存在的野心和恐惧。但法国国际关系发展的根源早在这十五年的执政府时期以前便埋下了，若要理解所谓的"拿破仑时代"，就必须从最广泛的层面进行考察。

国家与国家之间的关系时常受到一系列错综复杂的因果关系影响，复杂性是文章引人入胜必不可少的要素。但史书却并不总如是考虑。在很长一段时间内——甚至直到今天——当人们编纂历史时，总是倾向于把1799年至1815年之间的欧洲政治简化为"反"和"亲"拿破仑者之间的斗争，有时，落脚点几乎仅限于意识形态。一方面，拿破仑的拥护者向我们宣称，革命者的继承人必须直面"旧体制"支持者勾结联盟的局面；另一方面，就像盎格鲁·撒克逊的史书编纂者中激进分子鼓吹的那样，自由的英格兰本可以把欧洲从比"雅各宾主义"更加危险的"拿破仑暴政"手中"拯救"出来。将世界划分成"好"与"坏"的历史决定论观点几乎是在否定国与国之间关系的真正本质。夏尔·莫拉斯曾经有过一句名言——尽管我对这位作家的政治活动持保留意见——我将这句名言改编成我自己的话：对外政治不是一种感觉，而是一种交易。

意识形态的局限性

不能说大革命时期的外交史就是"符合道义"和宽容的，也不能把帝国时期的统治仅仅局限于武力征服以及追求霸权的范畴内。从某种意义上而言，法国大革命的继承者——拿破仑皇帝，或许也并非是人们通常听说的那般模样。

大革命时期的法国主动宣扬慷慨宽容的外交目标：除了"天然的疆

界"外，这个国家并没有额外的领土野心，它打算把一部"由人民自己掌握的法律"推广到全国各地。这两大基本原则很大程度上是一份表达意向的声明，更何况二者从某些方面来看是相互矛盾的，唯独对天然疆界的追求让这部《民法典》备受争议：对于那些在未来被"合并"（这里我们更倾向于使用"吞并"这个词汇）的莱茵河左岸、比利时以及东南部地区（阿维尼翁、尼斯、萨瓦）的居民来说，这部法律在实际生活中是如何行使运用的？说实在的：天然疆界理论在外交舞台上泛滥成灾，大量运用该理论的目的并非仅仅是把临近国家的革命者汇聚在同一面旗帜之下，或者是替高卢人讨回一个公道（回溯遥远的历史就是为了证明这一点），但同时，该理论也散发着一股扩张主义的气息，符合经济及战略层面的利益。合并后的领土蕴藏着各类"宝藏"：金银财宝、艺术珍品、待售商品以及冶金工业（尤其是那几个"比利时的省份"）。这些宝藏都是丹东在战争动员檄文中突出强调过的。在法国商人的眼中，那些原本就属于法国的国土也成了新的市场。这些地区提升了法国的国防实力：阿尔卑斯山脉、比利牛斯山脉、莱茵河。

事实上，督政府执政末期，法国的战争目标与国民公会时期要求的目标就已经背道而驰了。对抗"暴君"的斗争被抛弃，法国的天然疆界被打破，《民法典》的阐释受到限制。"吞并"已经开始好几年了：阿维尼翁及孔塔地区（1791年）、萨瓦（1792年）、尼斯（1793年）、比利时（1795年）以及日内瓦（1795年）。尽管直到1801年莱茵河地区才最终（《吕内维尔条约》）被法国合并，但在多年之前，这片地区就已经被法国视作领土。与此同时，随着姐妹共和国在意大利、荷兰、海尔维第的建立，在不出意外的情况下，借助参与度极低的全民公投，

《民法典》更进一步成为法兰西第一共和国革命拥护者的人民之法。传统外交重登舞台。为阻拦俄国北上，威慑英国的汉诺威王朝，法国与普鲁士结盟。德国南部及西部地区并入法兰西的势力范围，最终奥地利被排除在外，神圣罗马帝国覆灭。西班牙、荷兰和法国共同监控大西洋的欧洲大陆一侧。意大利企图利用自身地理位置的优势控制地中海。

因此，与其说拿破仑没有继承大革命理论的衣钵，倒不如说他是革命者，特别是督政府时期的革命者所奉行的"现实"政治理论的继承者。他并未背弃《民法典》的原则，也没有否认法国的天然疆界；如果说执政者们甚至曾打算过树立权威的话，那么，可以说以上这两点已经很久没有在法国的外交策略中出现过了。拿破仑比前人更加幸运，他继续巩固法国在欧洲的优势地位。在他执政的头十年间，法兰西帝国不断壮大。借助法兰西军事力量的强势推进，并且得益于拿破仑皇帝的创造性思维，帝国疆域呈现爆炸性扩张态势。"欧洲体系"的钟声已然奏响。

法国的征服和统治播下的种子生根发芽：《民法典》、废除封建制度（有时候是部分废除）、民族觉醒、自由及法治观念（依然模糊）等。必须要承认，即便法国的官员和拿破仑的追随者们自认为传播新思想是他们的荣耀（拿破仑皇帝虽没有否认，但也并没有因此便将其当作自己的政治目的），传播"革命"原则只不过是伴随武力征服的诸多效果之一，并非武力征服的主要缘由。

当我们试图辨别促使拿破仑追求"欧洲大陆的法兰西帝国"的原因时，当然不能忽视拿破仑的统治欲望：他对荣誉的追寻，他个人的野心，甚至不能忽视弥漫在他胸中那传播"大革命"或者"启蒙运动"思想的愿景。其中一切的因果关系都属于一种意识形态的模式，但对

我们来说，这似乎并不足以说明问题。后面的文章中我们还会回到这个问题上来。

拿破仑的角色

这个男人属于18世纪，也属于法国大革命，他醉心历史、渴望终结前人的事业。显而易见的是，拿破仑在国际事务的推进过程中扮演了举足轻重的角色。

面临决断时，他一步步摆脱了议会的约束。因此，在很大程度上，拿破仑可以同时自由地从帝国的各方面属性（众多的人口、高度繁荣的经济、有序的财政等）以及帝国卓越的军事机器中受益。在执政府时期，尽管拿破仑接受他人与己辩论，甚至容忍别人修改自己的思想，尽管他能够和塔列朗合作，但到后来，当他沿着自己制定的详细却永无定数的计划前行，并且该计划的发展变化始终难以预料时，他便再也不容许有人质疑他的权力。尽管拿破仑细心研读呈递到自己面前的材料和报告，工作勤勉，但他几乎不再征求同僚们的意见。他的每项决定都伴随着连珠炮似的命令和训诫，有时则是"刚出炉"的口述。因此，随着事态发展，他的命令极易发生变化。

拿破仑担任国家首脑期间，行为举止的首次转折点似乎出现在1805年的战场上。乌尔姆之战胜利后，塔列朗向他提交了一份十分重要的报告。在这份报告中，塔列郎建议战争就此结束，建议宽容地对待奥地利，甚至建议与奥地利结盟。这份报告准许将俄国排除在欧洲事务之外，将普鲁士框入德意志边境，保存奥斯曼帝国，同时迫使被孤立的英格兰接受和平。但法兰西外长并未听从这份报告中的建议。奥斯特利茨之战胜利数周后，拿破仑皇帝没有选择伸出友谊之手，相反地，他惩罚了奥地利，并且试图解决欧洲大陆的"体系"问题。这一体系的根基可溯至《普雷斯堡合约》的签订。1806年3月，缪拉在贝尔格登基，约瑟夫在那不勒斯登基为这一体系奠定了最初的基石。作为拿破仑的对手，涉身这一系列复杂关系的另一个人物——塔列朗被边缘化了：比如，在蒂尔西特谈判的过程中，他只扮演了一般的角色。这对他来说是种新的耻辱，但是他并没有在意。不管怎么说，他再也不是"后补部长"了（瓦雷斯杰尔）。当时，这两位法国的大人物分道扬镳了。究其原因，并非是因为他们中一位是利益熏心的"叛徒"，而另一位是不纳进言的"暴君"，而是因为二人政见相左、嫌隙极深，同时两个人的世界观也难以调和。

个人外交的时代已经来临：拿破仑皇帝与诸位皇帝会面，谈判的时候经常亲自上阵，根据需要推进或者改变计划。为顺应拿破仑政策的转变，法国外交部门几度易主：作为奥地利联盟与欧洲均势传统模式的拥趸，塔列朗让位给尚帕尼（1807年6月～1811年4月）。尽管这位前驻维也纳大使领导了在蒂尔西特确定的对俄政策，但他还是被马雷（1811年4月～1813年11月）所取代，后者也是拿破仑的虔诚侍随者。在他任职期间，法国同沙皇断交。1813年秋天，经历俄国战场"可怕的大灾难"（玛丽-皮埃尔·雷），拿破仑的欧洲体系遭受决定性毁灭后，为了哄骗亚历山大一世，前驻圣彼得堡大使科兰古被拿破仑任命为新的法国外相。不论这些人在元首面前能力素质几何，甚至对于科兰古来说，不论这些人斗志如何，都没有任何一个人可以真正影响拿破仑的意图。从法律角度而言，拿破仑通过部分修改宪法，把法兰西帝国的"对外防御"任务委托给国家元首。宪法规定，他可以在谈判活动以及条约核准方面获得最高的话语权（共和十年宪法第58条）。共和十三年宪法第50条规定，宣战必须经过法律程序，但这条款项失效了：最常发生的情况是，各个办公室会接到一份文件，文件后面附有带地址的选票——必须表示赞同——这份文件充当了法律文本的角色。拿破仑皇帝作为军队统帅，战争才能举世闻名。但他在处理以上事物方面也拥有无可置疑的合法性。拿破仑顶多也就是会在以宣传为目的的时候才会尊重宪法的程序。例如，经历了一场持续十个月之久的冲突后，为确保自己的主张得到贯彻，他在办公室紧急传达了《蒂尔西特条约》的内容。

法国的外交机构以及外交网络完全听命于国家元首。外交机构和外交网络重组，机构实力得到提升。到1808年，对外关系活动的预算从督政府时期的四百万法郎提高到近一千万法郎，数额与旧政体拨付给整个外交部的预算相当。拿破仑皇帝驻派各主要国家首都的使节们住着高屋大宅，生活排场远近闻名。这些人应该可以明显感受到法兰西帝国的伟大。

外交驻地网络的重建工作自执政府时期便已经开始了：《亚眠和约》（1802年）签订后，大使馆或公使馆的数量从8个增加到29个。但随后，隶属神圣罗马帝国或意大利王国的某些国家消亡了，因而驻这些国家的外交使团也被撤销。自此，这个数字几乎没有再发生过变化。与此同时，除欧洲外，法国在中东地区（阿勒颇、圣-让·德亚克等）、北非地区（亚历山大里亚、开罗、阿尔及尔、突尼斯、丹吉尔等）、美国（波士顿、纽约、巴尔的摩、新奥尔良等）或远东地区（澳门、广东等）的领事馆网络依旧保持着重要地位。

中央政府机构和各大使馆人员过剩的现象依旧十分明显。然而这些机构的行动余地却被一再压缩。他们被要求在最大程度上确保皇帝的命令得到贯彻执行。1804年，拿破仑写信给驻里斯本大使——拉内将军，为自己辩护道："任何一个单独的部门机构都不可能准确评估自身行为对全局体系所造成的影响。欧洲体系渐成，我们处理某个单一问题的方法都会波及其他。"在巴黎，那些来自拉贝斯纳尔迪埃和卡雅地区的人必须忍气吞声，尽管他们的能力并不逊于出身奥特理沃的首领。尽管远离权力中心，但大使馆中位高权重的大人物们也没有太多的自由可言，例如阿尔基耶（供职于马德里、那不勒斯、罗马、斯德哥尔摩、根本哈根）、安德列奥西（伦敦、维也纳，而后是君士坦丁堡）、奥托（伦敦、慕尼黑，随后是维也纳）、拉弗雷斯特（慕尼黑、柏林，然后是马德里）或者布尔古安（哥本哈根、斯德哥尔摩，随后是德累斯顿）。不过，凡事都有例外，有的人并没有遵守所有人都必须遵守的规则，也没有按照命令函上的要求执行，这个人就是弗朗索瓦·德·博阿内。他尝试——下文中我们将会看到——在西班牙施行自己的政治策略（"自由"阐释他自己所理解的拿破仑皇帝的意图）。具体表现为：亲近王储费尔南德，疏离国王卡洛斯四世。然而，当拿破仑皇帝决定扶持第三个人——通过他的哥哥约瑟夫登上王位这样的方式解决西班牙王朝的问题时，博阿内又不得不反过头来打压费尔南德。博阿内因此彻底失宠。

同所有的政府一样，拿破仑逐步"提拔"了一代新人：根据雅克·亨利－罗伯特的《拿破仑外交官大全》所载，1799年至1815年间，法国

共雇佣了170名外交官员，在这些人中，7人入职见习于路易十五时代，19人于路易十六时代，大革命时期有38人，执政府及帝国时期共计99人（占60%）。这些新官员是由他们的统领一手栽培出来的：只服务，无异议。当然，在从前的体制中，各部部长、驻各国大使以及履职各省的封疆大吏们的分量并不比现在要重多少，但是督政府——跟前任政府救国委员会一样——是集体决策机关，这至少为争论开启了一道门，也为外交官员的影响力留足了生存空间。但在类似拿破仑这样的人身上，这种情况不可能再发生了。

话已至此，可以这样说，单凭一个人的力量——这个人就是拿破仑——就能把整个帝国拖入武力征服和统治之中，并且从思想和肉体上对整个精英群体设卡防范，这样的看法有失偏颇。称霸之心，人皆有之。旧政权的拥趸梦想向自己的敌人，同时也是世仇——英格兰复仇。先进的革命者们则继续通过隆隆的炮声将自由抛向人民。温和派并没有彻底否定欧洲大陆体系。面对统帅的"天赋"，某些大使经常采取迎合的态度，然而，尽管那些纯粹是托制度的福才当政的人（马雷、萨瓦里、尚帕尼等）竭尽所能为拿破仑的政策服务，但却永远都不得要领。对经销商和供应商来说，亟待实现的好买卖不少，需要铲除的外国竞争者也很多。就像驻奥地利大使梅特涅于1808年9月寄给内阁的信中所写的那样，军人"只追求伤疤与青肿痕迹"。剩下的"鹰派"分子时常支持或者鼓励统帅的野心，目的在于从中谋利，尤其当拿破仑萌生灾难性的想法时，诸如重新征服圣-多美各、重建奴隶制度或者轻而易举地攻占西班牙。可每当拿破仑皇帝从战场凯旋而归，他听到人群山呼海啸般的欢呼或者各行各业的颂扬时，这又能说明些什么呢？

永恒的地缘政治和"利益"交锋

在对外政治领域，某一个人的想法和意愿并不能代表一切。这些想法和意愿必须要在一系列纷繁错杂的因果关系中找到正确的位置，必须立足于最广义的地缘政治概念、历史和经济基础之上。法兰西的敌对势力打着对抗"压迫者"的旗号，拿破仑主义者号称杰出领袖为全世界带去自由，但这两种想法的影响力都无法渗透到每个边边角角，当然不考虑其他人的想法也是不可能的，因为在这种特殊的情况下，其他人的想法并非无足轻重。

如此一来，当理解拿破仑时代国与国之间的关系以及理解各国冲突的历史时，地缘政治占据着相当重要的地位。1800年至1815年间，内陆国家仍旧保持原样，岛屿依然被海洋环绕，对"完美"领土的向往以及对自然资源或是交通要道的贪婪欲望继续催动着那些心怀"国土"野心的领导人展开行动。围绕着河流、海洋、山麓、人口密度、宗教以及其他"地缘政治"要素的历史造就了他们的野心。这些亘古未变的东西在这个时代不会消失，它们在国际生活中也从未消失过。如果这些东西震撼了欧洲历史，甚至催化了某些变革，那么法国大革命和法兰西帝国就算不上是一种突然且具有决定性意义的断裂——一种打破了延续数十年，有时甚至是数个世纪的，时常与政治纠葛不清的循环和演化的断裂。

法国和俄国依旧保持着欧洲大陆最多的人口；以多瑙河为重心，奥地利被分割成几个部分；德国的领土被划分成十余个国家实体；意大利沦为一种单纯的"地理上的表达"（梅特涅语），尚未看出政治上立刻获得统一的前景；西班牙王国拼命幻想自己实力强劲，他们认为南美洲领地的丰富的物产赋予了自己这种实力，但事实上，他们几乎快要控制不住南美洲了。再看另一组横向数据背景，情况变得更加复杂，例如宗教之间的地区边界、商业利益——我们不再称之为人口社会学——经济发展、大海的召唤——或者正相反——撤回陆地、军事传统等。如果说，在整个地缘政治领域里，必须研究某种思想的话，比如说革命战争和帝国战争中蕴含的极端复杂的因果性，我更愿意从两种不同的欧洲组织概念里寻求答案，彻底摆脱伦理道德的掣肘："均衡"与"体系"之间旷日持久的斗争。英格兰是捍卫前者的代表，而拿破仑的法国则创造了后者这个概念——我们将在后面的文章中进行描述——并试图围绕着这个概念谋划欧洲大陆。

让我们在其中一项要素上多停留片刻。这项要素总是藏身幕后，除了能在弗朗索瓦·克鲁泽和皮埃尔·布朗达最近的文章中看到它的踪影之外，研究拿破仑的历史学家几乎没有把它当作优先考虑的对象：这项要素就是经济斗争。"大陆封锁"充分证明了经济斗争的中心地位。然而该事件并不足以为这个问题的深远历史下注解。事实上，欧洲大陆禁运英国商品只不过是18世纪两个超级大国之间敌对状态更深远、更巨大层面的变体罢了。这种大陆级别的对抗绝非领土之争：双方没有任何直接的国境纷争。相反，虽然他们宣称反对"雅各宾主义"、反对"暴政"，但英格兰的精英分子也没有掩饰发动经济战争的企图。从波旁王朝的最后遗脉到拿破仑的陨落，在英吉利海峡的这一侧，法国人同英国人有着相同的情结。对封疆裂土的向往或是对"荣誉加身"的渴求，这一切都不能把法国的外交策略完全解释清楚。路易十五统治末期，舒瓦瑟尔难道没有承认为了抑制进而超越阿尔比恩①的实力，法国必须暂时放下欧洲大陆的活动，把精力集中在海外以及建立海上力量上面吗？从那时起，经济战争所需要的全部武器都被调动了起来：海关税率、控制原材料和海上航线、部分禁运、派遣海盗等。为给英格兰皇家财政最致命的打击，法国选择同"美国起义军"站在一起，法国的介入就属于这个范畴。

英格兰想在利益而不是道德领域获得平衡。因此，它将视线转向海洋，用武力建起一个又一个据点、港口，征服一片又一片领地。同时，英格兰也不会忽视欧洲大陆这条最主要的贸易出口。当然，英格兰必须控制几条大型海上航线，并且以直布罗陀海峡、马耳他、开普敦、马斯卡林群岛、芒什海峡以及赫尔格林岛作为航行支点，同时还必须保证欧洲客户的多样性和自由度。由于缺乏陆军，英格兰必须信任外交官和银行家，通过干预他国经济来抗衡实力强大到足以封锁欧洲大陆或是海军实力足以超越英国海军的敌人。他们有这样的意愿是千真万确的，对于这一点，英格兰的精英阶层承认得十分爽快。对他们来说，政治和经济之间的联系紧密而不可分割。凡事都有两面性：在阿尔比恩的战争目的中并无消灭对手这一项，其中包括法国，自从法国放弃领跑欧洲大陆的意愿后，英国便产生了这样的想法。因为最初，欧洲均衡的局势被理解

---

① 阿尔比恩，大不列颠岛古称——译者注。

成各方势力彼此中立。如此一来，和平带来的益处便可以维持下去。但是海军和工业部门的报告表明，这种英格兰式的"均势"是另一种控制形式的代名词，这种控制就是经济控制。因此，英式规划中的霸权主义色彩并不比革命时期以及随后帝国时期的法式规划要寡淡多少：英格兰人压根不在乎控制了多少土地或人口，他们在乎的是除掉殖民地的竞争对手、稳固本国工业、控制航行通道、占领欧洲市场。如果非得发动战争才能保持欧洲各国势均力敌并对外开放的话，英国也愿意借别人的手开战，包括向其他人借款。事实也正是如此，而英国的代价是背上巨额欠款。在这一点上，总是不乏愿意签字借钱的金主——商界对借款人信任有加。最终，尽管几乎从未派遣军队上过战场，但英国也没有在经济上"节省"下多少。

持久的深层实力

若要理解拿破仑时代的历史就不能不去理解法国外交的传统。当然，我们目睹过太多的联盟轰然坍塌，甚至太多违背自然规律的纷争，然而在各国领袖以及领袖身边的人当中总是流行着一种偏好——他们倾向于把以上这些事件称为从前的例子。拿破仑是其中表现得最特别的一个。他一直把自己当成查理曼大帝的直系继承人，并从千余年的历史中汲取政治动力。更普遍的情况是在没有要求外交部提供服务，向他陈述某一问题的历史之前，他从不着手解决这个问题。有时，他甚至要求将问题的历史追溯至几个世纪以前。战争初始的几个月中那股思想上的冲动一旦降火，法国的革命者就不得不倒向那些历经考验的联盟体系。人们有时乐于把法国大革命和法兰西帝国说成是一种断裂，但若从前文的意义层面而言，事实并非如此。

类似的事实也同样出现在其他国家。英格兰意图继续在其优势领域控制岛屿、海峡以及属于葡萄牙和荷兰的航海陆上补给地。面对南方的奥斯曼帝国，俄国在波兰问题上视奥地利为利益同盟国，然而对方却并不这么认为。巴伐利亚期盼获得法国保护，以免被南部的奥地利以及北部的普鲁士一口吞掉。来自斯特拉斯堡的大炮步步逼近促使巴登和符腾堡走进同一阵营。1806年，信奉新教的萨克森（却由一位天主教徒统治）有些日子错误地加入普鲁士联盟，随后，为了壮大自己、抵抗邻国，它又像从前一样继续寻求巴黎的支持。总体而言，其余国土面积不甚辽阔、实力弱小的众德意志邦国也在试图通过与非日耳曼势力结盟的方式摆脱普鲁士或奥地利的控制。法国毫不犹豫地同土耳其人建立起良好的关系，法国认为波兰事件与自己有直接关联。从路易十五时代开始，法国便从原则上放弃了黎塞留制定的削弱奥地利的方案：《吕内维尔协定》（1801年）、《普雷斯堡协定》（1805年）以及《美泉宫条约》（1809年）生效期间拿破仑曾短暂重拾该项原则。

欧洲各大势力各怀鬼胎，心思复杂，这就解释了反法大同盟无法成型的原因。事实上，拿破仑体系长期以来是为参与该体系的其他国家而不是法国带去实惠。直到1813年下半年，一个广泛的同盟才最终形成。这是英国外交的胜利。英格兰人调动他国的怨恨情绪，利用经济和财政

手段，面对威胁以及压力的时候毫不退缩。采取这样的方式取得的效果远比挥动欧洲大陆的"自由"旗帜要明显得多。最终，英国用一个小小的共同目标就把整个欧洲团结在了一起。法国的优势与每个国家的利益之间的矛盾变得越来越难以调和。然而一旦解决了这个问题，潜伏的各股势力则重回旧路。维也纳会议期间，昔日的盟友友谊终结，1815年元月，奥地利、英格兰与普鲁士、俄国之间战端重启。

拿破仑的法国渴望在欧洲获得优势地位，并以此为出发点统治更宽广的海域以及更多的殖民地。但当时国际生活的其他参与者答应他的计划吗？刚才我们已经看到，大不列颠对涉及自身的问题说了"不"。欧洲其他各大势力，所有有实力的候选者都是一丘之貉。通过吞并土地或者推进地缘经济，他们即便不打算称霸欧洲大陆，至少也希望增强自身实力。除法国外，欧洲大陆上四个主要国家（奥地利、俄国、普鲁士和奥斯曼帝国）的战略意图经常与其邻国格格不入。可以这样说，身为一个一点就炸的火药桶，欧洲不需要法国大革命，也不需要拿破仑。

如此一来，奥地利做好了准备，准备在普鲁士伸向德意志民族神圣罗马帝国遗骸的手上狠狠地咬上一口。自1790年起，神圣罗马帝国就已经病入膏肓了。1800年至1805年，奥地利脱离神圣罗马帝国，帝国因此终结。不过，维也纳当局也有一份进攻战略，他们计划在奥斯曼帝国的巴尔干半岛地区靠近巴伐利亚公国和波兰一侧或者东线和南部边境开疆拓土。在大革命开始之前，奥地利为了实现自己的意图，非常重视与法国的同盟关系。1778年至1779年，吞并巴伐利亚公国东部地区的企图的落空——巴伐利亚王位继承之战——主要归因于凡尔赛宫的中立态度。这表明，在路易十六和魏尔珍支持维持欧洲均势的年代，奥地利企图在德意志地区发展壮大的计划受到诸多限制。奥地利野心勃勃，依旧对维特斯巴士的领土垂涎三尺。面对这种情况，1805年和1809年的两次战争均始于奥地利人入侵巴伐利亚公国也就不足为奇了。

同样，普鲁士的政策也以领土欲求作为标志。一切能扩大并保护布兰登堡的行为都能勾起柏林的兴趣：波兰的一小块领土（因此引发与俄国及奥地利的摩擦）；萨克森的一块走廊地带（与奥地利有冲突）；吞并汉诺威（与英格兰有冲突，英格兰国王是汉诺威王朝的后裔）；向南部推进，以便在同奥地利就比利时问题的谈判中居于强势地位（与普鲁士在克里夫斯问题上所站的立场接近）。柏林调兵遣将，进一步增加自己在信奉新教的国家中的影响力，对所有视维也纳政府为猎食者的国家表现出理解。甚至从1795年至1806年间，当普鲁士被视作中立国时，普鲁士政府也没有放弃自己的外交目标。他们同拿破仑讨价还价或者施以小恩小惠，通过这种方式来达到目的。在某些时候，在柏林和巴黎，都有一些人认为法普联盟再一次把欧洲的水搅混了。1806年的战争以及《蒂尔西特条约》打碎了这些人的幻想。

通常，俄国当自己是欧洲国家：从彼得大帝时代开始，欧洲身份一天未获承认，俄国一天不会停下脚步。为了进一步确认自己的欧洲身份，俄国马不停蹄地向北部以及西部进军（北欧国家、波兰、德国）；为了打通进入温暖海域（尤其是地中海）的通道，俄国向南不断扩张，甚至到了凯瑟琳二世时代，将君士坦丁堡打造成"新罗马"成了俄国扩张的新动力。这些计划在亚历山大一世时代被重新启用，沙皇俄国把欧洲各方势力搅了个晕头转向：与法国和英国争夺地中海；对芬兰领土的胃口令瑞典心存不安；在波兰、德意志诸国、巴尔干半岛诸国问题上，奥地利和普鲁士感受到威胁；当然少不了奥斯曼帝国，据我们所知，在圣彼得堡能找到不止一份写满进攻奥斯曼帝国计划的图纸。西方世界普遍瞧不起俄国，对俄国扩张企图的担忧加剧了这种鄙视心理，他们鄙视这个国家的人民，把俄国人看成是"来自北方的野蛮人"，他们也瞧不起俄国沙皇，嘲笑他有"亚洲人的荒唐念头"。

因此，欧洲并没有发生翻天覆地的变化。各股势力的野心与诉求、地缘政治以及经济因素跟十年或者二十年前一模一样。法国大革命头几年那股"思想"上的冲动过后，从前的外交策略卷土重来，只不过具体做法和基本原则发生了一些变化。发生变化的还有参与其中的演员们，其中走在最前列的就是拿破仑。

专题一

拿破仑的欧洲外交策略

拿破仑,这位自称是查理曼大帝"继承者"的法兰西皇帝,曾酝酿着宏大的欧洲计划。他的宏伟蓝图究竟是怎样一番景象?又遇到了什么样的挫折?

第一章

拿破仑的"联盟体系"[①]

"我最重要的思想之一就是团结思想,把生活在同一片土地上、因革命和政治而分散的人民重新团结起来。我希望每位公民都能成为这个国家独一无二而又不失同一性的主体。正是有了这样的一群人,几个世纪以来的繁衍生息和上帝的恩宠才能顺畅地延续下去。我认为,将这种荣誉加于我身,实至名归!……在欧洲,若非团结人民,让伟大的人民结成联盟,维系大的平衡是不可能的。"在圣赫勒拿岛[②]的一段谈话中,拿破仑如是定义他反复提及的"我的体系"一词。拿破仑对此深信不疑,自此以后,他的计划变得高不可攀。他一心想要把整个欧洲团结在法国周围,把法国打造成推动均衡一体化的发动机。

[①] "历史与体系"研讨会交流讨论过后,本章内容被重新修改。该研讨会组织者为埃·马纽埃尔·勒华·拉杜里。2010年,塞尔夫出版社出版了此次会议的会刊。
[②] 拉斯卡斯,《圣赫勒拿岛回忆录》,1816年11月11日。我们自始至终使用的都是马塞尔·杜南出版社的版本(弗拉马利翁出版社,两册装,1951年)。

拿破仑的宏伟蓝图

遭放逐期间,拿破仑皇帝明晰了自己的意图。直到那时,除了那些取信于他人的官方声明外,他刚刚开始勾画这份蓝图。拿破仑既没有给自己的雄心制定方向,也没有设定界限。例如,《蒂尔西特条约》签订后,他曾向立法会宣称:"法国凭借莱茵联盟的权威团结了德意志人民,凭借'联盟体系'①的权威团结了西班牙、荷兰、瑞士以及意大利的人民。"拿破仑在1815年4月22日颁布的《帝国宪法补充条款》的前言之中进一步肯定了他一贯秉承的目标,即组织起"一个强大的欧洲联盟体系"。他认为这个体系"既符合时代精神,又促进文明进步。"②

必须怎样做,或者可以怎样做才能构建这样的"联盟体系",我们不得而知。再者说,战败的拿破仑皇帝所做的保证慷慨大方但却虚无缥缈,纯粹流于形式。更何况这些保证总是被事实无情地揭穿。措辞的严谨性并不能减轻内涵的实用主义倾向。皇帝的所作所为似乎总逃不开"一系列特殊行为的范畴,这些行为时常受到偶然因素左右,对能否从既得利益中产生新利益的忧虑,对让敌人——或单单只是邻国而已——占据新地盘而未获补偿的恐惧操纵着这些行为。"③即便拿破仑心存"联

---

① 1807年8月11日的演讲,《箴言报》,1807年8月11日。我们在此特别强调一下。
② 帝国宪法的文本及其评论摘自蒂埃里·朗茨的《当拿破仑塑造法国——政治制度、行政制度、执政府及法兰西帝国法院制度辞典》,达朗迪耶出版社,2008年。
③ 安德烈·帕吕埃尔-吉雅尔,《法国的大事件》,《执政府和帝国时期历史及辞典》,罗伯特·拉丰出版社,《书集》丛书,1995年,第399页。

盟"——换句话说，在倾向平均主义的结构中组织好——欧洲各国的意图的话，那么他的这种意图也隐藏在欧洲大陆上的其他势力以及与此相关的人民背后。

他的目的并非是打造一个"世界帝国"。他太现实了，现实到根本不会产生如此不切实际的幻想。不过，他一向要求别人对他的"遇事专断"表示服从，尤其是在进军这个问题上。他从不拘泥于刻板的教条，通常遵守几条简单的原理就够了。这些原理受18世纪法国传统政策的启发，例如排斥英格兰或者简化德意志和意大利的版图。另一方面，我们还要再次重复，他不会（或者说是不愿意）坚定不移地执行自己制订的计划。这种实用主义最终被废止，因为国际环境需要（并且总是需要）定位，而实用主义会沦为定位的障碍。拿破仑不会深化与他国的联盟，更糟糕的是，联盟的对象还经常会发生变化。他一贯不遵守自己签署的条约。在"民族问题"上，他一向含糊不清，不论对象是波兰人、德意志人亦或是意大利人。拿破仑建立了好几个为自己家族谋福利的王国，这些王国搅乱了欧洲的版图。"改革、革新与隶属和利用的组合体。"[1]他从没有明确表露过此"体系"的最高目标以及最终目的。"联盟的"这个反复出现的修饰语并不能代替政治纲领。因此，拿破仑给人一种这样的感觉，使用武力征服就是帝国统治的代名词，此外，帝国的统治强加给整个欧洲大陆一种深层次的变革。政策模糊的唯一结果就是增强欧洲诸

---

[1] 亚历山大·格雷伯，《拿破仑与欧洲之变》，纽约、伦敦，帕格雷夫·麦克米兰出版社，2003年，第19页。

强的不安心理，给了欧洲"均衡政策"的支持者，同时也是欧洲大陆"体系政策"的反对者——英格兰，更多大施拳脚的机会。

为了显示拿破仑时代的独特之处，人们经常将之简化为战争和武力征服。然而，在革命力量与帝国力量冲突不断的二十五年间，欧洲并不是只有两个阵营那么简单。倘若真的出现"抵抗"的话，那么"抵抗"出现的时间要稍微早一些，或者甚至干脆与意料之中的"通敌"[1]同时出现。再看法国方面，为了坐实自身的优势地位，法国利用欧洲诸强彼此间错综复杂的分歧获利，比利用本国意识形态的优势获利更加频繁。1800年至1814年，欧洲没有任何一个国家可以被概括为"支持"或"反对"拿破仑。十五年间，法兰西皇帝在政治舞台上的地位举足轻重，他的活动已经成为欧洲和谐的主要发动机，当记载这段历史的文献还在围绕着损失与收益编纂的时候，以上两点已经在为破解欧洲各国之间关系的迷局另辟蹊径。18世纪的"博学外交家"[2]并没有彻底死去，地缘政治学毫发未伤。

在那时起，定义拿破仑体系简直就是天方夜谭。若要成功定义拿破仑体系，我们必须紧紧抓住事实作为依据，不能被传闻以及由此产生的"人云亦云"蒙蔽双眼。定义拿破仑体系要围绕两条思维主轴：

"指导原则是什么？"

"为什么会失败？"

---

[1] 取自迈克尔·布鲁斯《欧洲在下，拿破仑在上，1799-1815》一书的章节标题，纽约，阿诺德出版社，1996年，第99至101页。
[2] 吕西安·别雷，《17世纪至18世纪的欧洲国际关系》，法国大学出版社，2001年，第677页。

拿破仑体系的指导原则

在本书的前言中，我们描绘了地缘政治、外交以及意识形态背景。那么，"拿破仑体系"在其中是如何运转的呢？

我们首先注意到的是，最开始的时候，甚至当其侧重点已经转移到欧洲，特别是西欧时，该体系也并非只是"欧洲大陆"体系那么简单。拿破仑自始至终都雄心勃勃，虽然不能肯定地说他希望统治全世界，但不妨碍人们将他的雄心定性为"雄霸世界"。尽管英国皇家海军优势明显，法国海军一再败北，法国的殖民地也有所折损，拿破仑却从未彻底放弃过控制航海线路以开发海外领地的思想；拿破仑之所以长期存在如此的想法，是因为法国沿海经济及港口经济毫无起色；重振，哪怕是部分重振殖民地贸易迫在眉睫；与英格兰的全面战争旷日持久。[1]尽管法兰西帝国海军的羸弱让这种思想只能屈居第二梯队，但在分析拿破仑的外交策略时，也不能抹杀这项因素。如果说拿破仑最终优先考虑的还是陆地政策的话，那是因为他不得已必须向现实低头——极不情愿——海军的报告表明，现实是不利的，而且这种不利是不可逆转的。

---

[1] 更多细节详见第九章——《安的列斯群岛与殖民地奴隶制度》

拿破仑把对欧洲大陆的掌控想象成三个同心圈：第一圈是一切问题的中心，由法兰西帝国构成；第二圈由拿破仑系的王国构成；第三圈由欧洲其他国家组成的联盟体系构成。

第一圈：法兰西帝国疆域覆盖欧洲的三分之一，人口近4400万，包括原法国全境、比利时、荷兰、莱茵河两岸地区、意大利北部地区、卡塔卢尼亚地区以及今天的克罗地亚。所有这些地区都被视作法兰西领土，遵守法兰西法律，享有与原法兰西国民相同的权利，同时承担相同的义务。这些地区被划分成省、区以及市镇；拥有获得任命的省长、副省长以及市长；熟悉相同的司法体系，该体系使用的法律原则由巴黎唯一的最高法院确定。

第二圈：可以称之为"兄弟王国"，均由大革命时期建立的"姐妹共和国"的继承者掌权。君主制传统重返欧洲让这一切成为可能。新查理曼大帝梦想把法兰西帝国的理念以及波拿巴一系的血脉播散到他统治下的欧洲土地上：他相信，这是拿破仑体系的保障。几年间，拿破仑的家人分别登上多个国家的王位：约瑟夫·波拿巴先是在那不勒斯登基，随后登上西班牙王位；路易在荷兰加冕；杰罗姆在威斯特法利登基；缪拉封贝尔格公爵，后来转封那不勒斯国王。欧仁·博阿内以拿破仑岳父的名义统治意大利。艾丽萨总督托斯卡纳被授予托斯卡纳女大公爵的头衔。[①]宝琳的丈夫卡米尔·贝佳斯任阿尔卑斯山另一侧法国诸省总督。

[①] 为了在整个帝国范围内降低实现司法和税收一体化的难度，各个附属省都被集中在"总领政府"之中，受扮演"超级省长"角色的人物领导。在法国历史中，拿破仑皇帝的妹妹是第一个身居高位的女性。托斯卡纳大公国并不是一个独立的国家，但却是一个"总领政府"。从法律角度来看，授予艾丽萨的头衔属于法兰西帝国的高等级爵位。

缪拉离开贝尔格开赴意大利南部地区以后,路易·波拿巴与霍顿斯·德·博阿内夫妇的幼子——拿破仑-路易继任贝尔格大公爵头衔。

意大利北部地区是特殊行政区划,这些王国都不是独立的国家。拿破仑把扶持以及重新扶持这些国王的特权牢牢地握在自己手里。他强迫他们接受法国模式,包括行政模式和法律模式。拿破仑切断他们的经济命脉。这样做的唯一目的就是为了法兰西帝国的利益。"以此作为座右铭吧:法国利益高于一切",在寄给欧仁·德·博阿内的信中,拿破仑如是写道。①

第三圈:盟友圈。在对待这个问题上,拿破仑始终犹豫不决,经常改变主意。他知道,若想最终控制整个欧洲大陆,必须获得支持——如果跟对方没有友谊的话——获得那些中等实力国家,当然,还有"第一梯队"的另一个大国的支持。莱茵联邦的建立表明法国与小国及中等实力国家建立了联盟(1806)。该联邦聚集了大部分德意志王国(除普鲁士之外)。法国国王是该联邦的"保护者"。最终,莱茵联邦与丹麦一道签署了多份稳定而持久的协约。至少胜利能保证协约的效力。

面对主要联盟国的选择问题时,拿破仑皇帝权衡利弊、犹豫不决,并且多次改变想法。即便拿破仑从来没有严肃对待过与西班牙②、普鲁士以及其他德意志大国签订的平等条约(或许这是拿破仑犯下的最主要的错误);即便他的再三犹豫令波兰人失望透顶;即便他利用了法国与

---

① 1810年8月23日的书信,《拿破仑一世书信集》,拿破仑三世下令出版,第16824封。(以后统一简称《书信集》)
② 请见下文第六章《被轻视的盟友——拿破仑和西班牙:1808年之前》。

奥斯曼帝国的传统联盟关系，但他至少相继确立了两个重要的体系：第一个是与俄国的联盟，两国的联盟关系源自《蒂尔西特条约》，有人乐观地称之为"共享世界"[①]；第二个是与奥地利的联盟，该联盟以联姻玛丽·露易丝为核心。

这两个属于"第三圈"的计划相互矛盾。尽管两国在瓜分波兰的问题上具有共识，但俄国人和奥地利人几乎算得上是敌人，或者至少也是天生的对手。前者长期试图插手德意志事务，后者堵住"北方的野蛮人"前往地中海的通路，阻止巴尔干半岛诸国出现任何实质意义上的发展。

总而言之，整个拿破仑帝国之所被我们称作"帝国"，是因为它建立在两层含义上：既是"领土"意义上的帝国（建立在欧洲大陆上，"法兰西人"统治的帝国），同时也是"制度"意义上的帝国（法兰西"帝国"）。理论家们对"帝国"这一概念的定义仅有粗浅涉猎，拿破仑却早就解释得清清楚楚了[②]：非比寻常的疆域，在远远超过"法国"边境范围的广大地域上享有权威；以建立"特有文明"为目标的，"相对于中央机构而言"具有较高独立程度的地方机构。

透过不断变化的旨在坐实法国优势地位的外交计划，拿破仑从整体上使那些通过武力收归帐下的国家实现"现代化"。在后世人的眼中，或许正是这一点为他在外交政策上的最终失败挽回了些许颜面。"拿破

[①] 格拉多·卡萨利亚，《共享世界——拿破仑与亚历山大在蒂尔西特》，S.P.M出版社，1998年。
[②] 见让·图拉尔，《从罗马到柏林——西方世界大帝国》，法国大学出版社，1997年。

仑体系"的本质中惹人注目的那部分或许也是经由这一主题才得以体现出来：起源自文艺复兴，选择与何人交往时的优越感。这种情结在法国精英分子群体中广泛存在，法国驻巴伐利亚公国大使奥托在一篇文章中曾对这一问题作出如下解释。1808年五月，此君罔顾事实，乐观地写道："整个巴伐利亚政府都认为，凭借最神圣不可侵犯的政治联系，该国同我国的关系密不可分，该国的所有制度都应该比照我国的制度建立；他们可以从我们这里吸收经验，免受动荡之苦。要知道，在皇帝陛下君临天下之前，我们为此是吃过苦头的。"[1]

即使在陨落之后，拿破仑已经变成经典的浪漫化人物，但在此刻，拿破仑只是一个属于18世纪的男人。没人可以质疑他最基本的意愿，其中包括废除封建制度、促进国民平等以及强令行政和财政作出理性的选择。除此之外的某些因素完善了"法兰西"的结构模式，例如采用公制的重量和度量衡，统一的法语[2]。

即使没有实现统一，但至少也拉近了体系内部成员之间的距离。拿破仑不停地思索着如何施行这样的举措、会遇到哪些阻力以及最终结果如何；用同一种简单而纯粹的模式覆盖欧洲大部分国家是否妥帖也是他不断思考的对象。同样地，我们也无法否认他犯下的主要错误：除了扩张性政策、强势外交策略以及强行用法国人的方式解决问题之外，拿破

---

[1] 引用自《拿破仑与德意志——欧洲大陆体系与巴伐利亚公国的发端，1806－1810》，马塞尔·杜南，普隆出版社，1943年，第121页。
[2] 不过，我们可以看到，拿破仑与革命者不同，他对被兼并地区的地区性语言，也就是官方文本所称的"本地方言"是没有敌意的。出于效率角度考虑，在某些官方文件中，为降低国民的理解难度，法律允许时用其他的语言。但法语是唯一的行政语言。

仑皇帝还幻想通过经济控制的方式完成领土和政治上的霸权。为达到这一目的，他要求欧洲大陆所有的法国工业部门开足马力。自那之后，对附庸法国的盟国或联姻国来说，曾经他们感到的是束手束脚，如今却变成无法忍受、毁灭性的感觉。

从这个层面而言，我们无法认同"大陆封锁"是欧洲一体化的工具以及它在"共同市场"中扮演了重要角色的说法。尽管某些指标支持这一论点（开辟跨越欧洲的陆路及运河交通；航运公共化；重量及度量衡单位趋于统一），但施行该禁止与控制方案的目的仍是促进法国产品的生产，抵制英国商品。当然，此方案对欧洲大陆其他国家的产品生产来说也是一种损害。开放法国边境、降低关税、促进交易并不能构成多大的问题，建立自由贸易区就更容易了。然而事实却正好相反。大陆封锁的施行似乎变成了政治协定的一部分，就在这时，协定的签署者们很快意识到拿破仑一直以来希望赋予这些签名以含义。其中最引人注目的例子是《蒂尔西特条约》签订后的俄国。条约签订后，俄国眼见自己的港口业及农业濒临崩溃。尽管莱茵联盟的同盟关系更加稳固，但同样的厄运也降临在他们头上[①]。为了掐断与英格兰的贸易活动，拿破仑皇帝热衷于抬高价格，压制沿海地区以及被切断原材料供应的工业部门。各国经济本可以繁荣发展，但只能与法国进行交易的规定几乎变成了各国的义务，这也成了压垮各国经济的最后一根稻草。

---

① 罗杰·杜弗雷斯，《法国海关政策、大陆封锁及大陆体系在德意志地区》，《拿破仑时代的记忆》杂志，总第389期，1993年6-7月刊，第5-23页。

最后，斯尔维亚·马萨加利指出："大陆封锁政策中缺失一项推动整个经济规划走向成功的基本成分：被治理者的一致同意。"①

反均衡政策体系："联盟"梦想的破碎

谚语有云，外交领域没有友谊只有利益。拿破仑唯一不断维护的只有法国的利益，所以他情愿榨干盟友的最后一滴血，甚至情愿放弃联盟的好处。温文尔雅，甚至冷静分析利弊都不是拿破仑外交活动的特征。这并非替拿破仑开脱，而是深化联盟关系或许需要更多的时间和更稳定的环境。然而这正是拿破仑所不具备的。因为战争（有时是被迫卷入的）和运动（与拿破仑体系的历史密不可分）的缘故，国与国之间缔结协约的条件不成熟。最终开花结果的，大概只有法奥之旅了——前后历时三年，表现得也很稳固。究其原因，可以发现，两国之间的利益即便算不上你中有我、我中有你，也可以说是存在交集。拿破仑皇帝同意撤回至莱茵河为界的地区，但他不愿意接受由此引发的后果。可惜并没有如愿。他的固执和这种不成功的政策伤害了法国—莱茵同盟，而法国—莱茵同

---

① 见《"大陆封锁能成功吗？"——从一项政策看拿破仑与欧洲》，斯尔维亚·马萨加利，法亚尔出版社，2005年，第114页。

盟本可以成为拿破仑体系最好的实现途径。

拿破仑有一个宿命般的对手。事实上，他与另一种构造欧洲的理念直面交锋：均势理念。这种理念的领导者以及主要受益者都是英格兰。

英格兰决不允许一个横贯欧洲的大帝国取代中等国家间所谓的平等和谐。因为后者于英格兰的贸易无碍。英格兰之所以与法国结为"世仇之敌"，正是出于防止出现这种大帝国式统治的考虑。两国之间时断时续的战争持续了一百多年："奥格斯堡联盟"（1688年～1697年）、西班牙王位继承之战（1701年～1713年）、"七年战争"（1755年～1763年）、美国独立战争（1776年～1783年）、法国大革命（始于1793年）。大陆级别的对决几乎很少决出优胜者，这应该是一种教训，至少也是一种警告。没有试图与伦敦达成和解或许是拿破仑在战略上的一大败笔。尽管《亚眠和约》（1802年～1803年）十分脆弱，但它至少可以说明，两国间达成和解并非全无可能。1806年，两国本可以达成一致，可惜拿破仑沉浸在奥斯特利茨之战的胜利中不能自拔，他拒绝参与当时步履有些蹒跚的英格兰提出的谈判。这样的机会再也没有出现过。更糟糕的是，随着"大陆封锁"的确立以及随后入侵波兰、西班牙，不列颠人眼中的法兰西帝国走上了一条不归路。这一回，两方的斗争将是生死之战。

如果说，拿破仑时代的战争归根到底就是法英之间战争的话，那么，正是为二者利益代言的欧洲其他国家把双方的战火从海洋烧到了大陆。

英国再三表示，英法争端"本质上就是经济之争"。法国资产阶级的目光也聚焦在欧洲或世界性贸易上。然而即便如此，法兰西帝国政府仍坚持选择另外一条道路，一条不同于英国人的道路：通过政治统治和领土占领的方式取得经济控制权（弥补其经济落后的现实）。如此一来，法国的意图几乎不可能实现，战争也将继续。除了目标和方法比较简单以外，人们找不到"英格兰比法兰西占优势"的证据——弗朗索瓦·克洛泽曾在一部讨论两国之间对抗的论文集中如是说。[1]英格兰人的计划中所包含的霸权主义色彩并不比拿破仑的计划轻，但两种霸权的性质不同。英格兰对欧洲大陆的领土并无野心，它希望控制海上航线，除掉过于强大的竞争对手，重现欧洲市场的贸易自由。为了实现这一计划，西欧的大港口必须保持开放状态，并且无论如何也要摆脱法国的控制。此外，英格兰还打算有步骤地削弱与之争夺殖民地的竞争对手：摧毁法兰西帝国和荷兰在安的列斯群岛或印度洋的殖民统治，这是战争的首要目的。英国海军的优势无可辩驳，稳居欧洲大陆且没有本土被入侵的威胁，阿尔比恩人只需要表现出耐心和耐力便够了。反民主、反教条、渴望暴力（对内、对外均是如此）——不列颠的寡头政治集团抓到一手绝佳的牌。不过，跟对手比起来，英格兰人的无耻并不少一分一毫，唯利是图的本性更是有过之而无不及。英格兰人的观点获得认同，欧洲大陆上爆发的战争随之偃旗息鼓。

"灭亡是法兰西帝国的宿命"，让·图拉尔[2]写道。认为"一切帝

---

[1] 弗朗索瓦·克鲁泽，《英格兰之于法兰西的优势：经济与幻想——17世纪至20世纪纪事》，佩兰出版社，1985年（1999年第2版）。
[2] 让·图拉尔，《从罗马到柏林——西方世界大帝国》，法国大学出版社，1997年，前言，第12页。

国都将灭亡"的让-巴普蒂斯特·杜罗瑟尔[①]围绕诸多事实解释了这些大帝国的衰落,其中许多都适用于拿破仑建立的这座庞然大物:

"大国有能力完全凭借自己的力量对抗一切单独的对手,保障自身安全。法兰西帝国在所有"双边"战争中成为胜利者以及战胜某些小型联盟便是这种情况:1805年、1806年、1807年、1808年、1809年,甚至在某些人看来,1812年年初都是很好的佐证。在最关键的时刻——撤军俄国之后,拿破仑不再坚持认为对手是劣等的。他的军事才能以惨剧收场,他为错误付出的代价因而显得更加沉重。"

"征服中小国家或者大国的周边地区牵涉到一个补偿方案的问题。拿破仑肯定不会这样做。当然,他还是给予了那些不太重要的盟友一些补偿或者说赔偿(例如巴伐利亚公国或者萨克森)。但对待那些地位举足轻重的国家,他并不愿意系统地进行补偿。最能表明拿破仑有此方面规则的例子是,涉及瓜分奥匈帝国欧洲领地问题以及始终令他犹豫不决的波兰计划时,他对待俄国和奥地利苛刻得多。众卫星国越来越倾向于拒绝宗主国单方面确定的运转模式。长期压抑卫星国自主权所带来的弊端最终压过从体系中获得的好处。拿破仑体系因此由盛转衰。"

"倘若一个大国试图确保自身的霸权地位,就会出现不止一个为对抗这个大国而生的大同盟,他们有条不紊,不达目的誓不罢休。这条"规律"初衷未改,那就是使试图用别的体系替代欧洲均衡状态的国家被其他国家

[①] 让-巴普蒂斯特·杜罗瑟尔,《一切帝国都将灭亡——国家关系原理》,经济出版社,1992年,第272-273页。

组成的联盟击垮。这样的经历已经在路易十四身上发生过一次了。为对抗法国，欧洲绝大多数国家团结起来，组成终极联盟。拿破仑步"太阳王①"的后尘走上失败的道路，最终被击垮，并且作为额外的惩罚，他还丢掉了王位。1918年，纪尧姆二世和德意志也经历了相同的命运。当然，欧洲大陆很难团结一致。诸强的志向均未摆脱传统范围的束缚。因此拿破仑帝国生逢正当时。传统范围是指：奥地利与俄国就中欧和东欧问题的对抗；德意志境内各日耳曼民族的敌对；主要围绕瑞典与丹麦展开的，北欧统治权之争；贸易战争等。然而长期以来，每个国家都在寻找与霸权国家的和解之道，但拿破仑从未厌倦对掌控自己利益的渴望。在这样的情况下，这种追寻变成了一种类似"比一比谁更狡猾"的游戏。历史（不仅仅是拿破仑体系的历史）教会我们：动用武力团结与建设欧洲是行不通的。"

杜罗瑟尔凭借个人经验总结了三条简单的"法则"，除此之外我们还可以再加上一条，这条法则是从其他角度总结出来的，并且比较隐晦：当军费开支打破了财政的支撑能力时，则经济和财政亡；经济和财政亡，则大帝国亡②。法兰西帝国的实力在很大程度上依赖军事力量，而军事力量又是建立在通过动员、生产或者抄没等方式获得的财富基础之上。帝国财政收入中为发展或维持霸权而消耗的部分所占的比重不断增加，与此同时，开销的增长以及收入的减少耗掉一部分财力。"战争命脉"的削弱最终从财政上勒死了法兰西帝国。

---

① 路易十四（1638-1715年）自诩为"太阳王"。
② 此观点是在保罗·肯尼迪的权威观点基础上发展而来，《大国兴衰》，1989年法语版第一版（柏姿出版社）。

《维也纳会议协定》终结了拿破仑体系。法兰西共和国军是想"把和平带向全世界"。建立在这样一种思想基础上，刚一开始，某些人用人道主义的愿望替法兰西帝国辩护，说他们是在变革"旧制度"势力控制下的欧洲社会结构。可惜的是，自从大革命爆发以后，以上分析中的单纯性被恶意摧毁了，元凶有二，一是内心隐匿的念头（吉伦特派与山岳派之争、天然边界理论、督政府声势浩大却有失连贯的要求等）；二是外部因素，以各国间"传统"对立关系为基础的传统政治重新占据最重要的位置。这种复杂性、这种学说上几乎难以理出头绪的混乱在拿破仑事件发生两三年后迎刃而解。"欧洲体系"的困扰取代了解放人民的夙愿。拿破仑篇章临近尾声之时，我们可以看到一出很生动别致的场景，欧洲各国假装视法兰西人的皇帝为"自由的破坏者，他们改旗易帜，保证自己今后一定会成为自由最忠实的支持者"。[①]

　　梅特涅用三两句简单而又清晰的话语很好地分析了拿破仑体系："法国大革命首先是社会性的；社会性正是大革命伊始便具备的特殊性质。政治性，这种在拿破仑时代表现得更明显的性质在大革命最开始的时候并不存在。"因此，拿破仑体系是一种"政治"体系。从这个意义上而言，拿破仑体系注定要为坐实法国在欧洲的优势地位，甚至远远扩大这种优势服务。如果说法兰西帝国的统治中包含社会需求的话，那么这些社会需求在《蒂尔西特条约》签订后便开始越来越模糊，直到法奥联谊

[①] 路易·维拉，《法国大革命与法兰西帝国 II：拿破仑（1799-1815）》，法国大学出版社，1947 年，第 333 页。

庆典之后最终彻底消失。

拿破仑统治下的最后四年，拿破仑体系走向一种已经被其他国家察觉的境地：从不与人分享的统治结构，一切为了法国的利益服务。国际舞台上的其他角色毫不迟疑地作出反应。在重建欧洲平衡程式已经迫在眉睫的思想指引下，终极联盟得以巩固。该联盟被认为保卫了18世纪上半叶的欧洲和平。当俄国意识到拿破仑的统治堵死了本国通往西欧的大门并且摧毁了本国经济时；当奥地利——神圣罗马帝国的遗老们将法国的过度发展视作自己被西方世界抛弃的威胁时；当普鲁士不停地反复思考耶拿之耻时；当各中等国家，尤其是德意志诸国自认为摆脱了它们的日耳曼老邻居无比迫切的领土觊觎，但却被保护者压得喘不过气来时，法兰西皇帝虽然已经察觉到处境越来越危险，但却没有改变自己的做法。他仍然我行我素，胃口越来越大却不加以明确的限制。

在英格兰的煽动下，欧洲事物的其他参与者越来越不能忍受法国的优势地位。每个国家都认为，重建"多边"国际生活的条件应该不太可能出现，"谁更狡猾"的游戏中胜利者总是同一个。更关键的是，失败者总是同一群。平衡的概念与各国家实体独立的概念一脉相承。拿破仑体系却与独立甚至中立的愿望势同水火。于是，终极联盟应运而生。在这个联盟中，唯一的共同利益就是终结法兰西帝国及其主持者。搁置争议打赢最后一仗。"临时的盟友，"雷蒙德·阿隆说，"如果深究的话，也可能是永远的敌人。"[1]这正是欧洲反拿破仑同盟胜利后的场景。

---

[1] 雷蒙德·阿隆，《国家的战争与和平》，卡尔曼·雷威出版社，1984年，第40页。

即便法兰西皇帝并不总是唯一需要为制造冲突负责的人，但在这里我们必须指出，因为他是最终的失败者，所以在历史眼中，他就是错误的一方。法兰西帝国大厦烟消云散，随之而去的还有法国的优势。拿破仑的灾难中孕育出新的平衡，扎根于盎格鲁－萨克逊人口中的"力量平衡"中，同时也扎根于一种保守的信念中，也就是说欧洲的和谐应该由欧洲各国共同管理，和谐的目的是共同解决争端。即使是反民主思想结出的果实（通过增加执政家族的实力来提升国家的实力），在拿破仑面前，均衡原则仍显得十分美好。

1814年，拿破仑的计划彻底落空。拿破仑留给法国的领土比他接手这个国家时还要小。然而我们知道，"欧洲体系"并非是拿破仑留下的遗产。他留给我们的是其他一些东西——一些意义更深远的东西。

第二章

"我是查理曼"[①]

正如所处的时代一样，拿破仑也有"历史强迫症"[②]。他不仅从历史中汲取参考、信条以及范例，还把历史拿来为解释自己的合法地位和政治策略服务，将自己的统治纳入法国历史的延续中去，为高卢人追寻直系祖先，其中包括波旁王朝。在所有被这位法兰西皇帝利用过的参考中，查理曼大帝占据了十分特殊的位置。他的地位始终如一。

法国大革命唤醒了几乎陷入沉寂的千年传统。大革命呼唤一名丕平和"大脚贝尔特"儿子般的人物。上世纪初，阿尔贝·索雷尔就曾写道："从菲利普·奥古斯特到拿破仑，查理曼大帝傲视法兰西历史。[③]"与卡佩王朝不同的是，波拿巴一世几乎没有利用这样一位"祖先"的荣誉

[①] 本章源自"拿破仑与欧洲——政治视角"研讨会（2004年11月18日至29日）的一篇论文，有所删改和增益。
[②] 见安尼·卓丹，《拿破仑、英雄、绝对统治者与资助人》，奥比尔出版社，1998年，第一章。
[③] 阿尔贝·索雷尔，《欧洲与法国大革命》再版本，《远逝》丛书，2003年，第一卷，第246页。

来为自己贴金。随着几个世纪时间的流逝，有限的历史认知把查理曼大帝塑造成了一个传奇。然而凭借这个传奇，拿破仑几乎是用自己的方式在法兰西帝国与法兰克帝国之间构建起某种紧密的联系，而联系的基础就是两者的共通之处或者巧合之处。"加洛林王朝式的借口简单易用，"让·图拉尔指出，"时间的远逝以及'包裹着'查理曼的神秘感让人觉得他是没有危险的[1]。"拿破仑向查理曼大帝的遗产"敞开怀抱"[2]，因为最终，查理曼"已经被视作法国的形象、法兰西民族身份的代名词。"[3]

18世纪末的查理曼传奇

公元814年1月28日，查理曼大帝在亚琛城去世，自此之后，他化身成法兰西及整个欧洲的"历史关键"[4]。传奇故事令查理曼死后名声大震。从莱茵河到比利牛斯山，"法兰克"后裔都善于利用他的名声。奥托大帝登基后，东法兰克帝国改姓"日耳曼"。公元962年，教宗约翰十二世为奥托大帝加冕，如同公元800年教宗利奥八世加冕"矮子丕

---

[1] 让·图拉尔，《大帝国》，阿尔班·米歇尔出版社，1982年，第25页。
[2] 多米尼克·德维尔潘，《百日战争或牺牲的精神》，佩兰出版社，2001年，第53页。
[3] 罗伯特·莫里西，《白胡子皇帝——法国历史和神话中的查理曼》，伽利马出版社，1997年，第350页。
[4] 让·法维耶，《查理曼》，法亚尔出版社，1999年，第23章的标题。

平"之子的场景重现一般。直到今天,查理曼大帝仍然是欧洲历史人物的典范。当年他统治下的大部分地区都要授予他各种头衔。甚至就连他的出生地——某年的4月2日,有可能是公元742年——也成了争议的焦点问题。这个问题不可能真的缺乏消息来源,如果不是为了吸引游客的话,查理曼到底是"法国人"还是"德国人"的问题早就解决了。[①]不管怎么说,查理曼一直是法国君王争相效仿的参照人物,尤其是在路易七世着手"重塑"查理曼的威名之后。弗朗索瓦·梅南指出:"12世纪末,或多或少有些传奇的加洛林血统一脉发展壮大起来,当权王朝的真正先祖经过短暂辉煌后被加洛林的光环掩盖。"[②]也就是说,尽管卡佩王朝成功掌权,并且驱逐了"加洛林王朝最后的余脉"[③],但仍必须寻求竞争对手世系先祖的庇护。因为只有这样,卡佩王朝才能合法掌权,才能证明自己并不比日耳曼敌人低等。圣查理曼[④]受到热烈欢迎,他被改称为"法国国王和法国皇帝",雅克·德卡桑的《追寻王权》(1632年)曾有类似描写,这已经是最谨慎的做法了。人们将会看到,七个世纪之后,拿破仑将怀揣相似的抱负,做着类似的事情。

从此以后,法国的君主制度除了保留对圣路易、菲利普·奥古斯特、克洛维斯[⑤]的崇敬之外,不再拒绝承认加洛林王朝的诸位榜样。具体表

---

① 疑似查理曼出生地的名单相当之长:埃斯塔勒、梅斯、亚琛、列日、瓦兹河畔凯尔西等。
② 弗朗索瓦·梅南,《路易七世的统治(1137-1180)》,《卡佩王朝——历史与词典》,罗伯特·拉丰出版社,《罗伯特·拉丰文丛》,1999年,第212页。
③ 路易五世称之为"懒鬼"。
④ 1165年12月29日,教宗帕斯卡三世封圣查理曼。帕斯卡三世是"红胡子"腓特烈·巴巴罗萨掌中的傀儡。
⑤ 提出克洛维斯是为了"证明""法兰克"王国开国早于日耳曼帝国。

现为，在拿破仑的加冕礼上，皇室徽章上出现"查理曼大帝"的皇冠、宝剑以及西欧之皇的雕像，这位皇帝终结了始自查理五世的法国皇室统治。几个世纪的岁月流逝也无法抹去查理曼大帝深孚众爱的形象。路易十一世赠给亚琛教堂无数礼物（奢华精美的圣骨盒中盛着手臂的骸骨，应该是查理曼的骸骨），并且颁布政令："圣皇帝"节当日必须休工庆祝，违者处以极刑。虽然路易十四世更喜欢菲利普·奥古斯特，但他还是命人把查理曼画在凡尔赛城堡教堂的天花板壁画上，紧挨着这位"圣路易"。博须埃认为"太阳王"是"查理曼大帝第二"[1]，而前者仍然引用后者的事迹为自己对待罗马教廷或当帝国王储时的冷酷无情进行辩护。

不过，鉴于西欧之皇的形象和真实个性仍存谜团，那些皇室专权的质疑者们也在利用他的形象。亨利·德布兰维耶在《法国旧政府历史》一书中宣称，自13世纪初开始，查理曼便建立起一种与"法兰克会议"共同分享权力的机制。从此以后，人们便不会因议会打算质疑路易十五的特权时，特别提出以勒佩姬律师的《探讨议会主要功能的历史文学》一书作为依据感到惊讶。这部书出版于1753年至1754年间。作者在书中把法国君主制度的起源归于法兰克时代，并援引查理曼的事迹以增强议会的影响力。[2]同时代（1765年）的马布里在《法国历史观察》（拿破仑年轻读到过这本书）一书中视查理曼为重塑法兰西的捍卫者，认为他围绕着类似"回归"民主的方式再造法兰西。如果我们有胆量让这位

---

[1] 弗朗索瓦·布鲁士，《路易十四》，法亚尔出版社，1986年，第553页及第609页。
[2] 米歇尔·安托万，《路易十五》，法亚尔出版社，1989年，第575页至576页。

没有白胡子的皇帝"用光全部精力",那么他既是战士,又是君主制度的建立者,既是谨慎甚至有些"死板守旧"的国王,又是"贵族"和人民权利的守护神。

　　交织在岁月里,随着岁月的流逝不断更新的传奇故事,把查理曼塑造成旧制度中最举足轻重的历史人物之一。1789年后,他并没有因此被丢进堆放道具的库房。各国普遍援引查理曼的观点为建立反政府势力辩护。更有甚者,巴纳乌在维兹里集会上吹嘘"查理曼大帝统治下通往繁荣的原始宪法"。革命者在战胜广场举行的盛大集会难道不是所谓的"五月大会"①的现代版重现吗?皇帝的合法性在集会上再次经受考验,皇帝、贵族和人民重新许下新的同盟誓言。众议员维莱特难道没有建议路易十六在联盟节当天声明自己是法兰西人的皇帝吗?在他看来,这样的做法与一千多年前查理曼的做法是一致的②。在这样一个人身上,发生任何事情都是有可能的,因为归根到底,人们对他几乎一无所知。当然,主要的信息来源都是众所周知的③。但是,无论是评论界的意见还是考古学界的意见,都没办法改变人们利用这些信息源的方法。文学信息源依旧在污染着加洛林王朝的研究。历史资料被渲染成丰富而多变的

---

① 史学界对该集会名称来自"五月大会"的问题存在分歧。一部分人认为名字来自集会召开的日期,罗马古历三月。若庆典仪式改在这个日期举行是因为骑兵的马需要丰富的草料的话,那么大会的名称应该改为"五月大会"。另一部分人则认为,该名称参考了战神马尔斯以及献给战神的纪念场所。因此,无论何时召开,"战神广场会议"都是在献给该神祗的场所召开的军事会议。参见莱昂·乐维莱恩的《战神之地》,查尔斯学院图书馆,1948年,107期,第一篇,第62至67页。
② 阿方斯·奥拉尔,《雅各宾派的社会——巴黎雅各宾俱乐部历史文献集》,瑟夫-诺博莱-康坦出版社,1897年,第一卷,第153页。
③ 参见阿尔图尔·克兰克罗茨的评论研究,文献同上,第23-49页。

传奇故事。

很明显，法兰西第一共和国拒绝为他们自己的典范——查理曼留下生存空间，但查理曼也没有被彻底抛弃。查理曼当然是"明君"的象征，但受他与卡佩王朝的亲缘关系所迫，即便他不被彻底遗忘，至少有关他的历史基本信息也会被重新挪用。即使我们把目光转向公元9世纪，人们更欣赏的人物是罗兰——一个为了"祖国"慷慨激昂抗争的人物形象。这也正是鲁热·德·利尔在创作完成《马赛曲》后，写下《罗兰在龙塞沃》的原因。然而后者却远没有获得与前者相同的成功。自此之后，西欧之皇被束之高阁，很少在戏剧和歌剧舞台上出现。"大恐怖"曾试图——但没有成功——完全抹杀查理曼。一旦陷入麻烦，圣瑞斯特立刻重编1789年出版的作品《奥尔康》。在这部作品中，查理曼被描绘成一个堕落的皇帝，变成了"粗鲁而疯狂"的人，丢掉了他"古式的谨慎"[1]。1794年9月，佐登将军率军在亚琛城缴获大量查理曼的物品，他把这些物品连同查理曼的棺椁以及圣骨盒一起送到巴黎。人们对待查理曼态度的转变由此可见一斑。借此机会，人们把查理曼大帝的雕像献给制宪议会。这尊雕像在杜伊勒利宫展出过几周之后就被弃置在国家图书馆的地窖中。此后的十余年时间里，它都处于被遗忘的角落。

---

[1] 圣瑞斯特，《圣瑞斯特全集》，G·勒伯维奇出版社，1984年，第82-83页。

查理曼归来

督政府时期,有关丕平之子的记忆重新焕发光彩。根里斯夫人出版的三卷"历史及风俗故事"——《天鹅骑士或查理曼的宫廷》。她在书中呼唤"新查理曼"终结法国大革命,招来老皇帝为宣传新政体和新领袖服务,这是符合逻辑的,最后,这本书变成"演讲中无处不在的参照物"[①]。

大卫在他享有盛名的领域获得认同,为此他开辟了一条道路。他创作了名画《跨越大圣伯纳隘口的第一执政官》:拿破仑骑在一匹头颅高高扬起的骄傲战马上,手指着将要抵达的隘口,战马脚踩的石头上刻着波拿巴、汉尼拔、查理曼的名字(实际刻的是拉丁文 Karolus Magnus)[②]。这幅画的创作颇为引人注目,以至于后来,法案评议委员会委员西蒙在发表演说支持法兰西帝国宣布成立时,还曾引用过这幅作品:"我们即将宣布,我们的勇士像汉尼拔和查理曼一样,征服了难以

[①] 雅克·奥利维耶·布东,《执政府史与法兰西帝国史》,佩兰出版社,2000年,第115页。
[②] 今藏于马勒麦宗博物馆(参见弗雷德里克·古恩兹的"雅克·路易·大卫的名画;《跨越圣伯纳隘口的第一执政官》",《波拿巴:越过阿尔卑斯山两百周年,1800-2000》,展览目录,皮埃尔·加纳达基金会,马蒂尼(瑞士),第48-49页,后附大卫画作的五张样品和刻录盘)

逾越的阿尔卑斯山。"①回过头来再谈一下"政治艺术"领域。人们再次在政府公馆谈到查理曼已经是两年之后的事情了。当时，拿破仑下令取出暂时存放于国家图书馆中的查理曼雕像，安放在位于旺多姆广场中央"仿图拉真式"圆柱柱顶上。构思这件作品耗时漫长——此外，这件作品应该象征着法国一百零八个省——直至法兰西帝国宣布成立之后才完成。帝国大学建议把查理曼的雕像换成拿破仑自己的雕像。拿破仑对这一提议表示首肯。②因此，1810年，身着古装的拿破仑雕像被放置在圆柱顶端。罗伯特·莫里西指出："查理曼雕像变成拿破仑雕像的事实进一步肯定了波拿巴与他自己一直以来仰仗的'祖先'之间的关系。③"

当拿破仑以查理曼的名义自我表现以前，其他的宣传努力也是必不可少的。即使舆论并未执意不信任，但一幅画和一尊雕像显然不能实现彻底广而告之。于是，当时掀起了"还查理曼以荣誉"的活动。有关查理曼的传说希望把他塑造成某种发明家。1803年9月27日，在位于巴黎圣安托瓦纳大街的老式耶稣初中基础上，法兰西人建起一座以查理曼命名的高中④。至于新学校里必修的查理曼史，若不是拿破仑一反常态地想要将它推广开，从高中学生的必读书本就可以看出，这种历史教育很快就会终止于1804年，也就是拿破仑帝国宣布成立暨"第

---

① "法案评议委员会委员西蒙就与世系政府相关的提案发表演说，共和十二年，花月10日，也就是1804年4月30日"，《法兰西帝国宣言或与世系帝国政府建立有关的文件及证书集——按保守派上议员顺序出版》，拿破仑基金会／新世界出版社，2001年，第48页。
② 多米尼克·维旺·德农致拿破仑书信，1806年2月19日，《维旺·德农——执政府及帝国时代的博物馆馆长，书信集（1802年-1815年）》，玛丽·安娜·杜佩、伊莎贝尔·勒马纳·德·谢尔蒙及伊莱恩·威廉姆森编订，R.M.N出版社，第二卷，第1299页。
③ 罗伯特·莫里西，同上，第357页。
④ 1807年，查理曼这个名字还被用来为一艘军舰命名。

四等级者"登基称帝的那一年[1]。

政治文学也参与其中。出现这样的情况并非受波拿巴的命令驱使，而是根里斯夫人思想的发展：时代在寻找一位"新查理曼大帝"。第一执政官若非读到了在弟弟吕西安支持下于1800年11月出版的《凯撒、克伦威尔、蒙克与波拿巴之间的相似处》，他肯定不会对三年后让·沙斯接连出版的《对比波拿巴和查理曼》持消极态度的。在这位作者眼中，若论国内再生能力的话，第一执政官绝对堪称查理曼式的人物[2]。同样，波奈尔·德·普隆维尔关于"查理曼时期立法权"的研究深受圣眷。[3]自此，波拿巴开始被当作令人满意的"新查理曼大帝"看待。

除此之外，波拿巴创办的艾丽萨·巴乔基沙龙从不谈论别的事情。在这里，人们可以遇见冯丹。长期以来，他被那些试图将加洛林王朝的遗产和现实情况正确结合起来的人们视作领袖。1797年，冯丹借法国攻克意大利之际，把波拿巴比作查理曼大帝，借此称赞他促进文艺事业发展的举措。"作为西欧之皇"，冯丹写道："他热爱文学[4]。"执政府时期，冯丹曾参与编写吕西安赞助的《相似》一书，但随后，就在法兰西帝国宣布成立前的几个月，他开始支持拿破仑的论点，甚至表现得十分直白。1804年1月10日，他在立法会发表演说，当谈到《民法典》

---

[1] 安尼·布鲁特，"拿破仑时代高中的历史教学"，《拿破仑与高中》，雅克·奥利维耶·布东主编，拿破仑基金会／新世界出版社，第103页。
[2] 让·沙斯，《对比波拿巴和查理曼》，埃弗瑞特印刷厂，共和11年（1803年），共18页，1805年，东戴·杜派印刷厂重新编订。
[3] 共两卷本，1800年由P.E.福尔在布伦威尔出版。
[4] 让·克劳德·贝尔谢，"《法国信使》与文学'复兴'"，《缪斯帝国——拿破仑：艺术与文学》，让·克劳德·博内（主编），贝兰出版社。

时，他说："'查理曼'，就像现在统治我们的这个人一样，在嘈杂的军营中完成了一部法律，一部维护千千万万家庭和平的法律。他还在酝酿新的胜利，酝酿在战神广场召开和平集会。"这位演说家祝贺国家领袖完成了一件"查理曼想破头也设计不出来的"法律作品。①加洛林王朝的思想由此走上正轨，不仅仅是在艺术、文学方面或者畅所欲言的沙龙里。布里安在自己的《回忆录》里言之凿凿地表示，正是在1802年年初，第一执政官当选意大利共和国总统的时候，他才最终决定选择成为查理曼的拥护者："拿破仑认为获得这个头衔是向伦巴第王国迈出了一大步，就像不久之后，他把终身执政的任命视作获得法兰克王冠的关键性步骤一样。"②几乎就在同时，俄国驻法大使莫尔科夫在写给俄国政府的信中写到，他认为波拿巴将会很快加冕为"高卢皇帝"③；普鲁士人卢凯西尼向柏林方面书面汇报称，波拿巴意图"再造一个受我们这个时代光芒照耀的查理曼"，他还补充道："没人会怀疑他制订了这个计划，却没有确定实现的日期。"④

当人们都在围绕着法兰西帝国立国展开论战时，这位加洛林王朝的典范人物即将闪烁出耀眼的光芒。

---

① 《箴言报》，1804年1月13日，特此说明。
② 《M·德·布里安回忆拿破仑：督政府、执政府、法兰西帝国及复辟时期》，拉德沃卡出版社，1829年，第4卷，第325页。确切地说，即使书中内容并非全是由这位波拿巴的秘书杜撰的，我们也还是对布里安的回忆录持怀疑态度。
③ 引自阿尔贝·索雷尔，同前，第6卷，第227页。
④ 保罗·巴耶，《普鲁士与法兰西：从1795到1807》，莱比锡，1887年，第二卷，第105页。

拿破仑帝国寻根加洛林

　　拿破仑的心思总是花在如何利用主流观点，把自己的合法地位建立在已经被人接受或者可以被人们接受的原则上，为此他做了相当多的研究。这些理论在他的脑海里混成一团，他却从来没有真正总结过这些内容：肉体的正统性（他是统治法国最好的人选）、法律的正统性（宪法赋予他执政的权力）、共和及革命的正当性（他仍是一个共和制国家的元首）、人民正统性和代理正统性（通过公民选举的方式"被人们选举上台"，他是唯一的代理人）、君主制的正统性（加冕礼后，他应该可以享受与古代君王们相同的尊敬）。[1]在一个以历史作为思想甚至行动基础的社会里，历史根源是必不可少的。法兰西帝国就属于这样的范畴。因此，它必须虚构一个根基，尤其需要从查理曼大帝身上寻找。

　　当然了，如果要为拿破仑找些历史参照的话，最先映入我们脑海的是古罗马。事实上，法兰西皇帝经常从古罗马的主流风尚中寻找支撑。"'他'不是当时那个时代的人，他感兴趣的不是自己所处的时代，而是古罗马时

---

[1] 蒂埃里·朗茨，"拿破仑的正统性与法兰西帝国开国"，《拿破仑记忆》杂志，2004年4、5月刊，总第452期，第21-24页。

代",罗格·杜弗莱斯曾给出明确的评价。①省长、步兵大队、执政官、法典、官方新古典主义等,这一切都是呼唤古罗马文化的证明。②临近1810年时,拿破仑曾亲自向别人宣布:"我是罗马皇帝。我身上有最优良的凯撒血脉,这是基础。诸位都熟知历史,我们的政府和戴克里先的政府有如此多的相似之处,我把网撒得这么远却又收得如此紧,全国各地没有我皇帝看不到的地方,战事连绵的帝国却保持文官治国,你们难道不觉得惊讶吗?"③在拿破仑及其幕僚眼中,一个古风旧韵占主流地位的社会,以查理曼的身份示人毫无不妥。事实上,丕平之子被视为——他自己通常也是如此看待自己的——罗马皇帝,用武力征服和自己设计的政府模式复辟帝国的人。查理曼的玉玺上难道没有刻着罗马之门,上面镌刻铭文"新罗马帝国"吗?④"中世纪最著名的两位政治人物:公元5世纪末的克洛维斯和公元8世纪末的查理曼都说自己是罗马文化的继承人,"克劳德·高瓦尔证实说,"二人都接受了'罗马帝国皇帝'的封号……他们的政府希望融入到罗马的传统里。"⑤可以这样说,如果"罗马化"只是参考加洛林王朝的诸多

---

① 罗格·杜弗莱斯,"圣赫勒拿岛的故事和文学作品中源自罗马历史的伟大人物",《拿破仑协会》杂志,1987年2月刊,总第149期,第11页。
② 参见让·图拉尔,"拿破仑帝国",《从罗马到柏林——西欧大帝国》,法国大学出版社,1997年,第362-366页;让·查理·阿萨利,《拿破仑与古代文化》,法学论文打印版,埃克斯-马赛大学,1982年,等等。
③ 拿破仑与纳博讷的对话,援引自路易·马德林的话,《执政府和帝国历史》,罗伯特·拉丰出版社,《书集》丛书,2003年重新修订本,第三卷,第354页。
④ 斯蒂芬·勒贝克,《法兰克起源:公元5至9世纪》,《新中世纪法国史》合集,1990年,第250页。
⑤ 克劳德·高瓦尔,《中世纪的法国:从公元5世纪到公元15世纪》,法国大学出版社,2004年,第28页。作者在文中提醒读者,随着战争的开展,查理曼在世时被文人们越来越多地同"古罗马的典范人物,例如君士坦丁大帝和西奥多斯大帝"作对比。

方面之一而已，那么这位加洛林模范本身也只是拿破仑所要求的历史继承的一部分罢了。

　　旨在把国家从执政制共和国变成继承制帝国的居雷提案打破了法案评议委员会的壁垒。居雷自己在解释演说里也提到了查理曼，他说："查理曼凭借比当时时代高出一大截的个人能力治理法国；在周遭普遍无知的情况下，他可以展现出一种全方位的天赋；他既是一位深邃的立法者，又是一位伟大的国家元首，同时还是一位不知疲倦的征服者。这个光辉的时代过去之后不久，封建制度时代最强有力的家族之一（卡佩家族）登上权力的顶峰；当时可恶的社会制度令法国流弊丛生，民族自由彻底丧失生存之地，连自由的思想似乎也不可逆转地灭绝了，这种灭绝甚至是原理层面上的。然而在查理曼时代的制度中，历史依然向自由精神敞开怀抱。"[1]因此，从这位演讲家的视角出发，拿破仑所做的只不过是为这个国家恢复了旧西欧之皇的"好"制度而已。

　　载入史册的居雷式大胆提案并非没有未来，这恰恰证明人们已经准备好了。在同一场辩论过程中，卡利隆·尼撒议员甚至把新皇帝的地位摆得比他的前辈还要高："人们都把他比作查理曼，我却对这种一成不变的比喻能维持如此长的时间表示十分惊讶。但愿我接下来要讲的话不会贬低这位伟大的征服者、伟大的立法者！但查理曼一半的力量和伟大

---

[1] "居雷议员的提案，目的在于传播拿破仑·波拿巴称帝的心愿"共和12年花月10日，1804年4月30日，《帝国宣告成立》，第25页。官方论调已然确定，很快各大报纸也在跟进，例如——六个月后——《法国公报》。该报提醒民众，拿破仑继承了"开国第二任君主中最优秀者：查理曼"的衣钵。

要归功于查理·马特和丕平的利刃。'波拿巴'却全凭的是自己。"①阿尔努勒议员跳过了一个额外的阶段:"查理曼忘记为公共权力打下不可动摇的基础。应通过基本法的形式明确王位继承秩序,确保君主威信不可侵犯,彻底杜绝君主制度被分享的可能性!"②多亏制定了新的宪法,拿破仑才得以超越查理曼的范式。吉列议员总结道:"像查理曼一样,波拿巴是日耳曼的征服者、意大利的保护者、法兰西的立法者,是战士们荣誉的象征,是学者追随效仿的目标,是公共教育的创始人……在所有王朝再造者中,他集所有头衔于一身,并且得到整个民族的认可。"③帝国一旦成立,人们仍将继续把弄加洛林家族的潮流,因为拿破仑尚未确立自己的象征标志。拿破仑参考最高行政院"沉睡的雄狮"标志,指定"展翼之鹰"作为自己的标志。当然,高贵的猛禽是罗马的徽章,西欧之皇也用它作为徽章,因为它具有"罗马帝国革新者"的品质:金色的雄鹰加天蓝色的底座配以武器纹饰,这尊标志性符号高高耸立于亚琛广场,目光朝向日耳曼的方向。④

---

① "卡利隆·尼撒意愿的讲话",共和12年花月10日,1804年4月30日,同前,第120页。
② "阿尔努勒议员的讲话",共和12年花月11日,1804年5月1日,同前,第159页。
③ "这是塞纳-瓦兹地区议员吉列的观点。他议案建议把世系的法兰西政府交给第一执政官的家族,即拿破仑·波拿巴",同前,第42页。
④ 后来他被转而面向奥斯曼方向。拿破仑皇帝采用蜜蜂作为个人徽章。蜜蜂徽章的灵感来自1653年,在图尔内的克洛维斯之父希尔德里克墓里发现的蜜蜂。事实上那是一只蝉(参见贝尔纳·佩蒂的"帝国的蜜蜂",《拿破仑记忆》杂志,总第454期,8-10月刊,2004年,第3-5页)。就拿破仑雄鹰的加洛林特征而言,让·图拉尔并没有反驳我们的说法,他指出:"展翼之鹰是加洛林家族的,栖于士兵战旗上的雄鹰更容易让人想到罗马"(《大帝国》,同前,第26页)。

拿破仑拜会查理曼

1804年5月18日称帝后,拿破仑认为是时候拜访自己的"前辈"了。这种朝圣活动几乎成了法国国王以及后来的日耳曼皇帝的传统。此外,拿破仑来到亚琛,企图把其历史的正统性融进纪念查理曼的行为中。用梯也尔的话说就是,"掩饰不当的意图吵醒了查理曼"[①]。多年来,亚琛沐浴在查理曼制度的关爱中。首先,它被升格为鲁尔河畔莱茵省省会。1802年4月,未经教皇首肯,该城成为主教管辖的教区,直到三年后,教皇才承认贝尔多莱主教[②]的任命。美因茨当纳斯山省省长让本·圣安德烈负责沿着莱茵河左岸修建一条道路(命名为"查理曼路")。革命者于1794年抄没的耶稣、圣女和圣·让·巴普蒂斯特的圣骨被交还给亚琛人,后者准许这些圣者遗物每七年展览一次[③]。同时查理曼帮助莱茵河地区的领土纳入法兰西帝国版图。

拿破仑皇帝巡游的那一刻终于到来了。巡游过程中,他拜访了自己

[①] 阿道夫·梯也尔,《执政府及法兰西帝国史》,波林出版社,1845年,第五卷,第223页。
[②] 雅克·奥利维耶·布东,《拿破仑时代的宗教精英:第一帝国主教及副主教辞典》,拿破仑基金会/新世界出版社,2002年,第69-70页。拿破仑失败几年后,该教区被废除。
[③] 相反,乘有查理曼臂骨的圣骨盒被留在了法国:放在卢浮宫。因装饰性浮雕而得名"普罗塞尔皮娜"的查理曼棺椁与1815年被归还亚琛。

的"前辈"。1804年7月18日,从布洛涅营地出发,拿破仑的长途跋涉直到10月12日才告一段落。访问过莱茵河左岸数省后[1],拿破仑在亚琛待了11天。约瑟芬皇后直接抵达亚琛泡温泉[2],同时等待丈夫的到来。她在亚琛受到规格甚为豪华的款待。约瑟芬游览了王室广场和王室教堂,主持了两场盛大的庆祝活动:第一场是8月12日的纪念查理曼活动;第二场是8月15日,她丈夫三十五岁生日的庆祝活动。在贝尔多莱主教的注视下,她把一幅小型的圣·卢克所画的拜占庭风格的名画放回原处。这幅画是公元962年开启西欧之皇墓穴时被发现的。贝尔多莱主教还在墓中放入第一任皇帝奥古斯特的护符,只不过把其中的圣女之发换成了"真十字架"[3]的碎片。但是皇后拒绝了主教赠与的查理曼右臂的骸骨碎片,并漂亮地回应贝尔多莱主教道,她已经"获得了查理曼右臂相当强劲的支持"[4]。

1804年10月2日,拿破仑抵达亚琛。在两次阅兵以及不可避免的对工场作坊的访问间歇,他赶在欢迎仪式之前在大教堂聆听了感恩赞颂歌。面对查理曼之墓(从1165年起就已空无一物)和盛放查理曼骸骨的圣骨盒时,可以看得出来,拿破仑十分激动。但是,拿破仑拒绝了在查理曼的大理石宝座上坐一坐的建议。"所有为拿破仑皇帝抵达亚琛而

---

[1] 除了亚琛之外,拿破仑必须访问:亚眠、布洛涅、加莱、敦刻尔克、奥斯坦德、阿拉斯、蒙斯、布鲁塞尔、莱茵伯格、科隆、科布伦茨、美因茨、凯泽斯劳滕、特里弗、卢森堡以及斯腾内(让·图拉尔和路易·加罗,《拿破仑游记:1769-1821》,达朗迪耶出版社,1992年,第213-218页)。
[2] 罗马时代亚琛便有了温泉浴池。池中的水含有铁元素以及硫化物。
[3] 让·法维耶,同前,第690页。
[4] 《男爵迪耶保罗将军回忆录》,普隆出版社,1895年,第4卷,第1页。

举行的节日和庆典活动中,"阿维庸小姐讲道,"确实是有种真正的庄重感,拿破仑的到来唤醒了人们记忆中的伟大。人们组织起华美的游行队伍,一本正经地佩戴查理曼加冕时使用的徽章,队伍中还有被放入圣骨盒的遗骨,例如头骨和一只手臂的臂骨;可以看到他的皇冠、配件、权杖、手杖,以及他的帝国之球和他的金马刺:所有亚琛居民尊崇之至的物品——只有为庆祝拿破仑皇帝到来那天才会向公众展示。亚琛居民的热情令拿破仑十分满意,他自己也丝毫没有忘记把这种满意之情表现出来。"[1]比这些物品更具有象征意义的是,正是在亚琛——这座自公元813年至1531年,三十六位日耳曼皇帝在此加冕称帝的城市——科本茨尔为拿破仑带来了日耳曼皇帝暨罗马国王——弗朗索瓦二世承认法兰西帝国的消息。此外,由于感受到神圣罗马帝国正在消亡,哈勃斯堡以弗朗索瓦一世的名字自立为奥地利皇帝。科本茨尔并没搞错:因为拿破仑的亚琛之行接近尾声时,莱茵诸国的王子代表团赶来亚琛,向查理曼的继承者,向这位"第一个越过莱茵河驱逐野蛮人的,我们自己的罗马凯撒"致以问候。[2]

---

[1]《阿维庸小姐回忆录:约瑟芬皇后第一女仆》,《法国信使》,1986年,第67页。
[2] 援引自路易·马德林,《执政府及法兰西帝国史》,同前,第二卷,第132页。

拿破仑加冕礼上的加洛林元素

为跟借拿破仑加冕礼之机创作的诗歌争宠,多首把拿破仑比作查理曼的歌曲应运而生。其中比较有代表性的一首就是《查理曼登上法兰西王位》①。仿佛是为了证明参与争宠的诗人所言非虚一般,1804年12月2日的典礼毫不吝惜地追忆了加洛林王朝,就好像这并不是一场法国国王的加冕礼似的。公元800年的加冕礼与这场在巴黎圣母院举行的加冕礼存在诸多相似之处,但也存在不少较大的区别。

第一条当然要提到,即使两位皇帝的加冕礼都有教宗出席,但是庇护七世与一千年前的利奥三世存在很大不同②。首先,教宗必须从罗马来到巴黎,然而查理曼却是自己赶去罗马。距离上一次教皇离开自己的国家已经有不短的年头了,更不用说去为其他的君王加冕了,那简直是少之又少,仅有的几次也是为了"极度基督教化"的君王,比如法国国王。截止到当时为止,仅有"矮子"丕平(公元754年)和"虔诚者"路易(公元816年)享受过教宗在他们自己的国家为他们加冕的待遇。拿破

---

① 卡特里奥娜·赛思,"文学奖与协会",《缪斯帝国》,同前,第116页。
② 有关查理曼的加冕礼:罗伯特·弗尔茨,《查理曼的帝国加冕礼(公元800年12月25日)》,伽利玛出版社,1962年。

仑的红衣主教兼驻罗马教廷大使舅舅——费舍通过谈判为拿破仑争取到这项恩典，同时作为交换，庇护七世希望调整教廷与法兰西帝国政府间的政教协定。为了说服罗马教廷承认此次行程的必要性，教廷驻巴黎大使——卡帕帕红衣主教也参与了谈判。为了拍拿破仑的马屁，他甚至更进一步，建议仪式在12月25日举行，因为这一天是"查理曼登上帝国宝座的日子……同时也是基督耶稣的诞生日"。庇护七世认可了他的意见①。但法国方面倾向于雾月18日（11月9日），即政变四周年纪念日。教廷一行人在路途中拖延时间的举动是徒劳的，他们只是成功地把在巴黎圣母院举行典礼的日子推迟到12月2日星期日。这是一个偶然的日子，但当时的情况把这一天变成了一个特别的日子——"拿破仑日"。

第二点是身材的差异。为法兰西帝国皇帝加冕者并非庇护七世。拿破仑认为上议院的投票表决以及经全民选举同意的敷圣油仪式远比教廷派来随便一个什么人插进来干涉更具合法性，哪怕这个人是神圣的。因此，庇护七世被迫沦为配角：拿破仑皇帝接受了敷圣油的圣事，但皇冠是他自己给自己戴上的。②所以说，没有任何一样看起来跟公元800年12月25日的仪式上雷同。查理曼被加冕几乎是出乎意料的，他勉强接受了加冕，因为这位教皇希望寻求他的保护，以对抗罗马贵

---

① 援引大卫·尚特拉内，《拿破仑的加冕礼》，达朗迪耶出版社，2004年，第51页。
② 这些事情并没有让教皇"措手不及"。双方就这些问题曾进行过细致的谈判，并且进行了会谈记录，教皇庇护七世还亲自进行评注。会议记录保存于梵蒂冈的秘密档案室中（参见皮特·希克斯，"一场无与伦比的加冕礼"，《拿破仑的加冕礼》，蒂埃里·朗茨主编，新世界出版社，2003年，第101-139页）。

族的叛乱。[1]1804年，为了避免产生一切争执，双方决定采用一种全新的仪式。仪式一小部分取材自兰斯的加冕礼，一小部分取材自罗马教廷的仪式，还有一部分创新的地方。

"无与伦比的加冕礼"上调制的这杯"鸡尾酒"只不过是追忆传统以及某些加洛林王朝影像的再延伸而已。这就是为什么巴黎圣母院正面由建筑师佩西耶和方丹捐赠的临时廊柱上会有克洛维和查理曼的雕像[2]。为什么教堂墙壁上悬挂的壁毯上会有两位君主的画像呢？准确地说，在仪式进行过程中，十二位达官显贵紧紧围绕在拿破仑身旁，就好像基督的十二门徒一般，更有确切地说，他们被认为是在模仿查理曼十二重臣。[3]丕平之子的"荣耀勋章"还通过其他方式"出席盛典"——被相同的达官显贵捧着——跟加冕主题相关的物件：皇冠、手杖、权杖和宝剑。然而所有这些物件中，没有一件是加洛林时代的真迹：皇冠和手杖是新的；权杖——确实是放在一尊查理曼的雕像上——属于查理五世（1338年－1380年）；宝剑属于"勇敢者"腓力三世（1245年－1285年）[4]。整个加冕礼期间，"查理曼的荣耀勋章"并没有派上

---

[1] 这次突如其来的加冕仪式让查理曼呆若木鸡，他甚至仅仅因为与会者的欢呼被安排在教皇的行动之后而暴怒。拜占庭皇帝的加冕礼——在这方面他参照的是他自己——预期是，欢呼"在前"，加冕仪式在后。以此表明是上帝而不是教皇创立了这个帝国。
[2] 伊莱纳·德拉赫，"为加冕礼而准备的三个月"，《拿破仑的加冕礼》，同前，第54页。
[3] 这十二个人包括：克勒曼元帅、佩里尼翁元帅、勒费夫尔元帅、贝尔纳多特元帅、贝尔蒂埃元帅、欧仁王子、博阿内王子、约瑟夫·波拿巴、路易·波拿巴、国务大臣康巴塞雷斯、财务大臣勒布伦、内侍大臣塔列朗、骑兵总领科兰古。辅国重臣最早出现于公元13世纪，灵感来源自卡洛琳王朝的实践。辅国重臣出现在法国国王的加冕礼上同样是必不可少的。
[4] 这些物品现存于卢浮宫。皇冠常被称作"查理曼之冠"。这也是2003年和2004年大量涌现的有关"拿破仑加冕礼"的作品的聚焦点。参见西尔万·拉维斯艾尔"加冕礼"，《拿破仑和卢浮宫》，法亚尔与卢浮宫联合出版，2004年，第85页。

用场。它们只是静静地被摆在原地，起到了某种类似见证者的作用。而荣誉勋章——法兰西帝国真正使用勋章，是由最好的金银匠人根据当时的场合特意打造而成的。

巴黎圣母院加冕仪式结束六个月后，拿破仑在米兰加冕意大利皇帝（1805年5月26日）。查理曼、伦巴第国王与拿破仑皇帝之间的关系显而易见，以至于托尔托纳的选举团主席为此曾致信拿破仑。这封信后经《箴言报》转载。我们可以在信中读到："您令法兰克帝国以及掩埋千年的查理曼宝座复生[1]。"拿破仑圆满完成了自己的使命来到米兰。最初的时候，他并没有想当意大利国王，而是提议自己的哥哥约瑟夫登上意大利王位。但是因为这位波拿巴家的长兄不肯轻易同意，拿破仑皇帝只得亲自前往亚平宁半岛[2]。这一回，教宗——巴黎之行两手空空让他十分失望——不在教廷，主持仪式的是卡帕帕红衣主教。仪式进行期间，查理曼和从巴黎带来的法兰西帝国的荣誉勋章随拿破仑皇帝一道进入大教堂。人们甚至制造了"意大利的荣誉勋章"。仪式上使用了伦巴第国王的铁皇冠。即使这顶由银环打造外包金箔的皇冠[3]不是前任皇帝使用的那顶也没有关系[4]。作为符号这已经足够了：拿破仑从10世纪的加洛林家族手里夺走意大利北部，在那里进行"法国"统治。与神圣罗马帝国的"日耳曼化"的较量不断，米兰的加冕仪式再一次确认了法兰

---

[1] 《箴言报》，1805年5月9日。
[2] 有关借口的问题，参见蒂埃里·朗茨的《第一帝国新史I：拿破仑武力征服欧洲（1804-1810）》，法亚尔出版社，2002年，第112-122页。
[3] 人们认为皇冠的金属是耶稣受难时的铁钉打造的。
[4] 没有任何证据表明，铁质皇冠的历史可以追溯至11世纪之前。

克人在西方世界的权利。查理曼便属于同时代法国－奥地利敌对的一部分①。政治信息只不过被象征意义取代了：例如在巴黎圣母院，号称"查理曼"的荣誉勋章并没有派上用场，铁质皇冠也只能巧妙地、不动声色地戴在今后的"皇帝和国王"②头上。

查理曼：宣传和奉承的道具

加冕礼结束了，但拿破仑政权没有放弃向加洛林家族寻求借鉴。当然，随着拿破仑取得一个接一个的胜利以及新"体系"的确立，这种借鉴也越来越少了。最初的几年时间里，法兰西皇帝与查理曼的相似性并不少，这些相似性表现在很多方面：国家幅员、国境线、行军出征、各要素间的不协调、民族和部落间不明原因的混乱、帝国至高无上的君主权、给诸侯阶级分配领地③。1810年以后，拿破仑倾向于以罗马皇帝血脉自居，以戴克里先为榜样。尽管变成了参考对象而不再作为被模仿的

---

① 参见·劳伦斯·伍迪，"铁皇冠：历史与象征"，《拿破仑记忆》杂志，总第447期，2003年6-7月刊，第27-42页，重点第28-31页。
② 为意大利加冕仪式，人们打造了第二顶皇冠，样式接近铁质皇冠。在这种情况下，珍贵宝藏的捍卫者——蒙扎的教会势力提出异议。拿破仑——他的头围尺寸大于皇冠的尺寸——同意戴一会铁质皇冠，但没有压得很低。（阿兰·比耶比什，"拿破仑一世与铁质皇冠"，《强大的帝国皇冠》，米兰，蒙达多里，1995年，第一卷，第197-212页。）
③ 阿尔贝·索雷尔，《帝国概念》，引自让·图拉尔，《大帝国》，同前，第188页。

典范，但查理曼仍然是阿谀奉承①、官方命令，甚至有时候是行政公文的措辞中重要的组成部分。查理曼的形象为法兰西历史的延续性以及拿破仑时代的独特性和创新性服务的阶段已经过去了：拿破仑皇帝仍然是克洛维斯、查理曼或圣·路易的合法"继承人"，不过从今往后，拿破仑的事业可以摆脱他们的"支持"，再也不用担心合法性的问题了。

说到这里，我们可以列出一份花样繁多的产品目录，当然，这份名单只能是不全面的。这些产品都必须借助丕平之子的影响力。但这份小清单证实了一个问题，那就是，加冕礼之后，查理曼热并没有退烧。这与人们普遍认为的情况是背道而驰的。所有的文艺形式理所当然地被调动起来。因此，多米尼克·维旺·德农认为，庆祝奥斯特利茨战役（1805年）胜利的纪念章只不过代表了"查理曼大帝饰有闪电纹的权杖而已"。多米尼克为庆祝莱茵同盟（1806年8月）的建立，甚至创作了一出赏心悦目的戏剧，剧中人的形象集拿破仑和他"前辈"的特点于一身。至于绘画领域，第一幅加洛林主题的巨幅画作是极其华美的《帝国王座上的拿破仑》。画家安格尔受描绘查理曼的版画启发，加入了自己独特的风格创作了这幅画。但随后这幅作品招致广泛批评（"拿破仑皇帝看起来好像意大利的圣母玛利亚。"《帝国日报》如此评论道），最后不得不从沙龙里撤走。但具有讽刺意义的是，这幅画作风靡罗马十五年②。当

---

① 图卢兹的一处共济会的府邸被命名为"拿破仑曼"，听起来是古今两人皇帝名字的极佳融合（弗朗索瓦·科拉沃利，《波拿巴家族的共济会》，柏姿出版社，1982年，第315页）。
② P·科尼斯比，《"帝国宝座上的拿破仑一世"——安格尔的画作，一个时代的印记》，纽约大都会博物馆，1999年，第65-71页。这幅画现存于法国军事博物馆内。

格罗准备为圣·吉纳维芙教堂的天花板绘制祭祀用的巨幅壁画时，他没有忘记让克洛维斯、查理曼、圣路易和拿破仑的形象平起平坐[1]。除此之外还有很多奉命绘制的绘画作品问世。画家罗恩为多座帝国广场（1811年）奉献画作《群臣簇拥下的查理曼步入沃尔姆斯大教堂》。1806年2月，圣德尼大教堂被改作法兰西帝国的墓地，梅尼埃为这座方形大教堂创作《查理曼祝圣圣德尼教堂》（1813年）。同年，宫廷大元帅杜洛克命令德农估算建造两尊大理石带底座的雕像的造价，一尊是查理曼的雕像，另一尊是拿破仑的雕像。博物馆馆长德农为这两尊雕像报价三万法郎。它们将被安置在其中一座帝国广场上。

文学当然继续发挥着自己的作用。然而对文学所扮演的角色最具系统性的评价莫过于路易·杜波卡在《法兰西王朝的四位奠基人》中提到的言论，他写道："如果说这位大帝的故事（指查理曼）深深地吸引着法国人的话，那么在这个时刻他们的兴趣尤其浓烈，因为查理曼为法国赢得了力量与荣誉。光荣足以与之相匹敌的君王替他恢复了名誉。从来没有如此多惊人的相似能把时间跨度如此遥远的两个世纪和两位君王联系起来；同样值得纪念的事件，更加光辉灿烂的境遇，从来没有哪两个时代能像这样异曲同工。法兰西帝国的创立和复生将在历史上写下两个卓越非凡的时代，分隔这两个时代的漫长岁月也因此相形见绌"[2]。于是，波拿巴王朝完美跻身王朝序列[3]。拿破仑与查理曼之间的"相似之处"

---

[1] 复辟时期他的计划有所变化，拿破仑、玛丽·露易丝和罗马国王的形象被换成路易十八、昂古莱姆公爵夫人以及波尔多公爵。
[2] 引自罗伯特·莫里西，同前，第366页。
[3] 墨洛温王朝、加罗林王朝、卡佩王朝、波拿巴王朝。

跨越千年岁月，赋予拿破仑正统继承人地位。年轻的法兰西帝国把根基深深地扎进历史的土壤中，有时看起来仿佛就是查理曼打造的帝国"重返人间"。

相关历史研究著作大量问世：巴雷特撰写的《三豪杰》或称《凯撒—奥古斯特、查理曼及拿破仑·波拿巴的政治制度》（1804年），加莱的《奥古斯特与查理曼的政治政策——走在伟大国王们的金科玉律之前》（1810年），瑞马尔的《查理曼颂——西欧之皇》（1810年），赫戈维奇（1805年德语转译）、鲁日隆（1807年）、迪保罗（1810年德语转译）著的《查理曼传》。1808年以这位西欧之皇的故事为蓝本的歌剧上演。但第二年，另一出同题材的歌剧被拒绝上演。之所以出现这样的情况，并非是因为查理曼题材已经被发掘殆尽，实在是因为两部作品太相似了[①]。再来看戏剧方面。戏剧舞台上经常出现查理曼的形象，比如说1804年12月31日[②]奥林匹克剧院上演的轻喜剧《色拉西布洛斯大合唱》中出现查理曼大帝及其皇后的角色。诗人们也不甘落后，具有代表性的有查理·维克多·普雷沃·德阿兰古（《查理曼的一个上午，即将现世的史诗之片段》[③]）以及让·巴普蒂斯特·博努瓦·巴尔若（《国家颂歌，后附二十章诗歌：查理曼之歌》[④]）。皮埃尔·克鲁泽用诗意的语言写下《查

---

① 大卫·夏约，《拿破仑与歌剧——舞台上的政治：1810-1815》，法亚尔出版社，2003年，第382页。
② 《世界通报》，1804年12月31日。
③ 1810年，沙伊诺出版。作品中描绘道，有一天，一个天使出现在查理曼身边，示意查理曼后继有人。作者是太后府邸的人，同时也是国家行政法院助理员。
④ 1811年，布兰查德出版。

理曼和特龙谢议员在爱丽舍宫有关法兰西现状以及建立大学问题的谈话录》[①]。有个叫维德曼的人出版了一部名为《1811年3月20日夜，查理曼在杜伊勒利宫》的书，向这位罗马皇帝的皇宫鞠躬致意[②]。

政府不会对全民运动视而不见。这就是为什么行政法院的议员们用纪念西欧皇帝的文字来美化自己的文章，把这些文字当作陪衬，当作某种文笔的练习。我们就不再举过多的例子了。因此，当1809年2月重新划定德龙省和阿尔代什省的边界时，报告人赛格在报告书中简短地提到一句，他控诉道，"在查理曼继承人羸弱的统治下，法兰西帝国（原文如此）正在土崩瓦解"[③]。还有一次，大帝国兼并荷兰令梅林议员感到很高兴，他说："他们属于查理曼了[④]。"据他对"推行公制所带来的改变的观察"，德·雷朗多议员深信并且明确表示，旧的长度单位是根据"人身高的最大值确定的，甚至从我们已知的情况看，长度单位是根据查理曼大帝本人的身高制定的，他的身材是十分伟岸的"[⑤]。又如，从根据贵金属[⑥]的重量确定其面值到对加洛林相关课题进行最深入的研究，这样的例子不胜枚举。

[①] 1806年，费尔曼·狄多出版，共27页。特龙谢于1806年3月10日辞世。
[②] 1811年，大迪多出版，共15页。
[③] 《最高行政法院工作记录合集》，雷朗多藏书，第1754号，www.napoleonica.org。
[④] "有关大使及其他政府部长特权的报告"，《最高行政法院工作记录合集》，雷朗多藏书，第2070重复号。
[⑤] "1811年5月6日的报告"，《最高行政法院工作记录合集》，雷朗多藏书，第2353重复号。
[⑥] "贝伦杰议员有关货币问题的报告以及财政部长和行政法院财政部呈递的有关货币问题的法律草案"，同上，第556号。在筹划轧制硬币以及确定硬币面值方面，查理曼事实上仍在继续执行矮子丕平的政策。

查理曼"拯救"帝国政治

民间传说多意在投机,尽是阿谀奉承之语,但查理曼的形象并非仅局限于此。在帝国政治的诸多领域里,他的作品和故事仍然是强有力的理论依据。

1806年4月拉提斯博纳主教和达尔伯格主教拟定的报告就是极好的证明。在这篇报告中,他们劝说拿破仑重新占据西方帝国的领土,并且明确表示:"愿'奥地利的弗朗索瓦二世'成为东欧的皇帝,抵御俄国人;愿拿破仑皇帝能让西欧帝国重生,如同查理曼大帝统治下的帝国一样,疆域包含意大利、法兰西和德意志[1]。"事实上,自从创立莱茵联盟,瓦格拉姆之战第二次打败奥地利以后,拿破仑便开始自吹是西欧皇帝了。现在,他只不过是放弃了这个头衔而已,因为他不愿意放弃法兰西皇帝的头衔。主教的言论使舆论为之一震[2]。兼并奥尔登堡公国后不久,外交部长尚帕尼对沙皇的大使说,查理曼大帝的传人"如今掌握着日耳曼全部领土的最高主权,并且按照查理曼的理念分配这些权力"[3]。

---

[1] 援引自路易·马德林,同上,第二卷,第363页。
[2] 见斯蒂文·英格兰德,《拿破仑》,德·法卢瓦出版社,2004年,第343页。
[3] 援引自阿尔贝·汪达尔,《拿破仑与亚历山大一世——第一帝国时期的法俄同盟》,普隆出版社,1896年,第三卷,第54页。

甚至那些西班牙战争的拥趸——他们从中看到将边界线从比利牛斯山前移至埃布罗河的可能性——都动了"重新唤醒这位查理曼大帝,重建大军挥师远征,一支直捣波河,一支直抵易北河,第三支直插埃布罗河"[1]的念头。1812年,加泰罗尼亚数省建立的合法性可以从"第一任"西欧皇帝的遗产中找到依据。

查理曼大帝扮演了一位与罗马教堂正面冲突的角色。在这一点上,拿破仑走得更远。据教廷所言,从1806年2月开始,拿破仑便致信费舍红衣主教:"我的眼睛是雪亮的,只有当我愿意的时候我才会被骗。我就是查理曼,我就是教会的圣剑,我就是他们的皇帝。我应该享受和查理曼相同的待遇"[2]。自此以后,这位法兰西皇帝便以罗马君主自居。至此,拿破仑掌握了教皇的封地。庇护七世受到拿破仑的如下警告:"教皇陛下是罗马的教皇,我是罗马的皇帝[3]。"正是本着这样的逻辑,拿破仑以上中古世纪的历史故事为借口,拒绝给予教皇一切世俗权力,这也正是他为日后吞并罗马领土进行辩护的借口。

教皇国的起源可以追溯至公元8世纪,其领土最主要的捐赠者就是"矮子丕平"(公元754年)和查理曼大帝(公元774年以及公元781年)[4]。为了向庇护七世和他的大主教们施压,拿破仑总是从这些已经很难考证的历史"真相"中寻找依据,好像自己真的是教皇国最主要的捐赠者的

---

[1] 路易·马德林,同上,第二卷,第574页。
[2] 该句选自驻罗马教廷大使致红衣主教费舍的信件,《书信集》,第9806封——作者注
[3] 1806年2月13日,致庇护七世的一封信,《书信全集——拿破仑基金会出版》,法亚尔出版社,2009年,第六卷,第11445封。
[4] 奥利维耶·居洛特让南,"教皇国(公元8世纪至公元13世纪)",《教廷史典》,菲利普·勒维兰主编,法亚尔出版社,1994年,第625-627页。

后人一般，好像之后几千年的时间什么都没有发生过似的。最终的危机爆发之前，当罗马教廷威胁将拿破仑皇帝逐出教会时，尚帕尼威胁教皇说（措辞经过拿破仑皇帝的授意），如果教宗胆敢宣布谕旨，拿破仑皇帝将会"撤销查理曼大帝的捐赠，将教宗国并入意大利王国"[①]。谕旨没有等到施行的那一天，法兰西大军就占领了罗马，1809年5月17日皇帝发布通谕要吞并教皇国，通谕的动机申明部分解释道："查理曼大帝，我们杰出的先祖，他的捐赠，包括教皇国在内的诸邦国都是赠给基督教众的，而不是赠给我们圣教中那些敌人的[②]。"至于通谕的动机则更为直白："当查理曼——法兰西国王，我们伟大的前辈，将多郡的领地赠与罗马主教时，他只是把这些领地封赏给他们，为的也是自己统治下诸邦国的利益，通过那一次赠与，罗马便一直没有脱离过他的帝国；自此以后，直到今天，教权与俗权的融合成为出现争议的源头，而且导致教皇们被频繁抬出来，利用教权方的影响力支持俗权方的要求[③]。"事后，拿破仑曾经提到，自己之所以打算把教廷迁到巴黎[④]，目的正是不愿再重蹈查理曼的覆辙，后者放任教皇距离自己太远。这一计划的准备工作已经进行得相当深入了，但最终未能成行。

在法兰西王朝本土，尤其是在1809年之后，查理曼大帝也是被不

---

① 1808年1月22日，《书信全集——拿破仑基金会出版》，第八卷，第17052封。
② 《法国与罗马教廷公文集——从入侵罗马教皇国到教皇》，尼姆，高德之子出版，1814年，第25页——译者注
③ 1809年5月17日之通谕，《书信集》，第15219封。1814年，吕西安·波拿巴——彼时，他与哥哥的关系冷淡，被庇护七世封为卡尼诺亲王——出版了一本名为《查理曼或是被解放的教会》的书，直到1816年时，拿破仑才在圣赫勒拿岛上读到这本书——作者注。
④ 艾纽曼·德·拉斯加斯，《圣赫勒拿岛的回忆》，第二卷，第202页。

断引用的对象。因此，当元老院研究废黜约瑟芬皇后的问题时，为给所下的结论提供支持，元老院提到四位法兰西皇帝。拿破仑出现之前，这四位身居"最受敬仰、最受爱戴之列"的皇帝都离过婚，其中包括查理曼[1]。当创立摄政制度以及制定罗马皇帝加冕礼仪式时，查理曼被纳入第四代王朝支持者的行列：行政法院从"历史的不同时期中"汲取实用范例，而且行政法院还提到，公元781年，登基称帝之前，查理曼就已经分封自己的两个儿子——路易和丕平为王[2]。1813年2月5日，元老院投票通过一条法令，宣布玛丽·路易莎以儿子的名义执行摄政，后者将会被加冕。这条政令于1813年3月7日正式被确认下来，15日、20日，后来又到23日，本该出现的加冕典礼被一推再推。在经济和战争危机的影响下，加冕仪式最终没能完成。"百日王朝"期间，1815年6月1日，在查理曼的庇护下，"五月广场"大会隆重召开。在意识形态方面，拿破仑帝国参考加洛林王朝的历史结束了，"百日王朝"期间发生的事情就是例子——局势混乱。因为这场"五月广场"

---

[1] 事实上查理曼曾经休掉自己的前两位妻子：休掉赫罗特鲁德是因为她给查理曼生了一个畸形的孩子；休掉伦巴第公主德西蕾是因为他的外交策略发生变化。第三位妻子希尔德加德确保王朝男性血脉延续下去。第四位妻子法斯塔德死前给他生了两个女儿。最后一位妻子丽特加尔德没有为他留下子嗣就离开了人世。这一次，查理曼决定不再娶妻，鳏居了生命最后的14年，不过数不清的情妇的存在为他的生命增添了更多的乐趣（让·法维耶，《查理曼》，法亚尔出版社，1999年，第167-169页）。
[2] 查理曼之后，"虔诚者"路易、阿基坦国王"口吃者"路易、雨果·卡佩、"虔诚者"罗贝尔、菲利普一路易、"胖子"路易六世以及路易七世（《国王长子加冕调查》，《法兰西王位的继承人们》等，1812年12月29日，行政法院档案，雷朗多藏书，www.napoleonica.org）。

大会被相当一部分人定义成"帝国骗局"或者"滑稽的闹剧"[①]，这场大会让人更加怀念"旧制度"末期或者"大革命"期间那位被虚构出来的"自由开明的"查理曼。当时的拿破仑放弃了自己的欧洲体系，他的愿望很简单，在法兰西天然疆域范围生活，单纯地做法兰西皇帝。他放弃了西欧帝国。

加罗林王朝的行为贯穿拿破仑帝国轨迹的始终，并非仅仅只有加冕礼前后那几个月而已。国家的构成、皇帝对历史的看法、法兰西传统以及对历史合法性的探究都是很好的证明。呼唤查理曼出现在1804年之前，但一直延续下去，这一点也不令人惊奇。当然，拿破仑帝国并没有试图把西欧帝国那一套"再玩一遍"。甚至，法兰西皇帝并没有仿照别人的愿望，他认为自己作为"开国者"，足以跟自己的"杰出前辈"并驾齐驱。但是，查理曼始终是被引用的对象，从来没有停止过，最终，在某些领域里，对他的追忆落下根深蒂固的印迹。可以说，拿破仑对内以及对欧洲的行动中都透着查理曼的影子。

[①] 第一种说法来自英国人霍布豪斯，"百日王朝"时期，他就在巴黎；第二种说法来自法国人波佐·地·博尔戈，当时他受雇于俄国朝廷，援引自路易吉·马希里·里格里奥里尼，《拿破仑》，佩兰出版社，2004年，第446页。有关这次加冕礼见，蒂耶里·朗茨，《第一帝国新史 IV》，"百日王朝"，法亚尔出版社，2010年，第397-404页。

专题二

拿破仑的北非外交策略

拿破仑的野心决不止于欧洲大陆,他的外交跨过地中海,触及到非洲北部。

第三章

地缘政治与东方的诱惑：埃及之战[1]源出何处？

埃及之战已经结束二百一十年了，但是，这场战争仍然吸引着人们的目光[2]。准备阶段保密程度最高，海上实力超乎寻常（近三百五十艘战舰），由百余名当时最大牌的学者组成的科学考察队伍提升了大军（总计三万八千人）的实力，这次远征激起了同时代人以及子孙后代的幻想。同拿破仑一生中很多时刻一样，这一次，事实演化成传奇，传奇又被信以为真。掺杂诸多科学事件（很多人认为商博良也参加了远征），夸大政治新见解（拿破仑皈依伊斯兰教），颂扬军功，然而事实上，"理想

---

[1] 本章借鉴了《拿破仑时代的记忆》杂志，1998年5、6月刊，第11-19页的文章。
[2] 本章参考文献丰富，最新的文章有：帕特里斯·布雷特，《波拿巴时代的埃及》，哈谢特出版社，1998年；让-约尔·布雷贡，《波拿巴的埃及》，佩兰出版社，1998年；伊夫·莱叙，《埃及——一场睿智的冒险：1798年-1801年》，法亚尔出版社，1998年；亨利·劳伦，《东方人：第一卷——关于远征埃及》，国家科学研究中心出版社，2004年，或者《远征埃及》，塞伊出版社，"圆点"丛书，1997年等。近期，我们组织了《拿破仑回忆录》中有关埃及之战问题的再版工作（达朗迪耶出版社，2011年）。

化的埃及之战"对那些亲身经历者来说却是痛苦且残忍的。[①]这次远征在政治和军事上的失败无可辩驳。然而最终的失败就这样被粉饰一新，欺瞒了当时的人，甚至从某种程度上说，也欺瞒了后世者。

督政府组织了一场"荒唐的"战争，促使这场战争出现的原因已经被讨论过无数次了，但这些原因似乎包裹着一层谜团。与拿破仑同时代的人和历史学家提出了很多的假设，本章将尝试着吸收、评估这些假设。主要的假设围绕着三种阐释展开：波拿巴的"东方梦"；督政府希望拿破仑将军远离巴黎；战争及外交的需要。

波拿巴的东方梦想

波拿巴的"东方梦想"有时候会被视作埃及战争最主要的原因之一。正是因为无法忍受亚历山大，拿破仑将军才酝酿远征埃及的计划，并把自己的计划强加给督政府。如果说这种"梦想"确实存在的话，那么这种梦想不仅由来已久，而且在与拿破仑同时代的人群心中普遍存在。

事实上，早在埃及战争之前，法国人就对法老的领土产生过热情。

[①] 近期出版了大量拿破仑埃及战争期间书写的信件，这些信件之前从未出版过，信件清晰地表明，拿破仑的主要精力都放在军事和经济事务上，几乎从没有把时间花在传奇故事优先考虑的那些问题上面（拿破仑·波拿巴，《书信全集——拿破仑基金会出版 III》，"埃及之战与登基称帝：1798-1799"，法亚尔出版社，2005 年）。

18世纪上半叶，这种热情呈爆发之势。爆发的基础来源于那些用充满神秘的眼光看待埃及的研究（耶稣会士基尔舍对象形文字的研究工作）或者是将埃及同犹太—基督教的传统联系起来的研究（《圣经》中许多章节的故事都发生在这个国家）[①]。有三类事件导致启蒙时代就已经产生的兴趣又再度活跃起来：

——罗马文物发掘期间（1711年）的考古发现。教宗本笃十四世创建埃及博物馆（1748年）以及"埃及人协会"在伦敦创立（1741年）。

——科学作品的出现。包括1719年之后，本笃会修士贝纳德的著作（《埃及古代文化解析及图示》）以及凯吕斯伯爵的著作（《埃及、伊特鲁里亚、希腊及罗马古代文化汇编：1752—1767》）。

——游记数量的增加，例如保罗·卢卡（出版于1714年至1720年之间，描写的是1704年进行的远足）、本笃·德·梅耶（1727年）、理查·波寇克（1743年）；或者流行小说数量的增加，例如泰拉松修士的《塞都斯——古埃及轶事》（1731年）。

对法国人来说，这种"埃及的氛围"并非无关紧要。共济会（启蒙时代重要社会现象，因为共济会囊括了几乎所有国家的精英分子）的发展以著名的仪式为基础，这些仪式的起源可追溯至古埃及。莫扎特的共济会歌剧《魔笛》[②]（1791年）将它搬上舞台。全欧洲的"明君们"都开始命人建造狮身人面像和方尖碑。在法国，这种建筑界的风尚得到玛丽·安

[①] 让·韦库特，《追寻被遗忘的埃及》，伽利玛出版社，1986年，第16页。
[②] 有关共济会中的埃及元素问题参见：雅克·沙耶，《魔笛》，罗伯特·拉丰出版社，1991年。

托瓦内特和大贵族们的支持（例如蒙梭公园的方尖碑）[①]。1785年，法兰西铭文与美文学院举办了一场以埃及为主题的竞赛。"异国情调的沙龙"[②]对历史和建筑产生真正的兴趣，远比那些即将踏上埃及征途的人要早得多。于是，兴趣得到进一步发展，并且深入知识分子群体。

波拿巴顺应时代潮流，也对东方和埃及产生了浓厚的兴趣。当他年轻的时候，曾经阅读并评注了马里尼的《阿拉伯史》和《遗迹》（1791年），稍后又读到沃尔尼[③]的《叙利亚和埃及游记：1783年、1784年及1785年》（1787年），克劳德-艾蒂安·萨瓦里的《有关埃及的文学》（1785年）以及托特的《土耳其人和鞑靼人回忆录》。受此启发，法国大革命前夕，拿破仑创作出短篇小说——《蒙面先知》。青年时代的拿破仑郁郁不得志，1795年正是其中的一段时间，彼时的拿破仑甚至打算重返奥斯曼的军队。

18世纪末期，督政府统治时期的法国社会中，东方仍旧遮着神秘、光荣而富有的面纱。"我们已经二十九岁了，到了亚历山大的年纪。"波拿巴对布列纳说。拿破仑与自己的同龄人一样，都曾经梦想追随埃及法老、凯撒军团、阿拉伯王朝，投身马其顿战场，有时甚至认为自己就是其中一员。但这只不过是当时的文化特色而已，当然，这种文化特色深入人心，但或许还不至于达到单凭这一点就足以酝酿出政治和军事决

[①] 见让-马塞尔·亨伯特，"埃及狂"，《文艺复兴时期的欧洲字典》，米歇尔·德隆主编，法国大学出版社，1997年，第377-379页。
[②] 帕特里斯·布雷特，同上，第19页。
[③] 1793年，波拿巴和沃尔尼在科西嘉见面。两人的亲密关系一直保持到执政府时期，当时沃尔尼激烈批评第一执政官的宗教政治，至此，二人分道扬镳。

策的地步。因此我们唯一能得出的结论是，拿破仑是位敏锐的政治家，当时身在意大利的他正处于事业生涯的关键转折点。他孤注一掷，无法抵御"梦想"的诱惑，应募加入埃及计划。据此，我们更倾向于伊拉杰·阿米尼有关"东方梦想"的表述：东方企图[①]。研究每一条为埃及之战辩护的论据时，这种定义波拿巴与这场冒险之间关系的方法似乎更容易令人接受，既考虑到这位年轻将军的学识修养，也没有排除其他论据。

督政府希望摆脱波拿巴吗？

波拿巴从意大利返回法国时受到督政府冷遇。拿破仑将军打算参与权力的角逐，这是人尽皆知的秘密。他因此成为政府的眼中钉。但是，督政们从那时起便开始拟定旨在让拿破仑远离巴黎的埃及计划了吗？

1797年12月5日，波拿巴从意大利回国，但直到10日，督政府才为波拿巴举行了隆重的欢迎仪式。在欢迎仪式上，拿破仑将军发表长篇致辞，他提到关于在法国施行"最佳的组织法律"的问题，但只是轻轻提及而已。如此评述在几位督政中引发轩然大波。远征里沃利的胜利者公开表露自己的野心：现如今，他觊觎政治权力，无论如何都十分迫

[①] 伊拉杰·阿米尼，《拿破仑与波斯人》，拿破仑基金会，1995年。

切地希望参与到政治中来。专栏作家马雷·杜潘写道："在他无数胜利光环的笼罩下，拿破仑确信欢呼者中有一半人想要掐死他。"①拿破仑被任命为对英作战总司令，他深得民心并且广受信任。对受到政变威胁的当值政府来说，拿破仑意味着一种危险，一种永远挥之不去的危险。

怎样才能不让这位热情似火而又才华横溢的将军闲下来？这个问题一直在督政和及其幕僚、挚友的脑海中反复徘徊。1798年1月，有传闻说波拿巴即将参加拉斯塔特议会，与奥地利进行和谈，后又有传闻说他将取道被法国人占领的荷兰，组建巴达维亚共和国。但没有任何传闻真正付诸实践。波拿巴本人进入了法兰西科学院（占据了卡诺的院士席位），经常出席政府高官为向他致敬而举办的庆祝活动，并且还在卢森堡与督政共事。

接近1月10日，一切都在紧锣密鼓地进行着。波拿巴感觉自己终将成为对英作战部队的总司令。一场政令和人事任命的疾风暴雨向他的部下袭来。他甚至向作战部长谢雷递交了一份侵略计划，后者见到这份计划感到十分失望②。为什么拿破仑将军的行动突然活跃起来呢？1802年，波拿巴向勒贝尔解释说巴黎的氛围开始让他觉得压抑：没有国民职务，却身处政治斗争核心，为了占有一席之地必须彻底交出军权。他必须做出让步：不愿意以权力游戏同谋者的形象示人。巴黎是权力斗争的

---

① 援引自阿尔贝·埃斯皮塔雷，《雾月即将来临——波拿巴在巴黎》，佩兰出版社，1914年，第55页。
② 几乎没有人真正相信波拿巴有机会成功执行他的计划。马雷·杜潘——他的观点很少会出错——打消了记者们的顾虑，他对他们说："推测督政府有任何登陆英格兰的严肃计划都将是错误的"。甚至英国政府都不担心（阿尔贝·埃斯皮塔雷，同上，第95-96页）。

缩影，权力斗争已经成为巴黎的特点。

所有的一切都是真实的，然而波拿巴仍在努力思索。他尽力关心政治，并且成功地同督政府内部反对他的革命派乱党达成和解。阿尔贝·埃斯皮塔雷根据一些彼此佐证的证据和"外交部"的文件，表示说拿破仑将军对保皇党的警告也并非无动于衷①，他甚至曾和巴拉斯有过交谈。督政仍旧持谨慎态度，建议拿破仑静观其变。不久后，波拿巴再次试探巴拉斯，目的在于参选进入督政府。当时的确谈到政变，不过对方并未就此继续深入下去。就这样，波拿巴的想法暴露无遗，他为此冒上了巨大的风险。

当局的反击并没有让人等得太久。距离1月21日，也就是路易十六的忌日还剩几天功夫时，督政府通知对英总司令，希望他出席官方纪念仪式。因此，通过大张旗鼓地宣传他与"左派"的关系，波拿巴在"右派"的势力被削弱了。起初，波拿巴拒绝，随后又同意参加"庆典"，但条件是他要加入法兰西科学院代表团，而不是政府代表团。

这一事件令拿破仑更加坚信，若想成功改变自身境遇，继续收获军功的同时最终承担"调和英雄"的角色，就必须同巴黎这个阴谋的巢穴（随着时间的推移，波拿巴自己也变成了其中一员）一刀两断。有人向波拿巴建议开辟英格兰战场，他便全身心地投入进去。他认真制定登陆计划，举行大型阅兵，视察陆军及海军。可惜最终乘兴而去，败兴而归。这次行动要冒极大的风险，取胜的机会微乎其微。波拿巴向布里安吐露

---

① 阿尔贝·埃斯皮塔雷，《雾月即将来临——波拿巴在巴黎》，佩兰出版社，1914年，第110-112页。

了实情："这把赌局完全是碰运气。我还是不冒这个险了。"[1]2月23日，他向督政府递交了一份结论报告："无论我们如何努力，近几年我们都不可能获得制海优势……准备进行远征的真正时机已经过去了，或许永远过去了。"[2]最后，作为结论，波拿巴建议进攻英国人在汉堡和汉诺威的利益，甚至"远征黎凡特，威胁印度的贸易"。

远征埃及已是陈年往事，但塔列朗让它直到今天都保持着人们的兴趣。这是否意味着督政们把两个计划——驱逐波拿巴和干预埃及合二为一了？我们无法判断他们是否有这样的考虑。远征军出发之后，那不勒斯间谍致信本国政府："我可以保证，首都三分之一的人以及除巴拉斯以外几乎所有的督政都盼着波拿巴死去，或者至少颜面扫地。"[3]但这或许并非政府的主要目的。看着波拿巴离开巴黎当然不会引起不愉快，但眼见他在埃及冒上这样的风险就令人反感了！当执政府、督政府和政府部长中有些人甚至努力反对这次冒险行动。"我们还是不愿意让三到四万最优秀的法兰西士兵暴露在海战的危险之下，这场冒险的唯一目的只不过是摆脱一位心怀野心的将军而已！还有，必须向我证明远征埃及是从共和国的利益角度出发，而不仅仅是为波拿巴的计划服务的！"拉勒维利艾·雷柏写道[4]。勒贝尔（外交"专职"督政）另有野心，他认为

---

[1]《M·德·布里安回忆拿破仑：督政府、执政府、法兰西帝国及复辟时期》，M·德·布里安，拉德沃卡出版社，1829年，第2卷，第36页。
[2] 该报告刊于《书信集》，第2419封。
[3] 援引自阿尔贝·埃斯皮塔雷，《雾月即将来临——波拿巴在巴黎》，佩兰出版社，1914年，第184页。
[4] 见博努瓦·梅金，《波拿巴在埃及或者未被满足的梦想》，佩兰出版社，1978年，第36页。

应该直接进攻英格兰本土,从爱尔兰一侧发起进攻。当时人们都说爱尔兰就是"英格兰的旺代省"①。这样就等于说督政们已经准备好牺牲掉自己的直接利益了,这样的想法就太小看他们了,因此牺牲掉的不是拿破仑而是负责运送拿破仑的舰队以及他麾下成千上万最精锐的士兵,况且欧洲大战即将再度爆发。勒贝尔宣称:"我们同奥斯曼帝国尚无和平可言。奥地利武力尚存,令人费解的是,在如此的情况中,我们还允许三至四万精锐部队以及多位最优秀的将领脱离队伍,其中包括波拿巴。"

武力攻克埃及:周密外交计划中的一环

远征埃及是否可以简单地归入一份周密的外交计划之内?或许回忆能够支撑起这种假设。

入侵埃及的计划并非新鲜事物,它已经成为17、18世纪法国外交领域的"经典"计划。大革命开始前及大革命进行过程中,人们经常提到这一计划,莱布尼茨就更不用再提了——他曾向路易十四建议入侵埃及(然而"太阳王"并未采纳)。18世纪80年代,法国多次考虑采取武力行动保护法国商人。成功次数最多的计划是由航海部长萨尔丁发起

---

① 见下文,第五章,《爱尔兰或"英格兰版旺代省"的幻想》。

的，他派了托特男爵进行实地勘察。路易十六的步子不敢迈得太大，托特依托所闻所见为蓝本创作的书大受欢迎。1793年，尤其是1795年，制宪议会收到多份报告，报告中把武力征服埃及描述成一件"简单的事情"。

"有一件事情是确定的：远征埃及的'想法'来自塔列朗。"一位历史学家如是写道[1]。后来，波拿巴当着勒贝尔的面承认："提交远征埃及报告的人正是塔列朗。我认为这是督政府授意的。"[2]外交部长塔列朗希望推动自己庞大的地中海政策。他是"旧制度延续下来的殖民倾向的代理人"[3]。作为沃尔尼的朋友，塔列朗打算继续执行路易十五时期著名部长——舒瓦瑟尔的政策。解决同英格兰的争端，报《巴黎和约》（1763年）的一箭之仇刻不容缓，因此法国必须弥补地中海地区（其中包括埃及）的基础实力，以重新夺取印度。进攻要么从陆路发起（路途遥远且不确定因素颇多），要么从埃及及红海地区发起（取道连接两片海的运河，或者能容纳部队和装备通过的"双通道港口"）。

1797年7月，塔列朗在法兰西科学院举办的"当前形势下取消殖民地之益处研讨会"上谈到殖民地、港口和埃及。法兰西和英格兰给旧主教们的殖民地造成了一定的损失，于是他们以此为理由，号召人们同奥斯曼帝国就放弃埃及问题进行磋商。"塔列朗用最庄重、最刻板的强

---

[1] 阿尔贝·埃斯皮塔雷，《雾月即将来临——波拿巴在巴黎》，佩兰出版社，1914年，第134页。
[2] 腓特烈·马森，《第一执政官与勒贝尔会谈纪要（共和十年风月8日至1802年2月22日）》，《新回顾》，阿尔贝·埃斯皮塔雷，同上，第137页。
[3] H·劳伦斯，《远征埃及》，《雾月即将来临——波拿巴在巴黎》，佩兰出版社，1914年，第41页。

调作出预测。"让·奥里厄①兴奋地说道。履任部长三天之后（1797年7月20日），塔列朗就远征印度的筹备情况向督政府提交了多份报告，这些报告都意在破坏英格兰的商业利益。不久后，他会见波拿巴，跟对方探讨自己宏大的地中海计划："目前当务之急就是要坚决踏足阿尔巴尼亚、希腊、马其顿以及土耳其帝国位于欧洲的省份，甚至所有地中海沿岸地区，尤其是埃及，那里有朝一日能派上大用场。"②

塔列朗的观点与拿破仑的意愿不谋而合，后者正着手规划自己职业生涯的后续发展："埃马纽埃尔·德·瓦雷斯杰尔认为，埃及计划汇集了共和国两大人物，二者的利益被捆绑在一起，即便不是相同的，至少也是互补的。对他们两个人来说，权力的果实已经熟了。"③尽管拿破仑本人生于地中海地区，但他还是为发展法国在地中海沿岸地区的利益而殚精竭虑。他致信督政府："即便是在全面和平时期，我们也决不能放弃安科纳港，这里永远属于法兰西。拥有这座港口，我们就可以向奥斯曼宫廷施加巨大的影响，我们将成为亚得里亚海的主人，就像我们有了马赛和科西嘉岛，我们就成了地中海的主人一样。"④当时，他正订购了一批书籍和地图，开始阅读《古兰经》和沃尔尼的《叙利亚和埃及游记》。

里沃利之战的胜利者和塔列朗，这两位在意大利战争中已经配合相

---

① 让·奥尼厄，《塔列朗》，弗拉马利翁出版社，1970年，第249页。
② 1797年8月23日信件，选自居·拉古尔-盖伊，《塔列朗：1754-1838》，柏姿出版社，1930年，第一卷，第304页。另见由米歇尔·波尼亚托夫斯基收集的惊人的文献：《塔列朗和督政府：1796-1800》，佩兰出版社，1982年。
③ 埃马纽埃尔·德·瓦雷斯杰尔，《塔列朗——纹丝不动的巨头》，法亚尔出版社，2003年，第241页。
④ 1797年2月15日信件，《书信全集——拿破仑基金会出版》，第一卷，第1379封。

当默契的搭档找到了新的共同计划。二人合力说服了督政府。外交部长拟定的第一批针对印度及殖民地的报告递交一个月之后，拿破仑将军致信督政府："有朝一日我们将会发现，若要彻底击溃英格兰，必须占领埃及。距离这一天的到来已经不远了。辽阔的奥斯曼帝国日渐走向灭亡，我们的责任是考虑抓住最佳时机采取措施，维系法国在黎凡特地区的贸易。"[①]奥斯曼帝国？长期以来，它是法国为对抗英格兰的存在以及俄国觊觎温暖海域的野心而结交的固定盟友。从原则上讲，没有任何历史原因以及外交利益会促使法国与奥斯曼帝国为敌，因为奥斯曼帝国始终同"反法联盟"保持距离。然而，18世纪末，奥斯曼帝国表现得如同欧洲的"病人"，尽管五十年后这个称呼才风靡欧洲。自1789年苏丹塞里姆三世继位以来，奥斯曼帝国的领土构成变得十分混乱，涵括除摩洛哥外西方所有的伊斯兰国家[②]。苏丹的威望在远离首都的帝国领土上几乎不存在了。当地寡头（各省的帕夏）从不向君士坦丁堡汇报，也很少服从首都的命令。一旦离开狭义上的土耳其（这里都很难说），塞里姆王国就彻底停摆了，只有鼠疫的爆发才能勉强抑制人口呈爆发态势增长。在巴黎眼里，土耳其的独裁制度不堪一击，而且已经走向没落。因而选择阵营时，法国必须考虑到奥斯曼宫廷之大厦将倾，就像塔列朗写给动身前往维也纳就职大使的贝尔纳多特的信中说的那样："共和国下定决心，除非能够确保法国在地中海海上贸易中占据相当可观的份额，

---

① "波拿巴致督政府书信，1797年8月16日"，《书信全集》，第1908封。
② 见下文《海格力之柱——拿破仑与摩洛哥》，第89页。

否则不会让奥斯曼朝廷灭亡。"因此，外交部长重新定义了法国与奥斯曼朝廷的关系，并且把"埃及计划"置于这种新定义之下进行考量。对他来说，巴黎与君士坦丁堡之间的传统友谊并不是法国外交政策中必须考虑的先决条件。土耳其（革命者就是这样称呼奥斯曼帝国的）的羸弱应该是导致两国关系被重新定义的"罪魁祸首"。两国之间的友谊能让法国一方面阻击俄国入侵地中海，另一方面阻止奥地利向南方推进，这应该就是两国友谊常青的唯一原因。为妥善处置利益上的分歧，督政府和塔列朗编造谎言，谎称入侵埃及只是针对马木留克骑兵（国家的实际掌权者），并非针对奥斯曼宫廷。巴黎并没有指望此类说法能够安抚或者感动苏丹：因为巴黎希望充当苏丹领土上的"警察"，重新建立起一套秩序。巴黎尤其痛斥苏丹的软弱，迫使他做出强有力的反应。这没什么大不了的：塔列朗含含糊糊地答应亲自前往君士坦丁堡（他从没有去过），跟塞里姆解释清楚，或者说得大胆点——为远征吃上一粒"避孕药"，维系两个大国之间的和平。

再重申一次，"冒险"埃及的主要目的是为对抗英国的利益。

事实上，伦敦的财富中有相当大一部分正是从印度人身上榨取的：次大陆殖民地生产的产品九成归英国商人所有。搅乱这种收入来源，就等于减少甚至耗尽英国进行欧洲战争的财政来源。督政府斩钉截铁地命令波拿巴："驱逐所有东方领地上的英格兰人，能走到哪里就驱逐到哪里，特别是要摧毁他们在红海地区的据点——切断苏伊士地峡，采取一切必要的措施确保法兰西共和国不受任何约束地独霸红海地区。"法国人抵达开罗的消息开始在伦敦商界引发恐慌，这表明，法国人是认真的，他们的目标应该就是印度。除纳尔逊及西德尼·史密斯的舰队处于戒备状态外，英国又向各据点增派援军。

现在，回答"为什么是埃及？"这个问题，答案还是复杂些为好，尽管已经过去两个世纪了，但个中原因仍然像炼金术般难以参透。上文列举的各种因素都能起到了自己的作用。正因为作出决定的过程中，每个因素都有一定的分量，这道习题才难以解答。

拿破仑的意愿和"欲望"都是18世纪时所受的教育以及个人修养的产物。这些促使他"推动"如上计划，然后又促使他"推动"自己的计划。然而，督政们却犹豫不决。如果武力攻占埃及不能从战略角度获得利益，也无法被纳入更宏大的计划中去的话，那么在面对他们时，拿破仑就不能占得上风。或许是塔列朗替他补上了关键的一环：法兰西意在地中海就要结合全盘棋局，棋子必须落在奥斯曼帝国将迅速垮台的假设上。立即同英格兰展开经济战需要极强的积极性，这种积极性甚至是至关重要的。入侵不列颠群岛简直是天方夜谭，所以必须打击其他国家。印度人是非打击不可的，这个仇已经想报很久了。不过，如何才能在没有制海权的前提下威胁印度人呢？埃及——陆上十字路口，通向印度洋的港口——可以作为理想的发兵基地。

因为有强烈的意愿——这样一来拿破仑就能接受长期远离巴黎的现实；因为有法国在地中海地区的利益作为强力辩护；因为有摧毁英国经济实力的迫切需求，督政府决定武力进攻埃及。

第四章

海格力之柱：拿破仑与摩洛哥

19世纪初，马格里布分为四个国家：摩洛哥王国（有时也被称作帝国）、阿尔及利亚摄政国、突尼斯摄政国以及的黎波里王国（又称"野蛮的的黎波里"）。如果说法国人眼中北非的吸引力要逊于东方的话，拿破仑政府和商界人士却从未忽视过它的重要性。马格里布地区可以建立掌控地中海的基地，依靠其丰富多样的产品，参与对外贸易的发展。北非诸国中，摩洛哥算得上是一个特别有意思的伙伴。这个独立的千年古王国是地中海沿岸唯一一个不属于奥斯曼帝国管辖的穆斯林国家。其他三国（阿尔及利亚、突尼斯、的黎波里）组成"摄政国"，归台伊管理，名义上服从君士坦丁堡苏丹的命令。摩洛哥不拒绝与欧洲的贸易往来，打击海盗，而且拥有真正的国家机构（对此欧洲人有点难以理解）。这个国家控制着直布罗陀海峡的一侧海岸，因而成为"欧洲与非洲之间的连字符[①]。因此，拿破仑对这个国家兴趣浓厚，究其原因，贸易原因只是一方面，更为重要的是战略原因。

穆莱·苏莱曼的摩洛哥

摩洛哥"王国"开国于公元8世纪[②]。拿破仑时代，摩洛哥的国界线和我们今天知道的国界线并不完全重合。尤其是阿尔及利亚一侧的边境线，直到1855年3月18日签署合约时才最终确定下来。滨临地中海和大西洋，坐拥近一千三百公里的海岸线，摩洛哥向欧洲甚至美国的海上贸易敞开怀抱。由于国民状态的无序，所以摩洛哥当时的人口数量很难确定。历史学家提出的数字在七百至九百万之间摇摆不定。摩洛哥过半居民是柏柏人，散居于全国各地；摩尔人占其中三分之一，大部分沿海而居；还有七十五万阿拉伯人，除远行数千公里进行贸易活动的贝督因人外，大部分是城市居民。"在阿尔及利亚、突尼斯、的黎波里，摩尔人和阿拉伯人从未停止过组建不同国家的步伐；但在摩洛哥这样的情

[①] 阿里·兹毕图，"特拉法尔加海战的起因是欧洲人对摩洛哥的贪欲吗？"，《特拉法加尔战争时期的陆地及海上实力》，第21届国际军事史年会文件，马德里，国防部，2005年，第453页（453页-462页）。
[②] 伊德里斯一世公元788年登位，比查理曼加冕早12年。

况却没有出现。很可能是因为这里的阿拉伯人实在是太少了……①。"当时有人写道。摩洛哥人口中有接近十四万黑人，大概有十多万犹太人。基督教徒最多只有一千人，主要都是各商会和领事馆的雇员②。

君主及其统治

拿破仑·波拿巴③登基之前，从1792年3月12日起，"菲斯苏丹"（或称"谢里夫"或称"摩洛哥国王"，或者有时候也被称作"摩洛哥皇帝"）苏莱曼（或苏里曼、斯理曼）（1760-1822）就开始统治这个国家了。被拿破仑派遣到苏莱曼身边的布雷尔是这样描述苏莱曼的："摩洛哥皇帝穆莱·苏莱曼身材高大，白面金发，和蔼而不失威严，长得勉强算得上英俊，大约四十五岁光景，缺陷是略微有些口吃，眼睛有些斜视。他出身塔尔博阶层，也就是享有权力或者受过教育的阶层，是整个西欧穆斯林的宗教领袖。他秉性温和，不喜好勇斗狠，把国家治理得井井有条，

---

① 《马蒂厄·德·雷塞摩洛哥回忆录》，1809年11月12日，外交部档案馆，"回忆录与文件回忆与文件"，摩洛哥，第三卷。
② 数字来源：皮埃尔·拉鲁斯，《19世纪世界大辞典》以及上述的《马蒂厄·德·雷塞回忆录》。
③ 当时，摩洛哥人普遍称拿破仑为"拿破仑·波拿巴"，甚至"波拿巴皇帝"，只使用姓来称呼他的话甚至会让他们感到困惑。

超过之前历朝历代。不过,战士却并不怎么爱戴他,因为他有些抠门。"①

穆莱·苏莱曼属于阿拉维特王朝②,自1666年起掌权。按照传统,阿拉维特王朝起源自阿拉伯半岛的绿洲之地——奈赫勒,子民为先知默罕默德女儿与女婿阿里的后裔。王朝的根基在摩洛哥马拉喀什③西侧的塔菲拉勒特。截止到当时为止,阿拉维特王朝最重要的皇帝就是伊斯梅尔,在位时间为1672年至1727年,他确保国家保持相对统一,团结在皇帝周围。在他治理下,中央权力(马哈赞集团)得到增强,地方权力被削弱,但并没有因此完全消失。伊斯梅尔定都梅克内斯城。很多时候,人们会因为他在都城的出色功绩而称他作"摩洛哥的路易十四"。伊斯梅尔向法兰西国王提亲,打算迎娶孔蒂公主,但遭到拒绝。

很显然,指望摩洛哥出现"法兰西式"中央集权的中央权力是不太现实的。摩洛哥王国的政治体系是由多省组成的,各省总督(帕夏)隶属中央政府管理的统一国家模式。但围绕宗教协会、部落以及旧时独立公国的残余势力建立的组织机构仍然存在,这就是为什么摩洛哥的叛乱和内战不断。永无止境的谈判维系了王国的统一,摩洛哥政府运转的

---

① 《1808年工兵上尉布雷尔的报告——关于近距离接触摩洛哥皇帝的任务》,1810年4月20日,转载自雅克·凯雷,《1808年布雷尔上尉在摩洛哥的任务》,摩洛哥高级研究院,"公文与文件",第13部,1953年,第41-57页。这份报告保存于"国防历史处","国土"部分,1M1675。政治部分见附录。
② 继伊德里斯王朝(788-974)、阿尔穆拉比特王朝(974-1147)、阿尔莫哈德王朝(1147-1248)、马林王朝(1248-1465)、瓦塔赛德王朝(1465-1555)、萨阿德王朝(1555-1666)之后,阿拉维特王朝的统治一直持续到今天。综合视角/综述:《摩洛哥史——从起源到今天》,伯纳德·卢干,佩兰出版社,2000,第368页。
③ 马拉喀什还被称作"摩洛哥"。事实上,这个国家的欧洲名字正是源自这座城市的名称。当地居民称呼摩洛哥帝国为"艾尔-加尔卜"(el-gharb)。

基础就是谈判的原则,除《古兰经》之外,这个国家基本上没有其他成文的法律。如果说国王负责摩洛哥的行政、立法、审判的话,总督和各省巨头们则潇洒惬意得多,因为政府内部设有特殊部长(维奇尔)专门负责保持各不同地方势力之间的联系:"中央政府的权威并没有渗透到整个国家,一位历史学家如是说;大规模的地方分权人所共知,某个区域地方长官的任命在大部分时候是苏丹的意志和当地人民的意志相互妥协的产物……"然而,从可立可废的官员到只承认宗主权的名副其实的寡头,地方分权的等级也有所不同,国王直接统治的地区与宗主权地区的区别也是不断变化的……阿拉维特王朝的权力依靠的不是控制而是谈判——同外国人谈判、同地方权力机构谈判。军事的唯一用处就是促进谈判。"[1]最无处下笔的地方就是,欧洲人——尤其是受过大革命洗礼、从大革命宣扬的理性主义和一致性中获益颇丰的法国人——无法理解马格里布社会复杂的组织制度。据此,他们认为,依据总督的"意志和心血来潮的想法"开展的贸易是"随意且专横的"[2]。当时有人写道:"有这样一个地方,那里不承认任何形式的贵族;没有任何一位法官;人们没有任何类型的代表;甚至没人知道那些最必不可少的科学的名字……财产朝不保夕;前一天还身居高位,第二天就有可能沦为阶下囚;贤才与美德得不到尊重,更谈不上回报。在这样一个地方,高墙内的囚犯和

---

[1] 参见阿卜杜拉·拉鲁伊,《马格里布史:综合论文集》,卡萨布兰卡,阿拉伯文化中心,第二版,2001年,第258-259页。
[2] 安托瓦纳·莎普塔尔,《法国工业》,国家印刷所,1993年再版,第139页。

可以呼吸更自由空气的人们之间并没有显著的区别。"①因此，贸易争端频繁出现，而且难以调和。

国王作为伊斯兰教信徒的领导人（合法性方面是他极力所倚重的）深受尊重，其中甚至包括国内反对他的敌人。他抽取一部分财政收入（关税的十分之一，关税是这个国家的主要收入来源）充盈自己的腰包。先前提到的那位观察者写道："尽管现任国王的仁慈和公正赋予帝国一种舒适的氛围，但贫困仍席卷整个帝国。"②与今天的情况有点类似，君主——同时也是国王、皇帝、军事首脑及宗教领袖③——不断巡视王国，从一座宫殿到另一座宫殿，并未长居首都，因此，获准觐见的求见者往往要耐心等上几天，甚至几个星期的时间才能获得接见。

苏莱曼是默罕默德三世（西迪·默罕默德·易卜阿卜杜拉）的儿子，默罕默德三世从1757年至1790年统治摩洛哥王国。苏莱曼从哥哥叶齐德手中继承皇位，叶齐德（1790—1792）在位时间很短，马拉喀什地区的一次暴乱夺走了他的生命。苏莱曼继位初期并不顺利，异常严重的旱灾引发大饥荒，人民怨声载道。紧接着，鼠疫肆虐，病源很可能是朝圣者从麦加带回来的。从1797年开始直到1800年为止，这场传染病蔓延了三年，夺走数十万人的生命，其中包括总理埃本·奥斯曼。有人说拉巴特城城区及郊区共计三万人，其中两万死于鼠疫，马拉喀什城有居民

---

① 《马蒂厄·德·雷塞摩洛哥回忆录》，1809年。
② 同上。
③ 阿卜杜拉·拉鲁伊，同上，第259页。

六万人，当时只剩下一千八百人[1]。

总体而言，苏莱曼同父辈一样，在幺弟塔伊迪的支持下实行独裁统治。他致力于完成中央集权，集权工作自菲斯开始——他的权威在这里是毋容置疑的。为了继续加强中央集权，也为了不得罪欧洲各大势力，苏莱曼着手终止海盗行为，甚至罢免了几位支持海盗的总督。他巩固税收体系，追求政府部门的现代化。在内政方面，苏莱曼不像前辈那样节俭。他必须打击质疑他权力的人，首先被拿来开刀是他的两个兄弟：希沙姆和阿卜杜拉赫曼。最终，两兄弟于1795年被迫屈服。尽管1802年，他被迫举兵在菲斯和梅克内斯镇压侄子易卜拉希姆（叶齐德之子）[2]，但从那时候起，国王还是享受了一段时间相对平静的国内环境。然而平静只不过是昙花一现。1809年，苏莱曼被迫迎战摄政国阿尔及利亚的戍边部队，接着，1810年，里夫地区、大阿特拉斯山地区及中阿特拉斯山地区发生叛乱。战争持续了三年，最终苏莱曼获得胜利。1811年，这回是梅克内斯地区的柏柏尔人造反，苏莱曼用塞夫鲁及艾兹鲁两场战争降服了柏柏人。经过几年的平静后，苏莱曼又一次出征镇压中阿特拉斯山的部落。同期，鼠疫卷土重来。这一回，苏莱曼战败，沦为战俘（1818年）。多亏了先知后裔的身份，他才获得敌军礼遇，阿拉维特王朝也没有因此而遭受质疑。但自此以后，他的权威日益衰落。苏莱曼选立侄子，也就是希沙姆之子阿卜杜勒-拉赫曼为继承人，后者在位直至1859年。

---

[1]《摩洛哥叙事及叙史》，雷昂·戈达尔，塔内拉出版社，1860年，第二卷，第574页。
[2] 据《箴言报》共和历十年牧月21日（即1802年6月10日）刊报道，保守估计，战争最终导致叛乱方8000人毙命。

与欧洲的贸易关系：孤立主义倾向

摩洛哥与欧洲的贸易可以追溯至好几个世纪之前。摩洛哥农业十分发达[1]。人们习惯上认为，摩洛哥养活了西班牙，并且在大饥荒时期，养活了法国。该国某些地区一年出口三次收获的粮食（大麦、小麦、小米等）。这里同时还出产烟草、棉花和甘蔗。从大革命开始，若考虑到法国丢掉了安的列斯群岛殖民地，便不难理解为什么这里出产的甘蔗只有法国商人才会感兴趣。尽管社会不公平现象十分明显，国内问题层出不穷，但苏莱曼的王国总体上还算得上繁荣。此外，摩洛哥扼住了地中海的咽喉，占据最重要的战略位置。丹吉尔毗邻西班牙的驻防地，其中休达（赛博卡）和梅利利亚（米利亚）是要冲之地[2]。非洲一侧面对直布罗陀海峡[3]的岩礁峭壁被古人称作"海格力之柱"。

---

[1] 该国拥有多种重要的矿产资源资源（金、银、铜、锡、锑铁等），然而除了铜矿之外，其他金属几乎处于未开采状态。
[2] 1415年，葡萄牙人从阿拉伯人手中夺走休达，1580年又被西班牙人征服。自1496年起，梅利利亚就一直被西班牙人占领。葡萄牙人和西班牙人占领很多城市，例如丹吉尔(1471年)和阿加迪尔（1505年）。阿尔卡萨基维之战后，葡萄牙人撤出丹吉尔。在这场战争过程中，葡萄牙国王塞巴斯蒂安、菲斯国王和摩尔王位的觊觎者均不幸丧命，因此1578年8月4日得名"三王之战"日。历代摩洛哥君主均未接受（直到今天也没有接受）西班牙驻地存在的事实。因此，1771年，默罕默德三世试图借助马扎甘的力量夺回大西洋沿岸葡萄牙势力强大的地区，尤其是休达地区，不过，他先后两次战败。
[3] 自《乌德勒支条约》结束西班牙王位继承战争之后，直布罗陀海峡便属于英格兰（1713）。

默罕默德三世统治时期及苏莱曼统治初期，摩洛哥冒着政体失衡的危险，壮大了与欧洲人和美国人的贸易。摩洛哥政体的组织形式并不利于理性地集中经营外部关系。即使西班牙凭借专属捕鱼权以及对卡萨布兰卡小麦出口权的垄断占据了最大的份额，丹麦、葡萄牙、法国以及汉堡自由市也还是和摩洛哥签订了贸易协议。当时的卡萨布兰卡只不过是大西洋沿岸的一个小港口，发展刚刚开始萌芽。西班牙和摩洛哥两个王国在任何领域都从来没有找到过最佳契合点。两国就西班牙驻地未来的问题产生分歧，这种分歧总是被周期性地唤醒。双方贸易争端迅速激化，例如，1799年2月，8艘摩洛哥战列舰封锁卡迪克斯港长达数日。1799年5月1日，西摩双方签订《梅克内斯条约》缔结和平[1]。奥地利也属于与摩洛哥双边关系中享有特权的国家，特权关系源自1784年签订的协约，1805年2月20日双方更新了旧协约：奥地利生产的产品享有50%的关税减免[2]。其他的大国，比如美国也和摩洛哥存在贸易关系，美国利用摩洛哥的港口休整战舰。无数到过丹吉尔的游客都表示，该港口有美国军舰停靠[3]。当时，英格兰取得显著突破。英摩1783年协约更新于1791年4月8日。英国人借此条约攫取在摩洛哥全境进出、居留、建造房屋以及贸易的权利。特拉法格海战之后，特别是在约瑟夫·波拿

---

[1] 本章第13节将再提到这份协约。苏莱曼要求把尽快废除这两个地区的奴隶制度写入协约。除了人权行动外，他还致力于把赎罪者及基督教传教士赶出摩洛哥。抗击奴隶制度是摩洛哥内政的传统"节目"，要冒上阻碍农业生产的风险，因为保持农产品廉价需要劳动力。
[2] 奥地利使节摩尼埃尔·德·普伊把对苏丹的访问记录成册，保存于法国外交部档案馆：《摩尼埃尔·德·普伊，摩洛哥回忆录（1805年）》，外交部档案馆，ED摩洛哥，第一卷，第247-351页。
[3] 普伊的《回忆录》证实了这件事。

巴在马德里登基之后，英国人几乎垄断了摩洛哥市场。他们甚至打算开辟一条始自摩洛哥，通往苏丹的商路。1809年，一个名叫勒特根的德国人被伦敦的"非洲公司"派到摩洛哥。当年7月，他加入一支沙漠商队离开莫加多尔（艾索维拉）。几天后，他的尸体被人发现。

默罕默德三世委托法国工程师建造莫加多尔港，或者准许多国在丹吉尔设立领事馆，外国商会几乎遍布全国。苏莱曼同默罕默德三世的做法正相反，尽管在与欧洲的贸易中大获成功，但他始终致力于把国家从外国势力的一切操控中解救出来，哪怕操控仅仅局限于贸易领域。令他尤其不满的是，欧洲人来买走原材料，再向这个国家出售他们需要的手工制品。苏莱曼还知道，与这样的"伙伴"国为伍，谈判和贸易小摩擦都可能导致政治介入，甚至武装介入。若继续准许与基督徒贸易，国王就要订立几条规矩。1807年5月6日，国王宣布："我命令，所有不能为这个国家或者各个港口带来有用之物，或者只装载压舱物的商人将同他们的空船一起被立即遣返。"孤立主义最终演变成若不交保证金就会被禁止离开摩洛哥领土[①]。政策存在弊病，财政收入的缩水就是个不小的问题。因为本国税收大部分由关税构成。再看外交政策方面，由于苏莱曼的政策可能会激起欧洲国家的不良情绪，因此这一政策被从宽施行。

大革命期间，法国在摩洛哥建立起6座永久商馆。这几座商馆主要负责出售呢绒及丝绸制品（当地不生产这些产品），购入小麦、马匹、油以及沙漠商队从苏丹带回来的商品（羽毛笔、金粉）。商贸额不足挂

[①] 亨利·德布兰维耶，《摩洛哥回忆录》，普隆出版社，1919年，第24页。

齿：每年百万斤，甚至还比不上与摄政国突尼斯的贸易额[1]。商馆中的商人大多来自马赛。因为福西亚城市商会公认拥有特权，马赛商会是唯一一个"精通与法国以东的东方国家和柏柏里人各项贸易"的机构。在"马赛帝国主义"面前[2]，鲁昂、拉罗舍尔与摩洛哥之间的交易相形见绌。然而在一个世纪以前，后三者之间的贸易还是一片繁荣的景象。受执政府、法兰西帝国、海战以及紧随其后的大陆封锁影响，马赛的海上商业突然走向没落，地中海沿岸的法国大港口陷入"经济困境"[3]不能自拔。重建贸易办公室（仅存协商职能）也于事无补：批发商再也无法向地中海对岸派送任何东西，也接受不到任何东西。省长蒂博多在自己的回忆录用充满忧伤口吻为此证明[4]。数目庞大的商船闲置在马赛港（可容纳1200艘船舶），大批"批发商、银行家、船主"[5]度日如年。

当政治关系急转直下时，法国与摩洛哥之间的商业行动就变得不足挂齿了。

---

[1] 米歇尔·德维泽提供的数据，《18世纪末的欧洲与世界》，阿尔班·米歇尔出版社，1970年，第287页。
[2] 塞维尔·多玛兰的提法，援引自吉尔伯特·布迪和杰勒德·布埃代克，"经济变化：复杂的总结"，《法国人，领土与海洋：13世纪至20世纪》，法亚尔出版社，2005年，第502页。
[3] 拉乌尔·布斯克特，《马赛史》，巴黎-马赛：罗伯特·拉丰出版社—简·拉菲特出版社，再版，1998年，第328页。
[4] 《蒂博多回忆录（1799-1815）》，普隆出版社，1913年。
[5] 《贸易年鉴》，德拉·提纳，1805年，第539-541页。

拿破仑执政时期法国和摩洛哥的关系

除旅行和商业活动外，法国和摩洛哥之间的外交关系自16世纪开始制度化。1533年，首位使节受法国国王（弗朗索瓦一世）派遣出使摩洛哥，"菲斯苏丹"艾哈迈德－瓦塔斯（萨迪王朝）接见这位使节。路易十三和穆莱·瓦立德签订两国第一份友好协议，这份协议被称作《菲斯、苏斯及塞拉的皇家协定》。1635年及1682年，两国两次续订了这份协议。1582年，法国第一任驻摩洛哥领事是贝拉尔。从那时起一直到1912年，允许摩洛哥[1]常驻一名法国代理人，这期间不包括1718年至1767年[2]。因为在此期间，以摩洛哥港口为基地的柏柏尔海盗的活动引发两国兵戎相见。1767年5月30日，这场旷日持久的危机终于结束了。双方签订了一份协约，规定了法国和摩洛哥的关系，直到20世纪初，两国的关系都围绕这份协约制定的三项基本原则展开：摩洛哥须接受法国向选定的港口派遣一名领事代表；领事馆配建一座天主教堂；法国领事地位高于其他国家领事。两个王国之间的关系始终没有占据主流地位，

---

[1] 在旧制度统治时期，往往有两名代理人：一名代理人被派往塞拉，一名则在德土安。
[2] 雅克·凯雷，《法国派往摩洛哥的外交代表》，贝多纳出版社，1951年。

也就是"通过偶然的方式,从政治角度解释了什么叫作足以维系和平关系之构思和印象的优秀、特别、生动的外交使团"[1]。受迫于来自英格兰人、葡萄牙人以及奥斯曼人的威胁,摩洛哥国王对保持——后来情况发生了变化——与法国当然还有西班牙的亲密关系充满浓厚兴趣。

1767年协约签订之后,路易·谢尼埃(1722-1795)[2]被任命为驻塞拉总领事,直至1782年。这个职位深深地打上了他的烙印,在此期间,他将总领事馆迁至直布罗陀海峡沿岸的丹吉尔。一次严重的外交事件迫使谢尼埃离开摩洛哥:法国方面拒绝苏丹使节进入凡尔赛。苏丹在马拉喀什召见谢尼埃,勒令他返回法国。[3]直到法国大革命开始以后,让-巴普蒂斯特·杜罗谢(1743-1798)才替代他的职位,行使领事职责"兼管"商业活动(1790年)[4]。两年后,杜罗谢结束回法国的假期,领命运送奢华的礼物给苏丹。然而,杜罗谢在直布罗陀海峡被英格兰人逮捕,直到1794年底才被释放。最终他死在了卡迪克斯,至死也没能完成任务[5]。因此,低级别的外交官员临时代理领事职务,他们是亨利·穆尔(塞拉领事)、夏尔·居莱特、多米尼克·福内特(任职于丹吉尔)。直到法兰西帝国成立之初,官方才任命奥尔纳诺为总领事。值得一提

---

[1] 让-克劳德·阿兰,"摄政之前的法国驻摩洛哥代表",《地中海——中东:两个世纪的国际关系》,哈马丹出版社,2003年,第45-53页,尤其注意第45页。
[2] 诗人安德烈·谢尼埃和当时极其著名的文学家玛丽-约瑟夫·谢尼埃的父亲。
[3] 谢尼埃回到法国后出版了一部大部头的作品:《摩尔人历史及摩洛哥帝国史研究》。
[4] 自此以后,临近摄政国柏柏尔和摩洛哥的领事们均兼管商业活动(让·巴尤<编>),《法国的外事及外交》,法国国家科学研究中心,1984年,第一卷,第472页)。
[5] 杜罗谢事件发生期间,外交界又发生了一件滑稽的事情。英格兰直布罗陀总督窃取了苏丹的礼物,然后又把这些东西当作英格兰的礼物送给了穆莱·苏莱曼。摩洛哥国王并没有上当,他将这些礼物转交给了法国代理领事居莱特。

的是，1792年至1803年间，法国领事馆主事是费迪南德的父亲，马蒂厄·德·雷塞（1774–1832）[1]。

波拿巴与摩洛哥的首次建交

登基之初，在摩洛哥当局的眼中，波拿巴并非是默默无闻的无名小卒，因为他们一直在关注着埃及战争。法兰西和英格兰的驻外使节以此为契机打响真正的宣传大战：前者命人翻译东线部队司令发表的有利于伊斯兰教的宣言以及《箴言报》鼓吹战功伟业的文章；后者则警告马哈赞集团，警惕所谓的法国征服马格里布全部沿海地区的计划[2]。

尽管波拿巴为摩洛哥人民施行多项有益举措，但穆莱·苏莱曼仍持谨慎态度。解放马耳他奴隶——其中包括大量摩洛哥人（包括一名郡长的妻子）——的事迹获得广泛赞誉。这位东线军队总司令大费周折，促

---

[1] 离开摩洛哥之后，雷塞先后担任法国驻埃及达米埃塔商贸关系副特派员（1803年—1806年）、驻利沃诺总领事（1809年—1814年），之后在爱奥尼亚群岛短暂任职。"百日王朝"期间，他还曾担任康塔勒省省长一职。第二次复辟时，雷塞被排除在政治体系之外，直到1818年，他才被重新聘用，任职驻费城总领事。1821年，他又被调到阿勒颇，随后又被调到突尼斯。尽管已经离开丹吉尔多年，外交部长仍然要求他撰写一篇有关穆莱·苏莱曼的报告。1809年，他提交了这份报告。本文多次使用这篇报告中的内容。

[2] 援引自雅克·凯雷，《拿破仑与摩洛哥》，《拿破仑协会会刊》，第80期，1961年7月，第66页（65-74页）：据名为"科舍莱"的沉船幸存者所言，波拿巴有时候被视作"恶魔的化身"。

成苏丹的兄弟取道海路从圣地麦加重返祖国[①]，给予摩洛哥朝圣者特别的保护，摩洛哥人人交口称赞。朝圣者把波拿巴写给穆莱·苏莱曼的信件放进行李中："除上帝外，再没有别的神，默罕默德是你们的先知！以宽厚慈悲的上帝之名义！摩洛哥苏丹，圣城的仆人，所有国王以及真先知之法则忠实奉行者中最具实力者。我们借朝圣者返程之际，给您写下这封信，令您知晓我们已经为他们提供了所有我们能够提供的帮助。我们之所以这样做，是因为我们努力借一切机会说服您，相信我们这样做都是为了您。作为交换，拜托您善待贵国境内的所有法国人或者因生意需要前往贵国的法国人。"[②]

马蒂厄·德·雷塞认为，摩洛哥国王"不断向这位刚刚占领埃及的英雄送上最热情的赞美"。[③]但这并不意味着他因此放弃了欧洲争端中的中立立场。他最多也就是在接下来的几年中，命令摩洛哥船舶向亚历山大运送口粮：商业意义远超政治意义。雾月之后，穆莱·苏莱曼与法国建立明确专属同盟的请求被拒绝。

[①] 参见"波拿巴致梅努将军的一封信"，共和历七年霜月7日（1798年11月27日），拿破仑·波拿巴，《书信全集——拿破仑基金会出版》，法亚尔出版社，2004年，第3798封。
[②] 共和历七年热月28日信件（1799年8月15日），拿破仑·波拿巴，《书信全集》，第4728封。
[③] 援引自雅克·凯雷，"拿破仑与摩洛哥"，同上，第65页。

法兰西代表团在摩洛哥

拿破仑政权在全世界编织起一张赫赫有名的领事网络[1]。为避免隶属于外交部的领事们在法国三雄同盟时期混淆职务,政府授予这些人商务关系总特派员、特派员、副特派员的头衔[2]。直到法兰西帝国成立,才重新出现总领事、领事及副领事的头衔[3]。

法兰西帝国宣布成立时,副特派员福内特正临时代行总领事职权。福内特把这件大事告知摩洛哥国王,希望向他讨一封写给拿破仑一世的贺信,但摩洛哥国王拒绝了他的要求,理由是"伊斯兰教信徒的苏丹"

---

[1] 法国在约九十个地区设立领事馆,包括欧洲(基尔、马德里、卡迪克斯、瓦朗斯、马拉加、巴利阿里、加纳利、威尼斯、梅西讷、巴勒莫、那普勒斯、斯德丁、哥尼斯堡、丹齐格、瓦尔纳、达达尼尔、坎迪、雅典、雅西等)、中东(阿勒颇、圣·让-德亚克等),美国(波士顿、纽约、巴尔的摩、新奥尔良等)及远东(澳门、广州等)。除丹吉尔和拉尔什(1807年起设立代领事馆)外,法国在非洲维持七座领事馆或代领事馆:开罗、亚历山大、达米埃塔、罗塞特、阿尔及利亚、突尼斯、的黎波里(《帝国年鉴》,泰斯图出版公司,1810年)。
[2] 共和历八年霜月12日,即1799年12月3日废止。不论这些代理人拥有何种称号,一律被国家元首解除职务。领事角色定义的依据仍然是皇家诏令,足可以追溯到旧制度时期(1778年和1781年):审判本国公民,保证法国船舶的治安,负责法国人遗产事物以及身份问题。他们关注法国的商业利益,为法国商人的工作提供便利条件,向任职的国家或者城市提出建议,改善国家贸易活动。他们还负责向政府提供政治及军事情报。每座领事馆都配备一名公务人员,薪水由外交部支付(除东方外,因为在那里一般来说配备的是翻译人员)。其余工作人员由领事招募,薪水由领事支付。领事馆的工作人员属于外交部(埃尔芒领导的商贸关系局以及尼古拉·布吕雷领导的护照办公室),但一部分活动要在手工业部及1812年设立的商业部的监管下进行。
[3] 1806年3月22日政令。

不能写信给基督教徒的领袖。已经降至冰点的法摩关系不仅没有升温，甚至在随后的几年间明显恶化，尤其是拿破仑的亲戚，前驻撒丁岛商贸关系特派员米歇尔－昂日·德奥尔纳诺（1771-1859）被任命为总特派员，随后又被任命为驻丹吉尔总领事之后[1]。这位从前当过军官的人不苟言笑并且优越感十足，这种天性倒也并没有与他制定的命令的基调有多少出入[2]。他规定，觐见国王的时候不用依照惯例送上礼物。这样的命令与已经根深蒂固的传统背道而驰。赠送礼物的传统不仅仅只存在于北非，礼物也可能价值不菲（金银制品、呢绒、瓷器等）。当获得召见或者辞行时，不论是允许我们穿越其领地的酋长和部落首领，还是宫廷的大人物；不管是总督或军队统帅还是君王，都要赠送礼物，礼物价值往往不菲。领事徒步觐见主公，主公骑在马上，大批士兵以及王国的王孙贵族们环绕在主公周围[3]。外交官通常会领到回赏的礼物[4]。

上任之初应该展现出一种节俭的作风，但德奥尔纳诺受命安抚摩洛哥国王，确保他相信"'拿破仑皇帝'真诚而友善的秉性以及他本人愿意维系并进一步增强两国之间的团结和理解"。剩下的就是必须表现出

---

[1] 共和历十三年霜月24日（1804年12月15日）任命废止。德奥纳尔诺是洛多维科·德奥纳尔诺（1744-1816）和拿破仑的父亲，夏尔·波拿巴的亲堂妹伊莎贝拉·波拿巴（1749-1816）的儿子。
[2] 《驻摩洛哥商业事物总特派员米歇尔·奥尔纳诺的命令计划》，外交部档案馆，记忆与资料部分，摩洛哥，第二卷，第502-507页。直到1808年，官方档案中才恢复德奥尔纳诺的贵族姓氏（雅克·凯雷，"拿破仑皇帝派往摩洛哥的领事"，《拿破仑协会会刊》，第93期，1964年10月，第174页（174页-179页））。
[3] 欧仁·德拉克罗瓦在展现路易·菲利普于1832年接见使节情形的画作《摩洛哥苏丹，穆莱·阿卜杜拉赫曼在卫队及主要拥趸簇拥下离开梅内克斯宫》中表现出苏丹在何机构欢迎各国使节。1845年，这幅画作首次在沙龙中展示，现存于图卢兹的奥古斯丁博物馆。
[4] 举例来说，普伊曾接受德土安帕夏赠送的：四头牛、四只羊、四打母鸡以及四百个鸡蛋（摩尼埃尔·德·普伊，摩洛哥回忆录（1805年））。

与欧洲强大帝国身份相符的威严。因此，他一到任就必须关注利古里亚会议对法国造成影响；力争法国国旗获得与热那亚国旗相同的地位；要求解放"摩洛哥皇国"领土上的热那亚奴隶，不放任"任何人身陷牢笼"。此外，他还必须告知"马哈赞集团"，法国法院否决了摩洛哥国民针对法国海盗截获数艘英格兰舰船提出的两项要求：第一项包括扣押12000皮阿斯特以及德土安的摩尔人要求讨回的货物；第二项涉及没收两艘英国舰船装载的货物问题，因为这些货物出口自德土安。法国捕获审判所驳回了这两项请求，理由是没有任何证据能够证明摩洛哥原告的所有权[①]。当被问到相关案件时，拿破仑皇帝的使者应该回答说："两个案卷已经通过最为严格的审查，但舰上没有任何证据能确认摩洛哥的所有权。政府无权阻止司法进程，根据已经成文并且被所有欧洲海上强国接受的法律作出的判决也无收回的可能。"

除外交任务外，总特派员还必须与外交部长进行"积极的"联络，特别是取道经直布罗陀海峡的海路。领事们用这样的方式加入了法国维持的间谍网络。最终，他像所有领事人员一样，领命注意保护在摩洛哥的法国国民及商人的周全[②]。

不论是在丹吉尔还是在整个摩洛哥，德奥尔纳诺都肩负着与对手的阴谋诡计进行周旋的职责。对手包括盟国的使节，例如西班牙的安托

[①] 共和历八年芽月6日（1800年3月27日），政府下令组建捕获审判所，1806年11月21日又下令重组。捕获审判所直属参议员管辖，还包括其他八名国家元首任命成员，负责裁决海洋捕获的分配及合法性；悬挂中立国或盟国旗帜的船舶的损坏、遇难、搁浅事宜以及针对港口海务部门官员扣押帝国军舰的决定的上诉案件。
[②] 德奥尔纳诺应该将法国领事馆迁至更符合身份的场馆，也就是他的前任没有维持住的地方。他获准如有需要的话，可以重新建造一座场馆。

瓦纳·冈萨雷斯·萨尔曼（威望极高）；中立国使节，例如美国的韦伯斯勒·布兰德（在丹吉尔待了二十五年）；当然还有那些与法国处于战争状态的国家，例如手段厉害的英国领事詹姆斯·马里奥·马尔拉：马尔拉二十年前来到这座大型港口城市，依靠葡萄牙人乔治－皮埃尔·卡拉索（也是二十年前来到这里）与瑞典人皮埃尔·韦（来到这里已经四分之一个世纪了）的支持站稳脚跟①。

总体而言，这位法国领事的任务完成得略显笨拙②。他举止粗暴，对当地习俗毫无尊重可言。1806 年，德奥尔纳诺在一次狩猎活动中误伤一位摩洛哥人，然而他却拒绝苏丹的传唤，多亏丹吉尔总督从中斡旋才避免了一次严重的外交事故③。因此，在日常活动时，总特派员再也没有获得过"马哈赞集团"的任何帮助。法兰西皇帝购买马匹充实种马场的计划就此搁浅：穆莱·苏莱曼不准许这桩买卖成行，并送上劣等的牲口④。

鉴于两国关系流行形式，甚至趋于冰冷的形势，德奥尔纳诺几乎没有机会促成摩洛哥与法国结盟，尤其是特拉法格海战之后，共同抵御英格兰无敌舰队的盟友关系。

---

① 《摩尼埃尔·德·普伊的摩洛哥回忆录（1805 年）》。
② 多位历史学家均持此观点，雷昂·戈达尔，《摩洛哥叙事及叙史》，塔内拉出版社，1860 年，第二卷，第 576 页。
③ "拿破仑皇帝派往摩洛哥的领事"，雅克·凯雷，《法国派往摩洛哥的外交代表》，贝多纳出版社，1951 年，第 175 页。
④ 1807 年 10 月送上礼物，即 14 匹柏柏马（6 匹灰色、5 匹红棕色、2 匹栗色以及 1 匹黑色）。见皮埃尔·布朗达，《拿破仑和他的部下——皇帝的家族》，法亚尔出版社，2012 年，第 226 页；雅克·凯雷，《1808 年工兵上尉布雷尔的报告》，第 17 页。

断断续续的直接关系

穆莱·苏莱曼统治时期，中立政策真正深入摩洛哥外交政策的核心。考虑到国内团结的脆弱性以及与列强间的利益瓜葛（英国、法国、西班牙），摩洛哥国王并不希望卷入外国的冒险行动中："正如马蒂厄·德·雷塞如所言，摩洛哥政策既不宽泛也不复杂。这个国家不能，也不应该尝试扩张。当地贵族的主要精力都放在抑制、镇压一贯心存不满的国民上，从未着手进行武力征服。"尤其是损害邻国——摄政国阿尔及利亚的利益。尽管从1797年起，摩洛哥人占领了奥拉奈，但阿尔及利亚并没有"丝毫担忧"[1]。同样，"那些猜测摩洛哥的奥斯曼人处境堪忧，想方设法给这个国家造成麻烦的人打错了算盘"[2]。事实上，奥斯曼帝国在阿尔及利亚摄政国及突尼斯摄政国的权威有名无实，寻衅摩洛哥军队对后两者而言毫无意义。此后，摩洛哥与欧洲的关系仅限于商贸关系[3]，摩洛哥国王仍然拒绝倒向其中某一方。他尤其不愿意卷入撕裂欧洲大陆的巨大纷争中，然而西班牙的境遇迟早有一天会迫使他这样做。1807年10月，

---

[1] 1803年，摩洛哥国王无视特莱姆森贵族提出的会议要求。
[2] 《马蒂厄·德·雷塞摩洛哥回忆录》，1809年。
[3] 摩洛哥外交部长又被任命为"海洋部长"。

法国外交部长尚帕尼事实上已经获得西班牙当局的准许，封锁直布罗陀海峡①。德奥尔纳诺应该说服"马哈赞集团"从本国港口一侧封锁直布罗陀海峡，尤其是丹吉尔港。然而总特派员却未能得偿所愿。他致信外交部长："为鼓动摩尔政府对英格兰人采取严厉的措施，我加倍努力但我强烈怀疑这是否会导致他们与我们决裂。"②

可以确信的是，德奥尔纳诺收到了摩洛哥大使，"菲斯的舒尔法·伊德里斯家族的子嗣"，艾尔-哈吉·伊德里斯·拉米寄给拿破仑的邮包。在几名摩洛哥同胞的陪同下，拉腊什的法籍商人让·拉布尔-克莱蒙担任翻译，摩洛哥大使于1807年7月6日抵达马赛。7月16日的治安通报向拿破仑皇帝汇报如下："马赛警察总局局长通报，本月6日，摩洛哥国王驻法国大使及其全部随行人员进入法国的当天，便进入检疫站进行为期二十五天的隔离。大使负责运送的礼物中有十四匹昂贵的马匹。"③经过十七天的隔离后，摩洛哥大使大摇大摆地进入马赛城，然后北上向首都进发。1807年9月6日外交召见时，他在圣克鲁城堡接受了拿破仑皇帝的召见。

这次短暂的召见期间，摩洛哥大使对这位弗里德兰战役的胜利者说：

---

① 马德里政府心不甘情不愿地答应了法国的要求，直布罗陀海峡不仅在西班牙为塞维利亚的手工工场带来殖民地的产品（桂皮、肉豆蔻、丁香、可可），烟草——从丹吉尔过境，还带来了铁条。从此以后，西班牙海关只允许被视作"议会船只"的小船通过，在阿尔格萨拉斯卸载食品（弗朗索瓦·克鲁泽，《英国经济与大陆封锁》，经济出版社，1987年，第264页）。
② 1808年4月的信件，援引自雅克·凯雷，"拿破仑皇帝派往摩洛哥的领事"，同上，第178页。
③ 厄内斯特·德·欧特里沃，《第一帝国的秘密警察——富歇给皇帝的日常奏报》，佩兰出版社，1922年，第三卷，第307页。奏报中提到这些马匹是我们提到过的最高级的马匹。

"赞美上帝。赞美苏丹中的苏丹，荣耀至尚的帝王，卓越的奥古斯特皇帝拿破仑。陛下，我们向您致以无尽的敬意，这敬意与我们之间的友谊一样没有尽头。我们的国王、我们的主，摩洛哥国王苏莱曼（上帝增加了这个帝国的实力，并且延续了它的生命）派我们来到陛下身边，祝贺您荣登大宝。他会像前人对待您的祖先那样对您，忠实地执行签署的条约。在他的眼中，您是欧洲各国君主中最伟大、最卓越的，他格外珍惜与陛下的友谊。他派我来向您进献礼物。恳请您垂允接受这些礼物。祈求万能的上帝继续赐予陛下永恒的好运和满足。"[①]

简单的欢迎词之后，摩洛哥使节向拿破仑递上一份穆莱·苏莱曼的亲笔信："致卓越的苏丹，伟大的君主，深受爱戴、威震四海的国王，法兰西皇帝及意大利国王拿破仑一世：您光荣的领事德奥尔纳诺目前住在我们的国度。他告知我们，您和几个基督教国家支持的几场战争和冲突的情况，告知我们您敌人的情况，您用彻底的胜利终结了他们。任何一位国王都没有取得过类似的胜利。这一切促使我们派出大使，仆人哈吉·伊德里斯·拉米恭祝您的大帝国一切顺利，庆贺您从敌人身上取得的胜利，同时向您报告我们对您极其特殊的尊重，任何君主都不曾从我们身上获得的尊重。我们保持与您的理解和友谊，两国之间的友谊自古有之。我沿着父辈的足迹，沿着光荣的祖先的足迹，上帝眷顾，保佑他们。顺应上帝之意，我们希望任何事情都不会动摇这样的团结。因为我们对您的尊敬不可估量，其他任何国王在我们这里都不能享受如此之高的崇

---

① 《箴言报》，1807年9月8日。

敬。为证明我们的感情，为提醒自己不忘记您的支持，我们派刚才提到的大使尽心准备几份薄礼。恳请您赏脸接受。请您明白，我们别无他意，只不过是想与您保持理解和友谊。顺应上帝之意，我们希望与您的同盟关系稳固长存，永世不变①。"

召见只不过持续了几分钟而已。根据惯常的仪式流程安排，伊德里斯·拉米被护送至住所，法兰西皇帝继续完成接下来的仪式。接下来，获得接见的是加入汉萨同盟的城市代表团和黑森大公的大使②。因此，皇帝与摩洛哥大使的会面谈不上久。后者甚至没有受到外交部长的接见，只不过是见到了负责南部事务的办公室负责人而已。进入10月份的时候，代表团离开法国首都。他们于1808年3月返回摩洛哥。使团取得的成效微乎其微，甚至可以忽略不计，唯一的成果就是应摩洛哥大使的要求，任命让·拉布尔－克莱蒙为法国驻拉腊什副领事。德奥尔纳诺获知这一任命时很惊讶：在他看来，新任副领事是公认的酒鬼加文盲③。法国从摩洛哥方面一无所获，尤其是"大陆封锁"政策落空。

此外，摩洛哥大使还带回一封拿破仑写给苏打的信："拿破仑……致高贵、强大、卓越的皇帝，我们亲爱的兄弟、优秀的朋友，向您致敬：您的国家与法国之间完美的友谊长存。我们满怀愉悦地收到了您给我们的信，您在信中向我们表达了同样的心情，希望我们之间的关系日益亲密。我们永远欢迎您的臣民来到法兰西帝国。我们希望我们的臣民在您

---

① 1807年5月23日信件，外交部档案馆，书信集，1533-1811。
② 据此类仪式的外交会议记录记载，见皮埃尔·布朗达，"帝国礼节"及"皇帝寝宫的礼宾司仪"，《当拿破仑创造法国——政治、行政及宫廷机构辞典》，达朗迪耶出版社，2008年。
③ 拉布尔·克莱蒙任职直到1814年。

的国度也能获得相同的待遇。您的大使,埃米尔艾尔-哈吉·伊德里斯·拉米不失尊严地完成了您交托的任务。他进献了您为证明友谊而置办的礼物。请您也收下我们托他转交的礼物,作为我们友谊的见证。我们对贵国的繁荣始终抱有浓厚的兴趣,不论在任何场合,我们都将委托驻丹吉尔总领事向您表达我们的敬意和钟爱。正因为如此,我们向上帝祈祷,把您——高贵、强大、卓越的皇帝——当作他高贵的卫士。"[1]

拿破仑写给穆莱·苏莱曼的信同伊德里斯·拉米呈递的以他君主的名义写的信一样,政治意义贫乏。法国与摩洛哥的关系似乎仅局限于外交领域的友谊保证及礼仪宣言层次。但法兰西帝国占领西班牙改变了这种情况。双边关系因此注入——如果冒昧地讲一句——更多实质性的内容。

事件序幕已然拉开。英格兰总领事马尔拉提醒苏莱曼注意法国人出现在里斯本所代表的危险信号,并且谈到拿破仑入侵北非的假设计划,或许是在马尔拉的推动下,穆莱·苏莱曼命令部队封锁休达城(1808年2月),同时这座城市已经被皇家舰队从海上围困得严严实实[2]。几周后,也就是1808年3月22日,三百名英格兰士兵占领距离休达十公里远的佩雷希尔岛[3]。这次占领事件本应该导致更大范围的进攻,驱逐

---

[1] 1807年11月11日信件,外交部档案馆,政治书信,215,第211张。
[2] 自1807年12月开始,拿破仑便开始担心英格兰针对西班牙驻防地制定的计划。见他写给约瑟夫的信,1807年12月26日,《拿破仑与约瑟夫——通信全集,1784-1818》,文森特·黑格尔编,达朗迪耶出版社,2007年,第837封。
[3] 这座岛以"香芹之岛"闻名,翻译自西班牙语"Peregil"一词。2003年,摩洛哥与西班牙就这座岛屿的问题爆发严重的争端。

驻守休达的西班牙人，然而最终，进攻被推迟了[1]。法国人显然没有注意到英国版图上发生的这一变化。总之，他们不太清楚该地区发生的情况。驻兵西班牙的缪拉中将针对休达不止一次地发出警告："看样子，摩洛哥人和英格兰人真的打算进攻这个地区。"[2]

1808 年之后的准战争

拿破仑从来没有否认过野心勃勃的海洋政策，梦想"控制全世界的海上交易"。[3] 他的对外政策一贯标榜世界性。"我们与英格兰的争端不仅仅局限于欧洲范畴，"他写道，"地中海、各大洋沿岸城市的平衡也同样是必须解决的重要问题[4]。"地中海显然包括在拿破仑皇帝的战略关切之内。拿破仑希望"通过陆地制服海洋"，所以，他从不拒绝在沿海地区建立坚固的阵地，剥夺英国商人进入商业地区的登陆地。摩洛哥就是其中之一。拿破仑始终想在摩洛哥安插军事力量。因此，从

---

[1] 获得生力军补充的直布罗陀驻军本应该在斯宾塞将军的指挥下登陆休达并占领那里。但由于害怕西班牙的法国军队从海崖发动进攻，行动被迫取消（W.F.P. 纳比尔，《半岛及法国南部战争史》，伦敦：约翰·默里出版社，1828 年，第一卷，第 171 页。）。
[2] 1808 年 5 月 16 日缪拉致拿破仑的信件，缪拉公爵和保罗·勒·布勒东，《记录若阿尚·缪拉历史的信件及文件》，普隆出版社，1912 年，第六卷，第 3318 封。
[3] 斯尔维亚·马萨加利，《走私的康庄大道——海上交易与大陆封锁，1806-1813》，里尔：北方出版社，1999 年，第 263 页。
[4] 共和历九年果月 5 日（1803 年 8 月 23 日），拿破仑致塔列朗的信件，《书信全集》，第 7956 封。

1801年开始,他要求驻马德里大使,他的弟弟吕西安考察法国与西班牙查理四世政府,评估有哪些行动是可行的:"我希望你带来有关西班牙人占据摩洛哥海岸的消息,尤其是有关受西班牙人控制的城市的港口及要塞的情况。我也希望在摩洛哥帝国,直布罗陀海峡沿岸拥有属于我们的要塞工事。"①然而这并没有引起西班牙国王的重视,他正乐此不疲地向法国展示自己盟友的身份,并把驻防地纳入自己的支配范围。这样的情况维持了数年的时间。休达从未被当作控制直布罗陀海峡的基地。

法军败走特拉法格海战——距离摩洛哥北海岸不远——改变了法摩局势。从长远来看,可以采纳一位摩洛哥历史学家的观点:"这场战争终结了摩洛哥与欧洲国家维系了一个世纪的关系。"②英法《友好协约》诞生之前,摩洛哥看上去是英国的特殊盟友、西班牙和法国的准敌国。英格兰对地中海(及各大海域)的控制因与摩洛哥的关系得以长期巩固。特拉法格海战结束几周后,穆莱·苏莱曼公开向伦敦靠拢,并从这次战略上的大反转中谋得利益,例如英格兰允诺给予贸易便利。尽管摩洛哥与其他国家之间的商业行为因此难度陡增。

后来,随着西班牙事件的发生,法摩两国的关系继续恶化,甚至到了"准战争"的地步:"从逻辑上判断,在成为西班牙的主人后,拿破仑的注意力尤其关照摩洛哥。"③拿破仑皇帝认为他可以不费吹灰之力

---

① 共和历九年芽月23日(1801年4月13日),拿破仑致吕西安·波拿巴的信件,拿破仑·波拿巴,《书信全集》,第6211封。
② 巴希亚·西莫,"特拉法格海战:地中海的政治利害与对摩洛哥的影响",《特拉法格战时期的陆上及海上实力》,第491页(487页-497页)。
③ 雅克·凯雷,《拿破仑与摩洛哥》,同上,第70页。

插手西班牙在北非的驻扎地，然而摩洛哥人立时勾勒出一个姓波拿巴的人登上马德里王位会构成的危险。

占领西班牙及葡萄牙的结果

摩洛哥人并未向约瑟夫·波拿巴登基称帝投去好眼色。也许围绕休达采取的一系列预防措施令他们感到十分庆幸。[1]他们既没有明确参与英格兰人的游戏，也不希望法国人的战略野心实现。他们认为"拿破仑意图利用西班牙人在摩洛哥建立的驻防地作为武力征服北非的基地，棉花和糖类的新供给源"。[2]《巴约讷条约》承认了马德里王朝的更迭，根据《条约》第二款的规定，驻防地隶属权当然仍归西班牙所有[3]，但法兰西皇帝打算利用这些地区为自己的计划服务。谈到休达时，拿破仑

---

[1] 德奥尔纳诺认为，摩洛哥人在休达的行动以及英格兰人佩雷希尔岛的行动是共同商议的结果。他怀疑穆莱·苏莱曼政府中包括大臣默罕默德·艾尔-斯拉维在内的某些人都被"英格兰的金子"收买了（亨利·德·卡斯特里，《拿破仑与摩洛哥》，《周刊杂志》，1908年，第313-337页，特别注意第330页）。
[2] 弗兰克·埃德加·梅尔文，《拿破仑的航海体系——大陆封锁期间贸易控制研究》，纽约：AMS出版社，1970年再版，第54页。从1560年起，鲁昂建立蔗糖精炼厂，加工产自摩洛哥南部地区的产品。
[3] "王国领土保持完整"（米歇尔·克罗特雷，《帝国签署的大型条约——执政府与法兰西帝国的外交档案》，新世界出版社-拿破仑基金会联合出版，2004年，第二卷，第367页）。涉及到的非洲领土包括休达、梅利利亚、查法里纳斯群岛、阿卢塞马斯岛、戈梅拉的维拉斯、奥兰。

写道："丢掉这个地方，对西班牙和法国都是莫大的损失。"①拿破仑曾长期在马拉克城堡（巴约讷）居住。在此期间，他十分关注摩洛哥。他询问最新消息，发布命令，思考涉足休达及其他地区的最佳方法。因此，拿破仑接见了一位冒险家——西班牙人多明各·巴迪亚·伊·勒布利希。1803年，这位精明的男人冒充来自阿勒颇的土耳其人，化名阿里－贝伊·艾尔－阿巴西，周游摩洛哥。他懂得如何赢得苏丹的信任，从查理四世的利益角度出发，为远征摩洛哥做准备。远征计划没有实现，巴迪亚准备为拿破仑服务。时间紧迫，拿破仑皇帝要求宫廷治安官博赛关注这一事件："我刚才和一个西班牙人谈了几句，您在会客厅可能都已经看到了。但我没有时间关注他的故事，这故事对我来说显得太长了。请和他见个面，和他聊一聊，把他要对我说的话记录成手稿，然后请向我汇报。"②博赛向拿破仑呈交了一份报告，他在报告中建议继续与巴迪亚合作。拿破仑皇帝并没有采纳他的意见。③他决定采用咄咄逼人的外交策略，并且如有必要的话，他会动用军事力量。现在回想起来，此举坐实了摩洛哥人有关他野心的质疑。

自从缪拉以拿破仑皇帝代言人的身份任职马德里以来，涉及休达的命令就如潮水般淹没了他。部队应该被迅速派往那里，"从巴塞罗那不

---

① 拿破仑致缪拉的信件，1808年5月28日，《书信全集》，第18738封。
② 路易·弗朗索瓦·约瑟夫·德·博赛，《1805年至1814年5月1日，帝国要事及宫廷内部轶事回忆录——拿破仑史料补充》，鲍德温兄弟出版，1829年，第二卷，第280-282页。
③ 亨利·德·卡斯特里，"拿破仑与摩洛哥"，同上，第320-324页。1814年，巴迪亚出版《阿里-贝伊·艾尔-阿巴西非洲及亚洲游记，1803年至1807年》，迪多出版社，三卷本。第一卷专门描写摩洛哥。

断派兵前往休达和梅诺卡岛"①。拿破仑甚至提出要派六千名士兵前往。但考虑到英格兰掌握各个海域的制海权,这样的想法是不切实际的。缪拉开始命令驻守卡迪克斯、塔里法、阿尔赫西拉斯、马拉加的指挥官尽一切可能为驻防地供应给养:"休达受到威胁,该地供给不足,驻军实力甚弱。请运用您职权范围内的一切手段增援休达,为那里提供食物,甚至可以使用非常手段,我授予您先斩后奏的权力。"②与此同时,他向拿破仑汇报了四处搜集到的情报,并且得出结论:"摩洛哥人公开支持英格兰人,丹吉尔及休达部队调动的目的是抵御法国人的进攻。"③拿破仑意识到,他预计的强力袭击实现无望,于是他再次致信穆莱·苏莱曼,劝对方封锁休达,允许法西联军进驻休达:"我派你把我的下一封信交给摩洛哥国王。我会在信中表明,如果他不向休达提供一切援助、不保护靠岸的西班牙军舰,那将是在羞辱我"。④拿破仑皇帝要求缪拉指派一名机灵的军官送信,还要求这名军官对摩洛哥王国的军队、军事要塞及组织结构了如指掌:"内附一封写给摩洛哥皇帝的信。请您委派一位聪明的军官,让他穿上副官的制服,奔赴休达,而后从休达再去往丹吉尔,在那里找到我的领事,然后和他一道前往非斯,把我的亲笔信交给摩洛哥国王。为采取一切手段,尽一切可能削弱英格兰人的影响力。这人要与我的领事精诚合作。在菲斯以及前往菲斯途中,他要眼观六路、

---

① 拿破仑致缪拉的信件,1808年5月15日,《记录若阿尚·缪拉历史的信件及文件》,第3309封。
② 缪拉将军致索拉诺将军的信件,1808年5月17日,《记录若阿尚·缪拉历史的信件及文件》,第3328封。另见第3326封,写给卡斯塔诺将军的信件。
③ 缪拉致拿破仑的信件,1808年5月13日,《记录若阿尚·缪拉历史的信件及文件》,第3296封。
④ 拿破仑致缪拉信件,1808年5月9日,《书信全集》,第17825封。

拿破仑的外交策略
Napoléon diplomate

耳听八方，准备向我汇报诸堡垒工事的情况、地形状况、军队实力、人口数值，最后包括一切从军事角度出发足以吸引我的情报。"①

布雷尔上尉的任务

缪拉指派安托瓦纳·布雷尔上尉（1773—1832）替拿破仑送信给穆莱·苏莱曼，并出色地完成了刺探情报的任务。②但似乎选择布雷尔的并非穆拉本人，而是缪拉参谋部的几名参谋。缪拉交给布雷尔一封信，内容如下：

军官先生，您的这封信内附一封拿破仑皇帝写给摩洛哥皇帝的信。您负责送信，把这封信亲手送到对方手上。首先，您要赶到丹吉尔，然后和法国领事一起出发前往菲斯。您要用尽浑身解数，使用一切手段削弱英格兰人的影响力。您从丹吉尔到菲斯的旅程应该成为一次军事侦察

---

① 拿破仑致缪拉信件，1808年5月16日，《书信全集》，第17948封。与此同时，拿破仑命令海军部长德克莱派遣一名军官前往阿尔及利亚，完成类似的任务。见新近发表的的文章，让·弗雷莫，《布廷与征服阿尔及利亚》，《拿破仑一世——执政府及法兰西帝国杂志》，第19期，2003年，第24-27页以及让·马尔基奥尼，《布廷：拿破仑的"劳伦斯"——阿尔及利亚及东方的间谍》，尼斯：让·冈蒂尼出版社，2007年。
② 布雷尔生于罗讷省（圣-让·德·杜斯拉），1793年参军。从荷兰战场返回以后，他进入巴黎综合工科学校学习，随后又进入梅斯工程师学校进修。晋升中尉以后，布雷尔参加意大利战争，随后又参加埃及战争。从法老的国度回国之后，他在几个不同的参谋部任过职，其中包括西班牙军参谋部。1808年5月，布雷尔来到马德里。

行动。您要搜集有关要塞工事修筑情况、地形状况、给养、道路状况、摩洛哥军队实力的情报。最后，还要注意搜集摩洛哥人面对法国和西班牙人的部署以及从军事角度出发一切值得引起注意的情报。

等收到摩洛哥国王的回信并且搜集到我要求的情报后，您再返回我的司令部。我批准您穿上任意将军副官的制服。您必须用心记住您的命令，以便发生紧急情况的时候烧掉这些信件或者投入水中。①

皇家特使持有一封写给德奥尔纳诺的推荐信：

"领事先生，皇帝命我派遣一名能干的工程兵军官送信给摩洛哥皇帝，并且亲手交到他本人手中。皇帝命您随行，并委托我跟您明确此次任务的目的，那就是运用一切手段摧毁英格兰人对摩洛哥朝廷施加的影响力。请您竭尽全力，发挥全部聪明才智以达成目标。此外，工程兵军官还受命负责军事侦察，并向我递交一份关于摩洛哥军队、要塞工事以及我们能从这个国家获得的最优良的道路、阵地以及给养的报告。总而言之一句话，所有与军事相关的情报。皇帝十分信任您的热忱和才干，相信您能顺利完成交付给您的任务。您对皇帝的忠诚我一清二楚，我丝毫没有怀疑他能大获成功。借此机会，我满怀热情地向您表达崇高的敬意。"②

---

① 缪拉写给"一位工程兵军官"的信件，1808年5月20日，《记录若阿尚·缪拉历史的信件及文件》，第3346封。
② 缪拉致德奥尔纳诺的信件，1808年5月20日，《记录若阿尚·缪拉历史的信件及文件》，第3345封。

1808年5月23日，安托瓦纳·布鲁尔离开马德里。两周后，他到达丹吉尔。时值穆莱·苏莱曼正与同里夫的起义军作战，所以布鲁尔不得不等到8月18日才在菲斯受到隆重接见。在德奥尔纳诺的陪同下，他把"包裹着金色锦缎及丝质手帕"的拿破仑亲笔信交给苏莱曼[①]：

"高贵、强大、卓越的皇帝，我们亲爱的兄弟、伟大的朋友，向您致敬。

我们一贯珍惜您与法国之间和平、友善的状态。现在，我们更加倍珍惜，我们可以向您证明我们的感情，西班牙国王禅让王位和王权就是最好的证明。我们希望与您保持全面的友好关系。这样的愿望从未如此强烈。

西班牙将保持领土完整和独立；新任国王将与您保持良好的邻国关系。不过，您必须向我们、向西班牙表现出好邻居及忠实伙伴的姿态。英格兰人吹嘘您依附于他们，您更欣赏他们的计划：他们在您的港口寻求庇护和帮助；正是您的国家保证了直布罗陀地区要塞的供给；甚至可以这样说，您统治下的臣民的舰船被用作运送他们的给养物资；最后，英格兰人还在您国土附近的岛屿上安营扎寨、建造要塞工事、阻断休达港的航运。

如此的状态与好邻居的原则格格不入。我们要求您立刻停止这些行为；请您不要再继续容忍英格兰人在您邻国的佩雷希尔岛上大兴土木，请您反对在贵国上进行的旨在进攻休达地区的一切人员及弹药的卸载行

[①] 布鲁尔之报告，国防历史处，"国土"部分，1M1675。

为，并且为上述地区提供给养上的便利。愿直布罗陀从您那里得不到任何帮助；令英格兰人远离贵国海岸；他们很快就会摧毁贵国臣民的所有贸易活动，因为他们希望独吞贸易份额，谋取全部利润。如果您支持他们的意图，反对我们的意图，我们将不得不把您和我们的敌人混同起来，我们既不是朋友也不是敌人。从波罗的海到直布罗陀海峡，我们的军队无所不在。今天，西班牙军与法军合二为一。有了法西联军的力量，我们可以击退敌人的攻势或者报复对我们犯下错误的人，他们或公开与我们作对，或背信弃义地保持中立。

然而，我们正是以法国和西班牙的名义表达与您维持最友善关系的愿望。只要这样的关系存在，您的利益就是我们的利益，您的臣民在法兰西帝国将受到保护，他们与我国人民的贸易将成为贵国财富的源泉。

衷心祝愿贵国繁荣昌盛，向上帝祈祷，把您——高贵、强大、卓越的皇帝——当作他高贵的卫士。"①

信中充满威胁的语气，措辞毫不客气，符合拿破仑当时一贯的书信语气。德奥尔纳诺在写给外交部长的报告中称，这封信让"苏丹大发雷霆"②。接见结束后的第二天，两位法兰西使节与国王的兄弟穆莱·阿卜杜勒·阿萨曼举行了长时间的会谈。两位使节再次就苏莱曼格外关照英格兰人的举动表示不满，理由是佩雷希尔岛行动以及休达受到威胁之后，摩洛哥人几乎无动于衷。此外，他们还抗议摩洛哥接见代表西班牙造反

---

① 1808年5月16日信件，《书信全集》，第17944封。
② 援引自雅克·凯雷，《拿破仑一世致苏丹的两封信》，《拿破仑协会会刊》，1964年1月，第90期，第13-17页，特别注意第17页。

派势力的领事。阿卜杜勒·阿萨曼回应道，没有需要担心的地方，摩洛哥奉行平衡政策，不拥护任何人。但实际上这样说是不准确的。他告诉两位法国使节，他的兄弟"只要愿意"会向任何人宣战，这可以看作是对拿破仑皇帝信件的某种强硬回应。摩洛哥人坚决要求这两名法国人返回丹吉尔，甚至没有举行送别仪式。9月13日，他们收到苏莱曼写给拿破仑的回信。[①]迫于英格兰的封锁，布雷尔一直等到1810年4月才得以返回西班牙，然后从西班牙返回巴黎。拿破仑于1810年3月21日和6月3日，在贡比涅和圣克卢两次接见布雷尔。第二次接见之前，布雷尔向皇帝办公室秘书处呈交了两份文件：一份外交报告[②]（解释自己任务失败的原因）和一份军事备忘录（不厌其详地介绍了摩洛哥军事力量）。

正是在那个时期，法国与摩洛哥撕破脸。大臣西·默罕默德·艾尔-斯拉维曾如此评价拿破仑，称他是"不断号召人们侮辱上帝仆人的特大罪犯"[③]，与此同时，穆莱·苏莱曼向英格兰驻丹吉尔总领事明确表示出结盟的意愿，以此交换休达回到摩洛哥的怀抱[④]。此外，英格兰人还占领了原西班牙驻防地。自此以后，英格兰彻底封锁住地中海的入口。丹吉尔甚至变成金融集散地，从前经过里斯本运送的货物和往来信件如今都从这里过境[⑤]。通行证体系建立起来后[⑥]，英格兰船舶停靠丹吉尔或

---

① 布雷尔留下了一份任务日记（"国防部史料处"，国土部分，1M1675）。
② 报告详见本章附录。
③ 援引自让·图拉尔，"摩洛哥"，《拿破仑字典》，法亚尔出版社，第二版，1999年，第二卷，第280页。
④ 巴希亚·西莫，"特拉法格海战：地中海的政治利害与对摩洛哥的影响"，同上，第492页。
⑤ "弗朗索瓦·克鲁泽"，同上，第303页。
⑥ 1810年7月颁布多条政令，进入或者离开法兰西帝国港口的一切船只必须备有皇帝本人亲笔签名的通行证；进口与出口的价值必须至少等值；只准许食品或者原材料进口。工业制成品的贸易依旧受到严格管控：出口产品中必须包含三分之一的丝织品。

突尼斯休整。英格兰人为将有进口资格的食品运进法兰西帝国，在丹吉尔耍了小花招，他们在丹吉尔把货物卸载，然后再重新装载，以此避免货物被认为来自英格兰。"皇家舰队"对进、出地中海的其他国家的舰船实行全面审查制度。

法国与摩洛哥之间分道扬镳了很长一段时间，这全是拜英格兰所赐。然而摩洛哥并没有从中获得预期的利益。因为拿破仑倒台之后，西班牙王国于1808年重新夺权。西班牙继续占领穆莱梦寐以求的海外驻防地，其中就包括休达地区。至于拿破仑，在布雷尔行动之后，所有有关增强他大陆体系的行动都没有使他达到占领摩洛哥的目的。

附 录

1808 年工兵上尉布雷尔的报告
——关于近距离接触摩洛哥皇帝的任务

　　1808 年 5 月 22 日，驻西班牙中将、伯格大公爵殿下委派我本人携带法兰西皇帝陛下的信件，将信件转交给摩洛哥皇帝，并命我与总领事德奥尔纳诺先生一起，不惜一切手段削弱英格兰人对摩洛哥宫廷施加的影响。

领命

　　此外，他还命令我尽一切可能对丹吉尔至非斯的道路进行军事勘察，并报告所有能够收集到的有关摩尔人军队构成、军事实力以及给养、行军、作战方式的情报。军事情报详见内附的笔记及四张图表。受法兰西皇帝陛下之命，此乃我必须补充说明此行的政治目的。

离开马德里，抵达丹吉尔

1808年5月23日，我从马德里启程。由于安达卢西亚局势动荡（5月26日当地爆发了骚乱），我被迫放弃从塞维利亚至艾西哈的线路，取道隆达，于25日抵达阿尔赫西拉斯并向伯格大公爵汇报了我的情况。在那里，我受到西班牙高斯塔尼奥斯（即卡斯塔诺）将军的盛情款待。他在我的文件上签了字，并想方设法帮我经由塔里法继续我的行程，最终抵达丹吉尔。我在5月27日，致信大公爵，通知他我已经到达丹吉尔。那是我写的最后一封信，自那以后，安达卢西亚的叛乱者切断了摩洛哥与法兰西军队之间的全部通信线路。

总领事德奥尔纳诺先生赶到港口迎接我，表示希望我住在他的家里。我向他转达了我肩负的任务的双重目标。第二天，他把我介绍给摩洛哥皇帝的部长、北方诸省的帕夏——默罕默德·本·斯拉维·艾尔·费基尔（即默罕默德·艾尔·斯拉维·艾尔·博加里·艾尔·费基尔）。我们从与他的交谈中得知，他的主公正率领两万五千名士兵与里夫省的叛军作战，只有等他班师回朝以后才能接收我的公函。

领事先生直接写信给摩洛哥皇帝陛下，告知他有一位军官带了一封法兰西皇帝的书信给他，领事先生必须陪同我，恳请他为我们前往他的宫廷提供方便。皇帝回信说：他正在进行军事远征，只有班师回朝后才能接见我们，但具体的时间尚未确定。

从丹吉尔出发

领事先生以公函的急迫性为由坚决要求 6 月 13 日会面，默罕默德·本·斯拉维帕夏代表皇帝回应说，7 月 20 日前后进宫面圣。最后，7 月 30 日，他写信通知我们，可以动身前往米可内斯（即梅克内斯）。皇帝配给我们一支由十五名骑士组成的护送队，其中包括军官七人。此外，还另外配备了配马鞍的骏马以及十八匹用来驼我们的行李和常例礼品的骡子。1808 年 8 月 5 日，我们离开丹吉尔。这支小型沙漠旅行队包括总领事和我，两名副领事、两名商船队军官、一名外科医生、三名法国仆人以及十名摩尔仆人。跟在所有人身后的是十五名骑士。丹吉尔总督率领百余人一直把我们送到距离丹吉尔城四分之一里的地方。

每次宿营的时候都会有二十至四十人组成的小队人马加入我们的护送队伍。白天行军的时候，这些人在队伍中欢呼雀跃、任意开枪；到了晚上他们替我们站岗放哨，每天清晨又会有新的队伍赶来接替前一天的队伍。沿途的村庄为我们提供补给食物。

经过九天的跋涉，我们到达梅克内斯城城墙附近。我们在一片高耸入云的油橄榄树树林安营扎寨。梅内克斯总督赶来向我们表示问候，随行的还有大约四百名骑士以及两百名步兵。总督命令这些人在我们周围演练了多种阵型。随后，又有近一千两百名军队的骑兵赶来，在我们面前列队而行。当时的温度令人难以忍受，即便是在阴影中，气温也已经达到 37 摄氏度之高。

8月14日，一名军队告诉我说，他的主公因非斯的事务缠身，所以会在那里接见我们。8月15日，我们离开梅克内斯，在恩扎河过夜。在那里，我们把河流变成了欢乐的海洋，替最伟大的法兰西皇帝庆祝他三十九岁的生日。

抵达非斯

16日早上6点半，我们来到非斯城门。宫廷管家哈吉·阿诺·本·阿永（艾尔－哈吉·阿农·本·阿永）带领二十五至三十名皇帝的年轻侍从出现在我们面前，领着我们绕着新非斯城转了一圈，最终来到位于两座城市之间的皇家花园。住所不过两间房而已，仆人们和护卫队成员不得不在花园中的树林露宿。很快，一位军官走过来，以皇帝的名义通知我们，我们可以休息两天，18日，皇帝进行完三小时的祈祷之后将会接见我们。

摩洛哥皇帝的公开接见

8月18日上午，皇帝遣人牵来两匹新更换马具的马。我们看到，这是种特殊的优待，甚至就连本国大使也只有在出发当日才能获得如此殊荣。凌晨4点15分，哈吉·阿农·本·阿永（艾尔－哈吉·阿农·本·阿永）和非斯城总督便带领十至十二名军官来接我们，路过多条异常狭窄的小路后，我们又北上来到新非斯城。我们被领进紧挨着皇宫的布日鲁花园（本日鲁花园），在葡萄藤绿廊下等候了半个小时。众人齐呼皇帝驾到，与此同时，阿拉·伊巴莱·玛·艾尔·西迪（阿拉·伊巴莱·费·阿玛尔·西迪）高呼上帝保佑主公。两名军官跑来告诉我们，我们必须迎上前去。我们走进一片空地，空地尽头立着一座亭子。摩洛哥皇帝骑着马站在空地上，身后是一个由五百至六百名步兵组成的长方形方阵，两旁各站着数名高级军官，他们都赤着脚，斗篷的风帽背在身后。国王唯一与身边人不同的地方在于，他骑着马，头上戴着斗篷的风帽，身后站着一名军官，手里撑着一柄绘有摩洛哥统治权特殊标志的大型太阳伞。国王身着一袭白衣，缝制异常精美，胯下的马鞍上铺着一层红色的天鹅绒，足蹬一双黄色长靴。不过，我没有见到他身上有任何刺绣或烫金制品，也没有看见他佩戴任何珠宝首饰。

观察国王

摩洛哥皇帝穆莱·苏莱曼（斯莱曼）身材高大，白面金发，和蔼而不失威严，长得勉强算得上英俊，大约四十五岁光景，缺陷是略微有些口吃，眼睛有些斜视。他出身塔尔博（即托尔巴）阶层，也就是享有权力或者受过教育的阶层，是整个西欧穆斯林的宗教领袖。他秉性温和，不喜好勇斗狠，把国家治理得井井有条，超过之前历朝历代。不过，战士们却并不怎么爱戴他，因为他有些抠门。

所有随行的法国人都被拦在卫兵组成的方阵入口处。总领事先生和我被带进方阵：第一次及第二次致敬之后，为我们带路的军官把我们拦

住，抓住了我们的衣服。不过，摩洛哥皇帝示意我们靠近一些。于是，我们在距离他六步远的地方最后一次向他致敬。领事德奥尔纳诺先生首先发表了一小段九至十句的简短致辞，但这对严肃而不善言辞的人来说，已经算得上不同寻常了。皇帝四次打断领事先生，这四次他都以为听到的是领事先生致辞的重点内容，然后作出回应，似乎他每次都认为对方的致辞已经结束了。领事德奥尔纳诺先生首先介绍法兰西皇帝是自己重要的朋友，上帝之手指引着他前进，在他的国度里，人民大部分信奉基督教。介绍完皇帝之后，他又介绍说我是我国皇帝的信使。

我向他简短致意，他仔细聆听了翻译，三次打断我的讲话，每次的回应都相当简洁。

"法兰西皇帝及意大利国王，高贵而全能的君主——拿破仑一世向他庄严的友人，伟大的苏莱曼致敬，愿上帝保佑他的一切事业走向成功。他托人给带来这封信以加深您的家族以及他的家族之间一贯有之的友谊。"

摩洛哥皇帝回应说，他一直忠于并将永远忠于这份友谊。

"他的朋友查理四世禅让西班牙王冠，他在家族的国王中选择他最疼爱的兄弟，那不勒斯国王约瑟夫·拿破仑管理新的国家。正是因为这种邻近的关系，西班牙、法兰西以及摩洛哥的团结将会日渐加深，这也是三国的地理位置以及彼此的利益所要求的。"

皇帝回应说，对他而言，他已经做好准备完成他的朋友——法兰西皇帝认为必要，甚至能让他感到愉快的事情。总领事先生点出法兰西皇帝之意，他只想要继续示好的行为。皇帝回应道，他对此从不忘记，因为长久以来他一直忠于友谊。

"对我而言，我自年轻时便追随伟大的拿破仑的胜利旗帜，以他的名义向伟大的苏莱曼本人致辞，我再也无法期望能有什么样的恩宠能比这更优厚了。"

皇帝回应说，所有代表他的朋友——伟大的拿破仑皇帝远道而来的人都将受到隆重款待。

随后，我把金色锦缎及丝质手帕包裹的法兰西皇帝亲笔信交给他。他的心腹穆拉·泰（穆莱·阿泰）上前一步，从我手中接过书信。领事先生呈上常例礼品。我们边退后边两次向对方致敬，随后，我们退回葡萄藤绿廊。

等我们退出卫士的方阵后，摩洛哥皇帝大手一挥，人数众多的乐队开始奏乐，乐声混乱不堪，十分不和谐。一部分卫士跟随他走进宫殿，同时一百五十名非斯的行政首脑及军事要员从我们面前鱼贯离开，返回他们在这座城市中的岗位。这些人被召唤来的目的就是为我们的会见壮大声势。然后，我们再次跨上马，返回哈吉·阿诺·本·阿永（艾尔－哈吉·阿农·本·阿永）的花园。带路人和仆人们上来索要属于他们的小礼物。

19日凌晨3点，摩洛哥（马拉喀什）帕夏西迪·默罕默德·祖因前来求见，恳请我们翻译法兰西皇帝的信件。皇帝从军中一返回就把这位帕夏投进监狱。现在他的主人命令他逐字逐句地翻译这封书信。领事德奥尔纳诺先生当着我的面让我们的翻译和摩洛哥皇帝的特别秘书，一个名叫塔勒比（塔勒布）的人进行翻译。翻译期间，这位帕夏的身体感到十分不舒服，我们的外科医生为他开了些药，但他并没有吃。

8月20日，我们开始四处拜访。首先拜访的是摩洛哥皇帝的兄弟——阿布谢利姆亲王（穆莱·阿布谢利姆·本·默罕默德·本·阿卜杜拉），

接着拜访的是皇帝次子——穆莱·默罕默德。皇帝的长子住在皇宫里面，无法接受我们的拜访。随后，哈吉·阿诺·本·阿永（艾尔－哈吉·阿农·本·阿永）通知我们，阿布谢利姆亲王受命倾听我们此次任务的目的。

阿布谢利姆亲王的特别接见

8月21日晚上，领事先生和我与皇帝的兄弟，阿布谢利姆亲王（阿卜杜萨姆）举行特别会面。亲王大约五十岁上下，尽管双目失明，但却丝毫不失百事精通者的洞察力，皇帝对他百分之百的信任。经过一番最初的客套恭维，在我们的恳求下，他屏退左右，只留下一名特别助理和我们的翻译，然后表示，我们可以表达所有的诉求，见他面如同见君面。

于是，领事德奥尔纳诺先生对他说，法兰西皇帝痛心疾首地看到英格兰人在摩洛哥的各个港口受到热烈欢迎，行事举止就仿佛这些沿海地区是英格兰领土一般，而且还能从那里获得各种门类的食品，这就等于在附近地区为他们提供用来对付我们国家的真枪实弹；越来越胆大妄为的英格兰人通过武装占领佩雷希尔岛侵入摩尔人的领土，他们的野心日益膨胀，他们用于对付勇敢的摩尔民族的侮辱性手段愈演愈烈。接着，他暗示道，如果继续听之任之，或许会让那些心怀嫉妒者怀疑摩尔人有些无能，甚至是与英格兰人有所勾结。这就是领事德奥尔纳诺表达的主要观点。

穆莱·阿布谢利姆（阿卜杜拉塞姆）回应道：针对第一点，英格兰人只不过运用了一切基督教民族可以在摩洛哥运用的法律而已，法国人也可以引用同样的法律；如果法国人提出要求的话，他们同样也可以得到英格兰人得到的食物。亲王露出不悦的表情，他补充说：他的皇帝兄弟愿意与所有老朋友保持和平，同所有人保持绝对的中立立场，只向那些有战争意图的国家发动战争。至于刺激到我们的占领佩雷希尔岛事件，他们的观点与我们截然不同，他们并不认为这是对他们领土的侵略，即便真的是侵略，他们也完全有能力依靠本国军队夺回佩雷希尔岛。驱逐英格兰人对各个国家而言都会是一种损失。

（关于这点，这次会面之后约两个月我将会发现，不管出于什么样的动机，1808年10月15日，英格兰人将撤离佩雷希尔岛）。

接下来，我对亲王说，英格兰人经常采取类似的手段干涉友国的内政。他们的友谊毫无信义可言，目的只不过是损害盟友的利益，然后把他们一甩了之。我还举了英格兰人刚刚占领的马德拉岛的例子，当葡萄牙人还在流露对巴西朝廷钟爱有加并且炫耀自己对该国的庇护时，英格兰人占领了马德拉岛。

亲王回答我说，西班牙的事务与他们毫不相干，但他们因此深受触动，他们不会任人欺骗，但也不会受任何人影响。他重申，他们只会向有战争意图的国家发动战争。

我本打算向他报告英格兰人最近在波罗的海的行动，但摩尔人对此的无知，亲王的回答以及法国军队撤离马德里的最新消息让领事和我产生了新的想法。最后，领事先生提出一些与拉腊什代领事馆有关的请求，又就摩洛哥朝廷接见西班牙叛军派出的领事一事表示抗议：上述两个要求双方达成一致，其余则以需要一个更为成熟的审查为由推脱掉了，会谈到此结束。

第二次求见，遭拒

这次会面过去两个小时以后，摩洛哥皇帝遣人通知我们，说我们可以离开这里，返回丹吉尔了。他已经命人把给法兰西皇帝的回信送到了那里。我们言辞恳切地请求获得再次召见，如果能够获得召见，我们决定重新表达我们的抗议，增加控诉斯拉维（艾尔－斯拉维）部长的内容。因为他明显就是一位死忠的亲英派。当然，这次召见被礼貌性地拒绝了，但我们获得与阿布谢利姆亲王再次会谈的机会。在第二次会谈中，我们可以陈述第一次会谈时忘记提到的观点。

领事和我进行了磋商，磋商的内容包括政治的最新动态，反复向阿布谢利姆亲王（阿卜杜拉塞姆）阐述我们的观点是否能产生效果，当着亲王的面抱怨斯拉维部长同英国人相互勾结是否过于草率。我们迟迟没有动身，放弃穆莱·阿布谢利姆（阿卜杜拉塞姆）的再次接见，回复称我们的主张只能向摩洛哥皇帝本人提。我们决定翌日启程，在层层高山的山脚下穿行。

返回丹吉尔

我们绕过重重高山返回丹吉尔。然而护送以及迎接我们的方式都与我们被领进皇宫那一次有了很大的不同。既没有特别护卫队随行，也没有阿拉伯骑兵队的骑术表演。我认为我们受到冷遇的原因在于，与摩洛哥国王会面期间，法军撤离马德里的消息传到了非斯城。

部长兼帕夏于9月11日返回丹吉尔，12日我们同他见了一面。我向他询问那封必须由我转交的回信是否已经抵达这里。他注意到，我渴望第一时间获得返程的理由，于是他回答我说已经拿到了这封信，会在两天之内转交给我。

与帕夏兼部长的会谈

过了一会儿，领事先生要求对方就自己抗议摩洛哥方面欢迎西班牙叛军派出的领事一事作出回应。部长解释说，主公认为还是欢迎这位领事为好，部长自己则完全看不透皇帝的意图。领事先生发现，如果不把老领事萨尔南（萨尔曼）打发走，事情会变得更简单一些。他回应道，这位叛军领事不会让摩尔人高兴，也不会让西班牙人满足。

领事德奥尔纳诺先生坚持认为，欢迎叛乱者的代表有悖于君主应该秉持的道义和他们所获得的尊重，这样的行为等于鼓励叛乱者争取邻国君主的支持以对抗本国的合法主君，最后，对方与叛乱者的联系既是对自己主公的侮辱，也是对西班牙国王——约瑟夫·拿破仑殿下的侮辱。

帕夏似乎领到了与阿布谢利姆亲王（阿卜杜拉塞姆）相同的命令。他说，这位领事自称受到一个合法的中央政府委派，摩尔人习惯于相信基督教徒领事的说辞，比如说他们就十分信任他们——法兰西领事；欧洲的争端对他们来说只是异邦的事情，他们愿意跟所有希望与摩洛哥和平共处

的国家维持和平的关系；此外，他的主公在自己的国度可以做任何他认为正确的事情；如果西班牙国王曾写信告知摩洛哥他进入马德里一事，以及特别提到塞维利亚领事的话，我们会接受他的赠礼，迎接他的领事而疏远叛军的领事。事已至此，摩洛哥皇帝已经无法改变事情的现状。

然后帕夏表达了对我的仰慕之情，我接受了他提供的一艘摩洛哥船只和一本前往里斯本或马赛的护照，但很快他又表示出了犹豫，我觉得他没有什么诚意。

13日，他再次召唤我们。他奉君主之命转交给我另一份公函，公函包括五本阿拉伯文书籍，比第一份写得好，因为第一份是复写本。他嘱托我这些书籍只能交到法兰西皇帝的手中，一定要转达他的主君是多么关心法兰西皇帝。我答应尽快把这些书交给皇帝。

与帕夏兼部长的最后一次会面

随后，他从胳膊底下抽出穆莱·苏莱曼（斯理曼）写给法兰西皇帝的信，信外面裹着几页纸和一块普普通通的亚麻手帕，再三强调只能交给皇帝本人。

他补充道，从现在开始，我就是摩洛哥君主的使者、摩尔人的朋友；既然在摩洛哥受到热情款待，我就应该把这份礼遇传递给法兰西皇帝以及法兰西的大人物们。他恳请我在这些人面前为我的新朋友们说说情。我回答说，新头衔让我受宠若惊，我不会忘记在法兰西的大人物面前多多美言几句，尤其是保管好他主君的公函。

他又一次提出要为我从海上离开摩洛哥提供便利，向我保证将会派一艘船到里斯本，奉命把我送到马赛，鉴于我拥有摩洛哥皇帝使者的新头衔，他会向我提供一本英国护照。我觉得，似乎这些对我有利的安排以及接下来的一个月我离开佩雷希尔岛的事件都受到法兰西大军进军西班牙的左右。但很快一切都发生了变化，摩尔舰船不见了，更不用说英格兰护照了。

为了回国完成我的双重使命，我作了全部努力，但都是徒劳的。法国领事在多份声明中提出申请也无济于事。直到1810年2月27日，失踪二十一个月之后，我才和二十名或者是二十二名流亡摩洛哥的法国军官一起在图伊（科尼）靠岸。直到我离开之前，摩洛哥朝廷再也没有派人送来新的公函。领事先生和我都认为，我们主君的威严不允许我们摇尾乞怜。

返回西班牙

伯格亲王（缪拉）命令我只能向他一个人汇报此行的结果。这条命令、政局的不断变化同摩洛哥皇帝的嘱托同样重要，我下定决心要直接把公函交给法兰西皇帝本人。1810年3月21日，我有幸在贡比涅向他递交了公函。

1810年4月20日，我离开了巴黎。

布雷尔

一等工程兵上尉

专题三

欧洲三地区的外交政策

波拿巴时期的法国政府,对于爱尔兰、西班牙、波兰都有过很多幻想,或者想将之变成自己的板块,或者变成自己的卫星国。拿破仑对这些国家的外交策略到底是如何践行的呢?

第五章

"英格兰版旺代省"的幻想：拿破仑与爱尔兰[①]

1801年1月1日，英格兰变成"大不列颠及爱尔兰联合王国"（由于乌尔斯特地区还留在该国版图中，所以这一直是这个国家的正式名称）。1798年爱尔兰人大规模起义以后，威廉姆·皮特实质上重新提出大不列颠（英格兰和苏格兰）与爱尔兰联盟的老计划，促成伦敦议会内部的两个议会的联手。当时，尽管爱尔兰仍归属不列颠管辖，但它拥有相对自治的地位。爱尔兰奉英格兰国王为国王（在爱尔兰当地，一位代理国王代表英格兰国王行使权力），拥有自己的议会。还有一点需要明确，这个议会以及公民权或者说是世俗权力仅仅属于那些来自英格兰的新教徒。如果说他们拥有选举权的话，那么天主教徒（占这个国家绝

[①] 本章为修改及增添版本，原文章见于《拿破仑一世》杂志，第46号刊，2007年11月—2008年1月，第64-69页。

大多数）是没有当选资格的。皮特的观点获得爱尔兰代理国王康沃利斯和卡斯尔雷（封地位于伦敦德里郡附近）的支持，几乎没有考虑公平因素。他的观点是彻头彻尾的政治观点，首要根基源自一致性的"帝国"思想。首相认为爱尔兰人对法国大革命的警示十分敏感，所有必须阻止他们，阻止的措施主要有两种：政治联合以及通过解除天主教徒的束缚促成社会转变。他把两种措施结合起来，沿着这个方向制订计划。这个计划既不缺乏政治主张，也不缺乏开放和现代化的现实意愿。但他惹恼了激进派反对党的新教徒们，也冒犯了国王乔治三世。后者的理由是，宣誓条例迫使他必须保卫新教，也就是英国的国教。最终，皮特决定——至少他自己是这样认为的——分两步走：首先联合，然后恢复自由。经过无数曲折之后，《联合条约》获得两个议会的投票通过（1800年1月15日和3月28日），乔治三世在条约上签字（1800年8月1日）。不过，恢复天主教徒自由的计划以及不再抵抗的计划无法继续推进。最终，他于1801年4月向国王递交辞呈。直到1829年，恢复天主教徒自由的决议才被投票通过。

对于法国来说，《条约》进一步证实了英格兰人欺辱爱尔兰天主教徒，阻止他们反抗"被占领"现状的意图。鉴于大多数爱尔兰人并不欣赏这种"联合"，拿破仑和他的前任们一样，总是认为可以利用爱尔兰人的不满情绪，极其乐观但又在某种程度上无视当地现实情况地煽动时常被我们称作"英格兰版旺代省"的爱尔兰造反，并从中渔利。尽管如此，自从拿破仑自执政府时代开始活跃起来，并幻想强力远征英格兰的大后方之后，处于法兰西帝国时代的他便不再满足于模糊的计划。

1798 年起义以及亨伯特将军的全副武装

1798 年起义的发起者正是"爱尔兰人联合会"。该组织始建于 1791 年的西奥博尔德·沃尔夫·托恩和托马斯·拉塞尔等人领导的国际宗教运动。该组织创立三年后便转入地下活动。起义的使命是把爱尔兰从大不列颠中解放出来。多年来,起义之声从未断绝,一直在进行秘密准备,并且获得法兰西政府极其低调的支持。1798 年 5 月 23 日,起义爆发。数万爱尔兰人投身起义(有的数字说是十万人)。战斗持续了几个星期,战火几乎蔓延到整个国家,其中包括几场几乎扭转整个战局向有利于忠于英格兰政府的军事力量发展的小型战斗。英格兰政府军包括正规军和一支令人生畏的民兵队伍。战况惨烈,血流成河。苏格兰历史学家提出,死亡人数大约在三万人左右。尽管法国远征部队抵达当地,但战况仍然对起义者很不利。

在爱尔兰登陆是法国很早以前制订的战略计划。1690 年,路易十四就曾经有过这样的打算,雅克二世也有这样的打算:这位"光荣革命"(1688 年)期间惨遭废黜,受到巴黎庇护的天主教英格兰国王被新教国王纪尧姆·德·奥兰治在博伊恩[①]击败,行动就此取消。两年后

[①] 七千名法国士兵已经加入"雅各比"军中作战。直到今天,这场战役仍然被新教徒通过奏乐游行的方式高声纪念,但在穿过天主教徒聚居地区时,往往是嘘声一片,碎石乱飞。

旧事重演，但法国海军兵败乌戈（1692年5月29日）迫使行动再次取消。1759年，"七年战争"期间，蒂罗上将率领两千名士兵在被赶回大海之前成功踏足贝尔法斯特附近地区。1796年，督政府试图发动类似的行动，但奥什将军的舰队刚一离开布雷斯特，就被一场风暴逼得踏上返航之路。只有区区几艘战舰瞥见了科克地区——预期的登陆地点。1798年，亨伯特将军指挥的这场旨在支援"爱尔兰人联合会"起义的远征成功的机会更大一些，至少在初期是这样的：1798年8月22日，一千余人在基拉拉湾登陆，起义者发起最后一次冲击。会师三千名爱尔兰士兵后，法国军队没有等候预期的援军，直插爱尔兰腹地。取得最初几次小规模的胜利后，8月27日，这支部队第一次大规模遭遇英格兰政府军。局势对亨伯特将军来说很不利。法国将军在巴利纳姆克地区陷入重重包围。9月8日，亨伯特投降。近两千名爱尔兰俘虏惨遭屠戮。1796年来到法国的沃尔夫·托恩也参加了亨伯特将军的远征。督政府任命他为将军。托恩也不幸被捕，但在被处决之前，他选择在牢房里自我了断。法国方面，法军用英国俘虏交换本国俘虏，这些人终于得以重返祖国。

起义遭到恐怖的镇压。戒严令（1796年的《叛乱法案》）付诸实践：战斗结束后，有一千五百人或被处决，或流放，或囚禁。局势被牢牢地把握在伦敦政府手中。爱尔兰人联盟开始解体，后来又走向"分裂"：1798年的运动中，天主教的底层教士受到极大牵连（主教们总是表现得更加谨慎一些），然而在运动初期，许多新教徒认为自己是天主教的一员。

罗伯特·埃米特起义的失败

尽管失败接二连三，但在法兰西领导者们的心里，爱尔兰从未被放弃过。随着《联合法案》的出台，执政府以及后来的帝国政府都认为是时候再度出手了。要在最需要被解决的对手家后院，重新煽动起反叛的火焰。这种观点纯属误把愿望当作现实：爱尔兰天主教徒的不满情绪确实存在，但与叛乱前相比还存在相当的差距，更何况镇压叛乱的行动瓦解了最活跃的党派。而且自那之后，主教们一味鼓吹要接受现状。

大量流亡巴黎的爱尔兰人声名鹊起，甚至可以到达官显贵家中免费用餐。因此这些人仍然心存幻想。尽管与"爱尔兰联合会"余脉的接触仍未断绝，但《亚眠条约》的签署令整个计划化为泡影。和平破灭催生事端再起，一个名叫罗伯特·埃米特的恶人准备发动起义。

当时，罗伯特·埃米特年仅25岁。他是1798年事件中被俘的一位"爱尔兰联合会"会员的兄弟。正因为如此，他被"三一学院"（位于都柏林的著名大学，特别需要指出的是伯克——反对大革命的早期理论家之一，在那任教过）开除。1800年8月至1802年10月之间，他旅居法国，与流亡法国的爱尔兰同胞以及法兰西当局建立起联系。即便当时缺乏成型的计划，埃米特仍频繁地与他人讨论未来的起义。虽然这位年轻人热切地渴望付诸行动，行事却有失谨慎。法兰西政府对他的阴谋了如指掌。

波拿巴、贝尔蒂埃以及塔列朗都曾接见过这位亢奋的爱尔兰小伙子。埃米特向他们征求五万杆枪（实际上一杆也没有得到），并请求派出法国远征军支持起义。第二个请求最终促成远征行动：行动指挥权交给了奥热罗，流亡法国的一支爱尔兰部队加入两万五千名法国士兵的行列。起义迅速爆发但最终还是失败了。起义的失败迫使波拿巴放弃了暴动计划，集中全部精力谋划在英格兰南部登陆。法兰西大军开始在布洛涅及其周边地区宿营。但我们并不着急。

埃米特一返回爱尔兰就成为新"秘密同谋"的领导人之一，成员包括1798年旧党，例如托马斯·拉塞尔和迈尔斯·伯恩。他们的计划是派遣敢死队攻占柏林城堡以及首都的几处战略要地。英格兰的权力机构就设在都柏林。一旦行动成功，这群谋反者就会期待起义之势蔓延全国。1803年7月23日，行动提前爆发：一座秘密弹药库的意外爆炸吸引了当局的注意力，继续等待已经不可能了。

埃米特只成功集结起一支数百人组成的队伍，但他们仍然向既定目标发起进攻。起义者取得了几次小规模的胜利，但都柏林城堡抵抗住了攻击。尽管如此，他们仍然被迫边撤退边作战，最后躲进周边村庄里。这起事件导致五十余人丧生。1803年8月25日，埃米特被人认出，遭到逮捕，然后被送上法庭。庭审进行到最后阶段时，埃米特向法官们发表了一段足以载入爱尔兰史册的演说。他的演讲，尤其是结束语部分已经成为共和国最伟大的文章之一：

诸位法官大人们：

您们迫不及待地渴望着属于自己的胜利。您们贪婪地渴望着我血管

中流淌的鲜血，但您们周身弥漫的恐怖诡计无法将它冻结。只要过一会儿，它就会向上天发出复仇的呐喊。不过，您们要再耐心等待一会儿。我还有话要说，寥寥几句而已。我正迈向冰冷寂静的坟墓。我生命的火炬几近熄灭。为了祖国、为了生命中的一切挚爱、为了灵魂的偶像、为了钟爱的人，我离开人世。除了接受惩罚外，我一无所有。我的人生旅途已经结束。坟墓张开怀抱欢迎我的到来，我将消失在它的怀中。对于这个我即将离开的世界，我只有一个请求，那就是请它大发慈悲保持沉默。任何人都不要为我写墓志铭，因为今天，任何了解我动机的人都不敢为它们辩护，我不能容忍无知和偏见诽谤它们。愿它们在黑暗和寂静中安息。愿关于我的记忆被人遗忘。在另一个时代到来之前，在另一群人出现之前；在我的骨气能够获得公正对待之前，就让我的墓碑保持光碑一块吧。当我的祖国能够跻身世界民族之林时，等到那个时候，也只有在那个时候，再为我刻上墓志铭吧！我的话说完了。

1803年9月20日，政府以叛变和谋杀国王的罪名判处罗伯特·埃米特"老式"绞刑，即缓慢地绞死。绞首台被架设在都柏林的托马斯大街上。行刑四分之一小时后，埃米特窒息而亡。刽子手砍下他的人头，当众展示并说道："这就是叛徒罗伯特·埃米特的首级！"罗伯特的二十一名同谋经历了相同的命运。9月1日至10月26之间，这些人所获得最轻的惩罚也是被处决后再斩掉头颅。尽管许多历史学家质疑他的战略主张是否有道理，但时至今日，遵照他个人的意愿，埃米特已经成为获得独立的爱尔兰的历史英雄。他死后，跟他有关的小说、诗歌、歌曲和传记相继问世。尤其值得一提的是都柏林著名的圣·斯蒂芬公园里有一尊为他而塑的雕像。他的失败并非是"爱尔兰人联合会"运动的终结，也并非长期以来，那些最果敢的摆脱受新教控制的天主教军队，获得自由意愿的终结。这同时也是摆在法国面前的，制造出一个真正的"英格兰版旺代省"的最后一次机会。

永不终结的计划

处决埃米特后，由于戒严令的颁布，爱尔兰恢复并保持了平静。但这并不能阻止拿破仑继续留意爱尔兰事件：1804 年和 1805 年，他的往来书信中多次提到，他曾向海军询问登陆是否可行。后来，他又尝试利用天主教徒的处境在对内政策上做文章，以示他对"所有"天主教同胞的权利的尊重，甚至与罗马教廷点燃纷争也在所不惜。但拿破仑没有真正投入资金援助，只是命人继续在苏格兰人同英格兰人之间添油加醋地制造矛盾。"必须制造大规模声势，尤其是在布列塔尼、旺代、皮埃蒙特各省的报纸以及比利时的报纸上抗议英国国教教会迫害爱尔兰天主教徒的行径。为此，必须搜集一切能从各种角度展示迫害行径的描述。我将指派波塔利斯先生秘密接触几位主教，祈祷迫害行径尽早结束，必须让世人都感受到英格兰面对爱尔兰天主教徒时的残忍和卑鄙。百年来，对抗天主教徒的状态就仿佛是无休无止的'圣巴特勒米大屠杀'"。1807 年 4 月 21 日，拿破仑在写给富歇的信中如

是说。①"皇家舰队"的优势导致法兰西大军登陆爱尔兰的计划化作泡影。即便如此,拿破仑皇帝仍然我行我素地期望现实屈服于他的意志。罗马国王圣洗几周之后,他要求作战部长会见流亡巴黎的爱尔兰人,和他们一起评估在爱尔兰岛重新组织政党反对英格兰的机会,目的在于协助"三万人和四千匹马"在爱尔兰登陆,援助新一轮的起义。远征的指挥权应该交给旺达姆将军。为集结预期的军队,布洛涅营地应该被重新启用。孔多赛死后,爱尔兰将军阿尔图尔·奥康纳成为他的女婿(1807年,迎娶孔多赛的女儿)。这位流亡法国的"爱尔兰人联合会"老会员在法国助手的支援下,在爱尔兰建立起一张实打实的本地情报网。与此同时,隶属"法兰西集团军"的几个爱尔兰营离开西班牙和荷兰,会师大西洋另一侧兵站。

爱尔兰本岛出身的部队由来已久。大革命时期和帝国时期,十三名爱尔兰军官甚至官拜将军。其中最著名的当属1796年意大利军骑兵司令基尔迈纳(1751—1799)。1803年8月31日,拿破仑决定组建爱尔兰军团,军团最重要的使命就是编入远征军,支援埃米特的起义。配发给爱尔兰军团士兵的制服是约定俗成的绿色制服。但爱尔兰军团没能返回爱尔兰,而是被编入法兰西集团军,伯纳德·马克·希伊少校(艾劳战役中牺牲,当时已晋升为上校)、彼得左利少校、奥米拉上校、芳莱斯上校、马奥尼上校、瓦尔上校先后担任这支部队的指挥官。该军团配发一面绿色旗帜,旗面上写着:"爱尔兰独立"。1807年,该军团被

---

① 《书信全集——拿破仑基金会出版》,第15375封。

改编成"爱尔兰团",下辖五个营,但只有前两个营是完全由爱尔兰人组成的,另外三个营则负责吸纳所有脱离别国军队的士兵。爱尔兰将士有责任加入的远征计划似乎"正当红":旺达姆远征军的理论编制甚至被拿破仑皇帝提高至六万名士兵。部队的集结指日可待。然而这两个爱尔兰营却遭到拆散:一个营被派往荷兰服役,而另一个营则被遣往西班牙和葡萄牙。当英格兰人试图登陆瓦尔赫伦岛时(1809年),爱尔兰团第一营与英格兰人杀红了眼。

1811年7月25日,海军部长德克莱接到更为明确的命令——计划被推迟到两年之后(或是1813年的秋天),但规模更加宏大。三支部队,近十万人的兵力将参与到武力征服不列颠群岛的行动中。这三支部队分别在安特卫普(36000人)、布洛涅(40000人)和瑟堡(18000人)三地集结。运送部队出海的船只超过一千艘,随舰队出海的还有大量自从登陆英格兰的计划取消后就一直长期进港闲置的平底登陆舰。这几乎是1803年至1805年期间制定的战略的翻版。战争部门和海军部门的工作实际上就是在进行行动准备。然而,我们有理由相信这只是一个幌子。事实上,发生的这一切事情仿佛都是拿破仑皇帝故意为之,他想让麾下的部长们和法兰西舰队保持紧张状态,做好准备去迎接有朝一日所有可能的卷土重来。拿破仑的计划同样吓住了英格兰人,他们被迫一而再,再而三地增加开销:事实上,伦敦方面已经命令军队处于戒备状态,重新招募民兵队伍,不列颠群岛沿海的要塞也被重新武装一番。特别值得一提的是,伦敦方面沿着整条爱尔兰海岸线建造起一套震惊世人的炮塔系统。时至今日,爱尔兰沿海地区仍保留着几座炮塔的遗址。圣詹姆斯的朝廷白白花费大量心血,浪费大笔金钱,因为1811年结束时,拿破仑就已经意识到,他的下一个战场不在海上而在陆地上。下一场战争将在欧洲大陆的东面展开,对手将是俄国。登陆不列颠群岛的想法以及爱尔兰计划的风头都被盖了过去。

法兰西集团军阵中的爱尔兰部队从未参与解放自己祖国的行动。1813年,这支部队出现在德意志战场上。战争期间,全员共计约两千人的爱尔兰部队减员一百一十七人。随后,他们又转战安特卫普,不过在爱尔兰部队围攻这座城市期间,他们一直处于敌军的重重包围之中。"第一次复辟"和"百日王朝"期间,这支部队驻扎在里尔附近,没有参加滑铁卢之战。1815年9月28日,爱尔兰团宣告解散。爱尔兰团中某些干部和高级士官转移到土伦,加入法国海军海外雇佣军。

总而言之,针对拿破仑政权"对爱尔兰策略"的总结显得相当贫乏。在那些心胸最宽广者看来,拿破仑的意图以及他恢复巴黎爱尔兰人团体的功绩当然可以提升他的威望。① 拿破仑皇帝在圣赫勒拿岛为自己在最关键的时候放弃干预爱尔兰进行辩解,他说:"如果爱尔兰人派到我身边的都是诚实可靠的人的话,我当然会对爱尔兰有所打算。可是,我既不信任身居法国的爱尔兰领导人的正直,也不相信他们的才能。他们没

---

① 从16世纪开始,爱尔兰传教士纵横欧洲大陆,创办多个"社团"。自1578年起,巴黎大学开办爱尔兰人"研讨会"。1677年,路易十四的一纸公开信将这个研讨会改组为"爱尔兰人协会"。起初,"爱尔兰人协会"的办公地在卡姆大街的"伦巴第协会"内部,后者负责接待身无分文的意大利学生。后来,"爱尔兰人协会"迁至拉丁区的青马街。法国大革命期间,"爱尔兰人协会"被驱逐出境。在修道院院长马克·德莫特的带领下,协会的房产被提供给一所专供法国年轻人读书的学校。1805年,拿破仑批准重开"爱尔兰人协会",并下令合并苏格兰人协会和英格兰人协会。协会授权让-巴普蒂斯特·瓦尔什使领导权。1807年,青马街更名为"爱尔兰人街",这个名字一直保留到今天。爱尔兰人协会恢复了爱尔兰学生的研讨会活动,该机构提供住宿以及文化活动的能力得以提升。直到今天,该协会仍在旧址上履行使命,它已经变成了巴黎的爱尔兰文化中心。

有任何可供呈交的报告，只会各执己见，彼此争吵不停。"如果说拿破仑还算不上大错特错的话（因为甚至"爱尔兰人联合会"内部也存在诸多重大分歧），那么他的这番话则是对他的主张缺乏延续性，尤其是错过1803年那次机会的掩饰罢了，只不过他的掩饰略显拙劣而已。

　　自此往后，爱尔兰人不得不独自设法摆脱英格兰人的"占领"。或许他们感受到一丝苦涩，但他们仍然可以自我安慰道，他们再也不用冒一种霸权被另一种霸权取代的风险了。[1]

---

[1] 与本篇论文相关的课题有：帕特里克·M·盖根，《爱尔兰人联合行动》，都柏林：吉尔和麦克·米兰出版社，2001年；吉尔华德·欧图阿塞夫，《大饥荒之前的爱尔兰：1798-1848》，都柏林：吉尔和麦克·米兰出版社，1990年。

第六章

被法国轻视的盟国：1808年之前的拿破仑与西班牙*

法兰西第一执政官，也就是后来的拿破仑皇帝，实行的联盟体系一直在发生变化。在这个体系里，法国最重要的伙伴国——人们往往会忽视这一点——就是卡洛斯四世统治下的西班牙。1799年至1808年期间，正是在这个南部邻国的支援下，拿破仑踏上征程，决心稳固法兰西在欧洲大陆的优势地位。然而这一插曲最终以漫长的悲剧收尾：巴约讷圈套；约瑟夫·波拿巴在马德里登基、叛乱和镇压的恶性循环；英国的干涉和法国的战败。若想了解如拿破仑般精明的人是如何被拽向宿命般下坡路的，就必须对法国与西班牙的联盟追根究底。同时，我们将要看到的是，拿破仑皇帝野心勃勃的阴谋、塔列朗的暧昧游戏、戈多伊的"背叛"、

---

* 此文受两篇文章的启发：《对战前法国与西班牙关系的思考（1789年-1808年）》，《拿破仑时代的记忆》杂志，1995年1、2月刊，第5-20页；《巴约讷圈套：拿破仑夺取西班牙王位》，《拿破仑一世》，第35期，2005年11、12月，第38-45页。

大陆封锁的必要性以及不值一提的巴约讷事件都不足以概括战前的西班牙。这段时期有更深层次的根源：西班牙大部分精英排斥启蒙运动，法国大革命引发仇恨，法兰西压迫自己的邻国，拿破仑皇帝的亲信们不了解西班牙的现状，总而言之一句话，高卢人一致看不起伊比利亚人，认为他们是"堕落者"。

西班牙与启蒙运动

长久以来，西班牙在人们的笔下就是一个完全与启蒙运动脱节的国家。出现这样看法的原因是，在弗朗哥大元帅时代，历史总被篡改。这样的观念至今仍然被广泛传播着。在那个久远的年代，社会文人们——人们如此称呼18世纪的改革支持者——被当成传统和国之根本的敌人。弗朗哥派历史学家奥尔特加·加塞特称启蒙运动的支持者为"反西班牙改革者"。他认为，剥夺这批人载入国家"正史"的权利无可厚非。[1]然而，卡洛斯三世（1759年－1788年）统治西班牙时曾积极追求君主制度的现代化。数十年间，政治生活和哲学生活的参演者围绕公众利益、公民

---

[1] 西班牙如今的历史文献已经翻过这一页，尤其是值此两百周年纪念之际。然而这样的更新并没有完成，一些古老的传奇故事被遗漏了。

身份、宪法以及自由展开讨论。国王自己也被当作"开明的专制君主"。然而社会的绝大部分已经发生了变化,他最终也没能战胜这些变化所带来的阻力。

作为一名现代派君主,卡洛斯三世自愿放弃宫廷的作用转而为西班牙王国的经济和社会发展作奉献。他抨击教会和大贵族的某些特权时毫不犹豫。卡洛斯三世启用西西里人埃斯基拉切、卡斯蒂利亚人阿兰达,腓特烈大帝的旧时心腹以及伏尔泰和达朗伯的朋友。人们经常拿这一时期执行过的许多硬性措施作为例子,比如禁止戴能遮住眼睛的阔边帽,改而穿戴法式帽子和服饰。改革不局限于时尚的范围:限制宗教裁判所的权力、驱逐耶稣会会士、任命凯奈和亚当·斯密的弟子皮埃尔·坎波马内斯掌管经济。然而,尽管困难重重,但卡洛斯三世统治下的西班牙也并非完全不能接受政治和社会的现代化。但西班牙的改革显得谨慎而缓慢。因为向教士妥协是不可避免的。西班牙教士不仅数量庞大,而且有权有势,同时还是保守派。除此之外还要寻求与贵族阶级达成和解,但这些人往往无法理解欧洲其他地区思想上的变化。尽管有上述种种阻力,同时公共自由和出版自由被严格控制,新思想仍然传遍了伊比利亚半岛。虽然这种传播是"有所节制的并且遮遮掩掩的"①。

在对外政治方面,卡洛斯三世同样成功地为这个国家带来一丝光明。卡洛斯既想摆脱法兰西的钳制,也想与强大的英国对抗。英国伙同本国

---

① 皮埃尔·维拉尔,《西班牙历史》,法国大学出版社,《我知道什么?》系列丛书,2009年(第22版),第44页。关于这一点请参见,例如:雅克·平格雷,《西班牙人的历史》,大学出版社,1975年,弗朗索瓦·洛佩斯,《胡安·帕布罗·福尔内与十八世纪西班牙信仰危机》,波尔多大学伊比利亚半岛研究和伊比利亚-美国研究协会,1976年,尤为重要的是,皮埃尔·洛佩斯,《1780至1802年的西班牙》,塞德斯出版社,1985年。

殖民地阻碍西班牙贸易从容的发展。西班牙对法战略复杂。法、西两国受《家族公约》（1761年）约束。该公约属于法国、西班牙、那不勒斯、帕尔马波旁家族间的联盟，签署该公约其中一个目的就是粉粹英格兰的扩张主义。与此同时，面对强大的北方邻国，马德里方面希望保持独立。这就是为什么卡洛斯三世企图通过加强对外交往，尤其是同遥远的普鲁士和罗马教廷进行交往，促使西班牙对外政策多样化。况且西班牙的中央集权制也在相当程度上取得了成功。因此，在法国大革命前夕，西班牙重新成为欧洲举足轻重的君主制国家。这个由伊比利亚半岛各省组成的国家愈发团结。

1788年12月14日，卡洛斯三世去世。卡洛斯三世留给继承者一个复兴中的王国。仿佛两个世纪以来，西班牙从来没有意识到自己的权威似的。卡洛斯三世的儿子继承大统，史称卡洛斯四世。卡洛斯四世即位时已经年逾四十，几乎没有任何处理公共事务的经验。这位国王无心从政，他对体育和狩猎更加热衷，把大量的时间消磨在制作皮鞋（他常常将皮鞋赠送给贵宾）、武器以及木工活上。无论是从相貌上看还是从精神上谈，卡洛斯四世都与他的"堂兄弟"路易十六颇为相似。与玛利亚－路易莎·德·帕尔马[①]婚后的二十三年间，卡洛斯四十的后宫屡屡严重失火。他的妻子享受生活的欲望强烈，包养多名情人。经过许多短暂的艳遇后，她对一位十六岁的年轻人，她的小弟弟——曼努埃尔·戈多伊

[①] 通过玛利亚-路易莎，路易十六与卡洛斯四世才有了更近一层的亲属关系，而不仅是同为路易十四的后裔：事实上这位皇后是帕尔马公爵菲力浦一世和法兰西长公主伊丽莎白的女儿，伊丽莎白则是路易十五的女儿。西班牙国王因此成为了法兰西国王的姑父（通过联姻）。

情有独钟。卡洛斯三世去世第二天，这位王后的情人就被任命为西班牙近卫军军官，迈出了他走向大贵族和政府政要之路的第一步。

因此，当法国大革命爆发时，主宰西班牙命运的正是这驾脆弱不堪的马车。

西班牙王国与法国大革命的开端

起初，西班牙对巴黎事件和1789年凡尔赛事件的一系列事件的反应中并没有敌意。马德里方面一时间并没有意识到这一行动的深意。因此西班牙和法国的关系只是缓慢的恶化。[①]事实上，1789年5月，对于西班牙王国及其首相弗洛里达布兰卡伯爵来说，自身的问题尚有待解决：加泰罗尼亚地区的动乱，接二连三的粮食歉收引发的经济危机以及粮食供给紧张的状况。西班牙国务委员会不久前刚刚确认阿斯图里亚斯亲王——费尔南德为西班牙王位的继承人，费尔南德就利用手中的王权废除了《萨利克法典》。以上种种新的证据表明：西班牙渴望摆脱法兰

---

① 参见阿尔贝·穆塞,《大革命中被忽视的目击者——西班牙驻巴黎大使费尔南·努内伯爵（1787-1791）》，奥诺雷·尚皮翁出版社，1923年。或者雅克琳·肖米埃,《法国和西班牙的外交关系——从瓦伦到路易十四之死》，波尔多：费莱父子出版社,1957年。雅克琳·肖米埃分析了西班牙代表的通信,《大革命期间西班牙外交官之间的书信》，西班牙公报，1935年第37-3期，第353-389页，以及1936年出版的第38-4期，第502-536页。

西有意无意的监控。① 当西班牙政府意识到法国局势趋于严峻时，当即决定建立起一条"封锁线"以避免政治传染。西班牙和革命的法兰西之间相互关系的基调已经确定；遣散西班牙国务委员会的大臣，以免他们一时兴起效仿法国召开全国三级会议；取缔或查禁各大书店，手段比从前更加严厉。这些措施都是为了回应某些借口攻陷巴士底狱、废除特权而大搞狂热活动的知识分子。宗教法庭的法官被准许没收那些对服从君主表示质疑的印刷品以及手稿。严令军队随时待命以备应付一切不测。赴法国旅游更加难以成行。很快，西班牙政府下令禁止议论一切源自比利牛斯山另一侧的消息。②伊比利亚半岛上的一万四千户法国家庭被视作形迹可疑，并因此处于监控之中。1790年7月18日，法国人佩雷——很有可能是一位最极端的革命者分子——在阿兰胡埃斯用匕首刺伤弗洛里达布兰卡伯爵。保守党从这一事件中嗅出端倪——全新的法兰西打算与西班牙的波旁家族打上一仗。

卢德卡松德事件后，已经有所降温的西班牙和法国的关系更是降至冰点。西班牙人扣押了两艘企图在加利福尼亚州建立非法商行的英国轮船，因此伦敦和马德里之间的紧张度升级。然而法国却没有像《家族公约》中规定的那样，坚定支持自己这位传统盟友的立场。国民议会耗费数周

---

① 萨利克法典由腓力五世（路易十六的孙子）建立，其统治时期为1700年至1724年，该法典禁止女性继承王位，这样一来，外国的权贵就可以介入王位的继承——尤其是法国——在王位继承的问题上。卡洛斯四世和玛丽亚·路易莎生了十四个孩子，其中只有三个儿子幸存：费迪南德、卡洛斯和弗朗索瓦·保罗（出生于1794年）。后者很有可能是马努埃尔·哥多伊的儿子，这也解释了为何他被排除在王位继承人之列，而转而偏向其中一个姐姐。费迪南德去世后，他的女儿伊莎贝拉和兄弟卡洛斯的支持者之间的内斗让萨利克法典的废除逐渐变了味。
② 参见弗兰克·拉法治，《反革命的西班牙—发展与没落（18-20世纪）》，阿尔马唐出版社，1993年。

才批准路易十六执行1789年前的协定。然而当议会最终同意时，一切都已经太晚了：面对法兰西的支持，卡洛斯四世只是"有所注意"而已，他着手准备和英国直接进行谈判。沃居庸公爵被召回巴黎之后，卡洛斯四世甚至一连好几个月拒绝接见新上任的法国大使。在法国首都，局势因费尔南·努内大使而愈加恶化：他公然批评法国政体并"恳请"西班牙政府将其召回，以期远离这群在巴黎当权的"疯子"。但卡洛斯四世告诉他，他不会被召回，西班牙还需要他。经历一段时间的消极之后，这次马德里方面选择的反应过于积极了。

从这时起，费尔南·努内每天前往杜伊勒利宫。卡洛斯四世和路易十六之间的书信往来愈发频繁。前者开始感受到，后者对自己完全信任。双方约定，即便是在困境中也绝不放弃对方。西班牙国王建议君主和人民进行直接联系，借此排挤革命者。然后他积极活动，以便稳固各项原则以及政治两面派的策略。玛丽·安托瓦内特设法通知他皇族的逃亡计划，甚至向他提出建议在边界举行一场旨在压制法国政府的军事演习。国王对此保持谨小慎微的态度。西班牙国王当然想要救出路易十六，但一个因纷争而陷入衰败的法兰西王朝对他的国家而言也有益处。继瓦伦之后，在戈多伊的积极推动下，马德里的反应很激烈，甚至颇具威胁。为缓和西班牙国王的抗议公文，费尔南·努内最终被召回马德里，改由多明各·德·伊黑阿尔特担任大使。不久后，路易十六写信给卡洛斯四世，信中说自己刚刚接受了新宪法。但卡洛斯四世拒绝对此给出回复。

1792年2月，暴风雨过后的晴朗短暂地照亮了法国和西班牙两国之间关系的天空：共济会会员，老伯爵阿兰达接替弗洛里达布兰卡的职位。此人爱好阅读哲学著作，是个满怀善心之人。阿兰达自1780年起就担任驻凡尔赛大使一职。曼努埃尔·戈多伊追随在他左右，戈多伊也因此踏入政界。法国大使布尔古安了解并喜欢西班牙。两邻国关系回暖令他感到欢欣鼓舞。然而革命者却没能握住伸向他们的手——甚至有些害羞地伸手。孔多塞继续劝说西班牙人起义，加入吉伦特派鼓吹的欧洲革命中。吉伦特派极力促成把宣传委员会设立在巴约讷和佩皮尼昂的行动。与此同时，法国人责怪西班牙人——责怪也并非毫无理由——在圣-多明各（从岛上的西班牙领地开始）煽动骚乱以及侮辱他们在伊比利亚半岛上的同胞。

路易十六诉讼案

　　法国审判以及处决路易十六的行为促使西班牙突然调转方向，与法国的敌人站到了同一战线上。若想理解随后十五年间两国政府间的关系，此次事件至关重要。处死法国国王导致西班牙的贵族以及神职人员对革命时期、执政府时期以及随后的帝国时期的法国均怀有恨意。即使是在两国联盟时期，这一污点也并没有被抹去。法国人把特拉法尔加事件前后西班牙人的态度称为"两面派"也是以这一过去的、重要的争执作为依据的。

　　1792年11月，戈多伊接替阿兰达担任首相，成为国王的"国务部长"，全权掌管所有政府部门。平步青云使这位年仅二十五岁的年轻人几乎难以适应基础性的工作，"也消磨了他毋庸置疑的聪明才智以及身为勤劳

者的诸多优良品质[①]"。卡洛斯四世传递的信号再清楚不过了：法国打算审判他们国家信奉天主教的国王，因此西班牙现在不必再与法国保持亲密关系。对西班牙王国的外交政治来说，阿兰达的典型性格显得毫无用处。当务之急是解救路易十六。西班牙国王积极设法展开营救。自那时起，为达到营救的目的，驻巴黎大使奥卡利兹[②]获得了毫无节制的拨款，拨款用途包括贿赂国民公会议员，防止他们投票支持某些人为批准审判建议号召人民的主张。勒库特银行预付给奥卡利兹二百三十万斤白银以作行贿之用，贿赂对象包括丹东的部下——国民议会会员夏博，仅他一人就收取了全部贿金的五分之一[③]。然而这些秘密交易最终还是失败了，以至于1793年1月，卡洛斯四世毫不犹豫地答应保持中立立场以换取路易十六的性命。作为回应，丹东建议向西班牙宣战。而巴雷尔以国王间的友谊从未能阻止人民之间的互相杀戮为由讥讽国民公会。

1793年1月21日，"国家的剃刀"划向了法国国王的脖子。他的西班牙侄子从此以后拒绝接见布尔古安大使，并且声称自己是法国皇室的庇护者。但在有关玛丽·安托瓦内特及其孩子的性命问题上，他依旧保持中立态度。作为回应，巴雷尔向议会宣称，必须要在"最风和日丽的天气下，给欧洲最宽宏大量的人民"带去自由。3月7日，法国向西班牙宣战。"法兰西多一个敌人就意味着多一份为自由而战的胜利！"

---

① 参见阿尔贝·穆塞，《大革命中被忽视的目击者——西班牙驻巴黎大使费尔南·努内伯爵（1787-1791）》，奥诺雷·尚皮翁出版社，1923年。或者雅克琳·肖米埃，《法国和西班牙的外交关系——从瓦伦到路易十四之死》，波尔多：费莱父子出版社，1957年。雅克琳·肖米埃分析了西班牙代表的通信，《大革命期间西班牙外交官之间的书信》，西班牙公报，1935年第37-3期，第353-389页，以及1936年出版的第38-4期，第502-536页。
② 1792年8月10日那天过后，多明各·德·伊黑阿尔特就离开了巴黎，国王退位。
③ 参见：腓特烈·布鲁兹，《丹东》，佩兰出版社，1984年，第263-264页。

巴雷尔如是总结道。

对西班牙来说，真正意义上的"国家运动"开始了："在如同《圣经》里记载般的动荡氛围般，'西班牙'为宗教、国王和祖国而战，对抗没有信仰、不守法律、不敬上帝的人民，战争的目的是消除因崇敬自由而兴起的哲学体系错误，况且追求还仅限于自由许可而已。"[1]和欧洲各地所发生的情况正相反，这里，人民拿起武器反对法国大革命，作为领头者的罗马教廷成为"反革命战争的空想理论家"[2]。这恐怕就是十五年后拿破仑必须思考的问题。举例来说，1793年，西班牙征收了四千五百万法郎的国民税，作为对比，遭遇恐怖时代初期重创的法国却仅征收了五百万法郎。

法西战争

法国与西班牙的战争仅限于比利牛斯山边境范围。双方阵营相较，法国雇佣兵实力较弱。因此法国方面祭出思想理论武器——用大革命痛击波旁家族。不过，法国方面同时也认为大陆行动只不过是一连串殖民地战争结束后的序曲而已。人们都说，革命者背后的经济意图和扩张目

---

[1] P·洛佩斯，同上文，第262页。
[2] F·拉法治，同上文，第81页。

的永远不应该被忽视：法西战争可能会扰乱殖民地的贸易，进而影响英国的物资供给和财政状况；占领西班牙的领地，法国就从能剥削西属领地中获取利益。从这个意义上而言，拿破仑仍然是——但谁会对此表示置疑呢？——法国大革命实际政策的继承人。

最初的几场战争对西班牙人有利。西班牙人威胁巴约纳，并且包围佩皮尼昂。担任法军指挥的是前国防部长塞尔旺，法国人只有几支零零散散的部队——这几支部队被抽调到年久失修的要塞——迎击卡尔将军和里卡多斯将军。1793年秋，巴黎方面决定撤走驻扎在地中海地区的部队（英国顺势对土伦起了阴谋之心）增援比利牛斯山前线。蒙赛和佩里尼翁向比利牛斯山发起的反攻获得胜利。法国人深入西班牙境内，占领圣塞巴斯蒂安。1794年5月，法国人占领加泰罗尼亚地区，然而在巴斯克地区，建立起独立共和国的希望控制住了巴斯克人民。加泰罗尼亚人民举兵反抗，加入到反抗侵略者的斗争中。面对西班牙人的狂热，法国人用自己的狂热予以回击，情形与十五年后一模一样：亵渎教堂、抢劫和屠杀接连出现。1795年初，戈多伊陷入微妙的处境。各支前线部队均向法国军队屈服，法国人占领费盖莱斯、毕尔巴鄂和维多利亚。在西班牙王国内部，戈多伊的政治方略遭到自由党人的批判。自由党人把他称作阴谋家。国王和皇后（西班牙人民都管她叫婊子）的声望一落千丈。兵工厂的工人纷纷起义。军队发生叛乱。"亲法派"势力重新抬头。鉴于如此的情况，这位年轻大臣被迫进行外交取舍。从这一点上来看，巴黎新的政治局势反倒是拯救了他。恐怖时代结束，罗伯斯庇尔及其同党的下场和那些死在他们手中的人没什么两样。温和政策被列入议程。布瓦西·德·安格拉斯在国民公会宣称，应该向西班牙伸出友好之手，并把西班牙拖入战争中，共同对付双方真正的公敌——英格兰。阿尔代什省的居民都说，法国视比利牛斯山为天然疆界，除此之外，法国没有更进一步的领土要求。

基于上述有利条件，双方开始谈判。尽管官方曾有声明，但法国仍旧希望保留已经夺取的城市作为保障，并且希望夺回路易斯安那的控制权。西班牙方面则希望法国革命军撤离西班牙领土，并且把看护路易十七之事托付给西班牙。这个被囚禁在丹普尔宫的孩子恰巧在这个时间去世，僵持不下的谈判因此破冰。1795年7月22日，西班牙与法国签订《巴塞尔条约》，法国归还已占领的西班牙领土，但圣-多明各岛属于西班牙的那一部分领土被割让给法国。《巴塞尔条约》的战略利益远不止领土分割这么简单。法、西两国心照不宣，就重拾传统政策共同反对英国一事达成一致。其实，戈多伊摇身一变成为——人们倾向于如此谈论：突然——伦敦的凶恶敌人。事实上，戈多伊在西班牙内部的主要政敌——奥苏纳公爵在这一点上持反对意见，可是反对也无济于事。1796年8月，西班牙和法国签署《圣-埃尔德枫索条约》，西班牙"永久地"加入法国阵营，共同对付背信弃义的阿尔比恩。三个月后，伦敦和西班牙的战争状态成为现实。这是自《家族公约》签订后，英、西两国第三次兵戎相见。在这次冲突中，西班牙陆军和舰队连战连败，一胜未得：舰队被封锁在港口里，贸易受到干扰，殖民地岌岌可危。

卡洛斯四世和戈多伊的意愿以及真诚——即使这对他们来说是从未有过的——经受了艰难的考验。再一次推翻法西联盟，改打英国牌以拯救殖民地、挽救西班牙经济的诱惑是巨大的。西班牙向着这个方向迈出的第一步，就是当俄罗斯攻击法国的时候，西班牙并未主动向俄罗斯这

个强国宣战。

波拿巴掌权后,邻国西班牙又一次成为法国的盟友。然而仇恨和痛苦构成了法国和西班牙关系的基石。教士紧紧把控了西班牙社会,导致西班牙从未在思想上接受过法国大革命。卡洛斯四世站在家族的立场上,完全找不到任何原谅处死路易十六及其部分亲属之人的理由。若从经济方面考虑,或许面对法国和英国的冲突时表明立场并不能为西班牙带来利益。但法、西之争让西班牙丧失极其重要的殖民地贸易。西班牙自身的地理位置本就十分孤立,若从外交角度考虑,再寄希望于同强大的北方邻国保持特殊关系也不能给西班牙带来任何利益。这一切都在促使卡洛斯四世统治下的西班牙王国保持中立立场——因为无法摆脱束缚。用理论定义国家的政治和外交利益是一回事,付诸实践则是另外一回事。

西班牙:法国的卫星国

根据《罗贝尔法语大词典》记载,自 17 世纪末开始就有人使用"卫星国"这种表达方式了。这个词在字典上的意义为:政治和经济上紧密依附于另一国家并且以这个国家为轴心的附庸国。"卫星国"一词完全符合 1800 年西班牙的状况。这样的措辞放在这里并非含有贬义的性质。苏维埃运动把这个词用成了贬义。甚至可以这样说,西班牙成为卫星国是建立在不同的基础上:两种政体没有统一的意识形态,没有强硬侵犯对方的内部生活（起码在侵略葡萄牙以前是这样的）。但结果是显而易见的：西班牙完全服从强大邻国的意愿。

西班牙成为卫星国的基础是多种因素叠加而形成的：政府部门紊乱、陷入抵抗英格兰的联盟圈套，再加上军事经济的薄弱。当时的局势迫使戈多伊选择当"墙头草"。然而两面三刀的手段只不过加速了冲突的进程而已。

放荡的西班牙宫廷

西班牙战争爆发的原因如同一套错综复杂的齿轮系统，卡洛斯四世的个性和西班牙宫廷的阴谋是这套系统的齿轮之一，并且从中起到了不小的作用。不过这种作用还达不到当时人们所说的那种程度，因为把这位羸弱的君主排除在权力之外已经是不可避免的事情。之所以会出现这样的情况，是因为他朝令夕改的政策导致西班牙无法逃离拿破仑氏法兰西对自己国家的垂涎：任何阻碍都无法抵挡法兰西的野心。国家元首之职落到毫无头脑的人身上，整个国家都因此陷入束手无策的境地——这就是君主专制制度的缺陷。拿破仑震慑住了西班牙国王，吓破了他的胆，吓得这位西班牙国王都不懂得反抗了。西班牙国王沦落到只敢私底下搞些小动作的田地。他不敢公开和拿破仑叫板。对于这些小伎俩，法兰西的领导人最终不再无动于衷。拿破仑皇帝的耐心迟早有一天会到达极限，

"惩罚"这种态度的时机迟早会到来。

当时，外交和国际关系大多依靠各国君主和他们维持的私人关系，同时代的人和历史学家留给我们许多关于马德里波旁家族的教诲，我们不能对此置之不理。至少我们可以这么说，他们绝没有用赞扬的话来介绍这个王室家族。更何况西班牙是当时真正意义上的君主专制国家。[1]君权掌握在卡洛斯四世手中，他也是唯一一手握君权的人。这位优秀的皇帝给人以挽救西班牙免于将倾的印象，因此各个政治流派纷纷对卡洛斯四世寄予厚望。危机持续多年以后，卡洛斯四世仍无法逃脱拿破仑的政治钳制以及个人影响，并且过分关注宠臣戈多伊的命运，但直到此时，西班牙的各方"巨头"才——剩下的人也跟着一起——放弃了这位国王。

若想形成对西班牙王室家族的形象的概念，我们会——通常如此——参考戈雅绘制的著名画作。现如今，戈雅的画作陈列在普拉多国家博物馆。这幅布面油画描绘了一个"站满长着傲慢、残暴、贪婪嘴脸的堕落怪物的走廊"，让·图拉尔如此评论。另一方面，让·卢卡斯-杜布里顿认为，一开始看这幅画时，"一切尽显帝王之气，耀眼而不失威严；外表受人尊敬、仪表堂堂；但走近一看，人为的修饰消失不见了；不知不觉间，破坏悄然出现，闪闪发光的外皮呈鳞片爆裂开来。隐藏在君王面目之下的竟是一个傀儡。出现在您面前的只不过是一群盛装打扮过的可笑人罢了。"[2]我们宁愿可以反驳这两位历史学家，尤其是画家

---

[1] 乔治·戴德维斯·德·德泽尔的旧作《旧制度下的西班牙》很好地说明了这一点（法国书商印刷商行会，1899年）。
[2] 让·卢卡斯-杜布里顿，《戈雅之见：面对西班牙时的拿破仑》，法亚尔出版社，1946年，第70页。

戈雅的观点。可惜戈雅所塑造的可悲形象得到了同时代人的赞同。当人们谈到这个不和睦的王室家族时，所有证据的内容都是一致的。卡洛斯四世是善良的人，但他又是一个内心怯懦而又"眼界狭隘"[①]的人。即便卡洛斯四世"真诚地公开表示对拿破仑的为人敬重有加"[②]，大部分见过他的人仍然对他多有鄙视，尤其是那些法兰西驻马德里的代理人。从一位划时代的父亲手上接过王位，但与这一点相比，卡洛斯四世更令人难以忘记的是，他最终被自己的夫人以及她最宠爱的情人——戈多伊玩弄于鼓掌之间。

　　法国大使阿尔基耶[③]曾对西班牙玛丽·路易莎王后的品行和奇特的境遇有过如下描述："有时我听到人们赞美皇后的才华：可是事实上，她既没有头脑，又缺乏学识，威严更是谈不上的事情，她还自命不凡、追求时髦，若是一个年轻貌美的姑娘追求这些也就勉强算了，可她都已经五十岁了。"然后，阿尔基耶不无遗憾地说道，这个女人在西班牙王国制定"法律"，迫使这个国家忍受她"古怪的癖好以及猥琐下流的幻想"。阿尔基耶认为她"除了不停地折腾外再没有任何其他的天赋，只能驾驭自己的那些奴才"。[④]随后，还是阿尔基耶向第一执政官献策道："请允许我坚持认为，有必要谨慎对待西班牙国王和王后，有必要监督

[①] M·图尔农给拿破仑的报告，1807年12月20日，国家档案馆，AF 4 1680 (1)。
[②] 吕西安·波拿巴致第一执政官的信件，1802年8月，1679年，国家档案馆，AF 4 1679。
[③] 曾任驻马德里、那不勒斯、罗马、斯德哥尔摩、哥本哈根大使。法国大革命时期、1799-1804年法国执政府时期和拿破仑帝国时期均是法国重要的外交官。他用亨利·佩兰特·博萨克的笔名书写了自己的第一部现代传记——《法国大革命和拿破仑帝国的见证者》：卡洛斯·让-玛丽·阿尔基耶（1752-1826），拉罗谢尔：历代传闻出版社，1983年。
[④] 阿尔基耶致外交部长信件，1799年11月29日，国家档案馆，AF 4 1679。

他们的各种幻想。这两位克尔特君主制度国家的首脑能力不足且行事轻浮，正因为他们不在您身边，所以对他们略施关注才显得十分重要。"①

西班牙王后的"别出心裁"在政治上完全没有任何重要意义，相反她与戈多伊的通奸关系却为她树立了一个顽强的敌人，这个敌人就是她自己的儿子——费迪南德。这位阿斯图里亚的王子痛恨自己的母亲和她的宠臣："这个孩子明显表现出，并且很早就表现出了解自己母亲放荡行径的样子，而且他十分反感'戈多伊'"②，阿尔基耶进一步写道。因此，所有戈多伊的敌人均转而支持这位王位继承人。于是，一种本不应该出现在一个君权神授国家的情形——尽管这种情形出现的相当频繁——出现了：某些社会阶层开始看好费迪南德七世替代皇帝卡洛斯四世，并把西班牙从他的"国务部长"手中解救出来。

曼努埃尔·戈多伊

曼努埃尔·伊·阿尔瓦雷斯·德·法利亚生于1767年。十七岁就进入西班牙近卫军服役，很快，这位来自埃斯特雷马杜拉的下等人就引起了卡洛斯四世，尤其是卡洛斯四世夫人的注意。他以令人晕眩的速

---

① 阿尔基耶致第一执政官的信件，1800年5月20日，国家档案馆，AF 4 1679。
② 阿尔基耶致外及部长信件，1799年11月29日，国家档案馆，AF 4 1679。

度扶摇直上，跨过了所有的台阶。自 1789 年被任命为部长开始，年仅十九岁的戈多伊便再也没有离开过西班牙政府——除了 1798 年短暂消失过一段时间以外。戈多伊身兼数职，位极人臣：中将、国务秘书（类似首相）、公爵、金羊毛骑士团骑士、总司令、大元帅、上将，同时被授予西班牙除阿斯图里亚王子之外唯一的皇家头衔——"和平王子"。或许从最后那惊人的晋升中可以再寻找到一条费尔南德仇恨戈多伊的理由："偷走"他的母亲后，这位宠臣获得了贵族身份上的优势，有朝一日，为什么不能获得王位呢？当然，经历过最初的炙热激情后，戈多伊和玛丽－路易莎的关系——获得国王的容许——开始变得温和起来。然而年轻的曼努埃尔仍然能够从很大程度上影响他的旧情人。阿尔基耶不带任何夸张地针对王后和"和平王子"之间关系描述道："王后什么都不爱。她甚至不爱自己的情夫。对他，王后有一种掩饰不住的深入骨髓的鄙视。"但是，戈多伊为了控制王后，"竟然接受一位荡妇对自己做出一名士兵无法接受的粗暴及野蛮行径。"[1] 以上就是这个人物的主要背景。

历史对曼努埃尔的评价一向严厉，近几十年来也丝毫没有缓和的迹象。[2] 当然，任何人都不能否认他的个人行为以及当值政府的外交政策给西班牙的未来发展造成了诸多不良影响。伊夫·博蒂诺在《西班牙波旁家族（1700 年 –1808 年）》[3] 一书中描写道，戈多伊是一个"傲慢自

---

[1] 阿尔基耶致外交部长信件，1800 年 11 月 28 日，国家档案馆，AF 4 1679。
[2] 参见，例如，让-勒内·埃姆斯精雕细琢的文章，"戈多伊"，《拿破仑辞典》，同上，第 808 页 -809 页。孔特拉：雅克·沙斯特内，《戈多伊——和平王子》，法亚尔出版社，1943 年。
[3] 法亚尔出版社，1993 年，第 346 页。

大、谋求私利且举止粗鲁"的人。但人们倾向于承认他在内政方面威信尚存。他是不知疲倦的工作狂，民主党派人士的敌人，同时也是所有保守党派人士的朋友。但他仍旧没有意识到的是，他身处的是一个被法国大革命打破平衡状态的欧洲，而他的祖国已经落在别人身后。他却还没有搞清楚的是，文人们与偏见和宗教狂热斗争的利益何在。为此，他拿出多项"经验丰富的"措施，并且轻而易举地强加给了卡洛斯四世：限制宗教裁判所的权力、帮扶贫困百姓、支持科学和艺术①、改革大学、道路基础设施现代化改造、扶持农业及手工业研究。

若要剖析戈多伊的政策，必须牢记这一事实，身处四面树敌的国内环境中，他不得不作出改变。他有许多敌人。这些敌人来自各行各业，伴随整个政治棋局始终。因为手腕不够老道，各方对他的敌意日渐加深，直到他倒台为止，宗教狂人分子指责他限制教会的言论。在当时的西班牙，类似的论调可算不上是温和的责备。进步人士抱怨他查禁出版业，监管新闻界和印刷业。更糟糕的是，他竟敢制定斗牛比赛的相关规定！卡洛斯四世盲目信任这位部长的行为伤透了人们的心，终于，所有的党派均团结在了阿斯图里亚王子周围，成功合并成同一个党派。拿破仑认为，一旦这位虽然年轻但却深得民心的王子掌权，自己彻底控制西班牙的设想就将破灭。因此，拿破仑决定用马基雅维利主义的方式打好卡洛斯四世这张牌，于是，一场拿破仑与卡洛斯四世及其随从人员在巴约讷

---

① 针对这个领域，戈多伊利用自己手中的权力完成了一次规模庞大的收藏工作，其中包括数百幅画作。

的会晤被引出了。

生活在比利牛斯山脉这一侧的人们时常倾向于把西班牙的君主们——也就是卡洛斯四世或者他的儿子——描绘成笨蛋和低能儿。事实上，这是不全面的。西班牙国王了解自己国家的政治、经济及军事领域，可谓事无巨细。但他很清楚，在北方强邻卧于身侧的前提下，自己的回旋余地十分有限。他不善于摆脱政治和外层面的孤立状态。出现如此局面的原因在于他并不是真有摆脱的意愿。家族的分裂补上了最后一刀。

反英格兰联盟

结盟是件好事。因为对西班牙国王来说，除了接受恢复与法国结盟的传统政策之外——结盟并非是因为与拿破仑的友谊深厚——再没有任何阻止英格兰的办法。轻易达成联盟令人吃惊（但并不惊喜）。经过取舍，卡洛斯四世与邻国就传统条约中家族方面的条款达成一致。他是唯一一位大公无私地为拯救巴黎波旁家族而奋斗的君主。例如昂吉安公爵被处决后，他曾宣称："害群之马，必须铲除。"[1] 卡洛斯四世耗费巨

---

[1] 雅克·戈德肖，《反革命：1789-1804》，法国大学出版社，1984年，第404页。

大的人力和财力拯救路易十六，而玛丽·安托瓦内特和被囚禁在丹普尔宫的路易十七则完完全全地"抛弃"了路易十六的堂弟路易十八。卡洛斯四世不同意大多数人把拿破仑视作雅各宾派纯粹继承人的观点，相反，卡洛斯四世及其政府与波拿巴政权相处得极其融洽，至少表面如此。当然，革命战争也为这些人提供了反思的素材。一方面，英格兰不履行财政诺言：英格兰没有向西班牙拨付相当数量的款项，反而普鲁士却从英格兰人那里获得巨额资助。然而事实的真相多半是，西班牙的严重失败并未激起伦敦方面的不满。因为伦敦方面的眼睛还盯着西班牙在菲律宾、安的列斯群岛、加利福尼亚以及海地岛的殖民地。甚至就连卡洛斯四世和戈多伊都对此一清二楚。另一方面，如果说与法国签订和约不会导致国家和王朝崩溃的话，那也只不过是因为对手收手了而已。若再稍加努力，法国革命军就将颠覆西班牙政权，把权力交给"亲法政党"——事实上是所有反对君主专制制度的集团。《巴塞尔和约》并未杜绝这种威胁。不谈生存本能，单从谨慎的角度考虑也应该跟这个欧洲大陆的强国，也是唯一能够保护殖民地安全的国家保持亲近。

从1796年开始，西班牙正式与英格兰开战。尽管屡战屡败，但西班牙仍然坚守这条战线直到法兰西执政府统治时代。就这样，尽管被伤透了心，卡洛斯四世仍然毫无怨言地亲历意大利诸兄弟共和国成立，以及他的兄弟——那不勒斯国王费尔南德四世逃亡海外。1800年10月，第二份条约——《圣伊尔德方索条约》签订。条约规定，路易斯安那地区归还法国。作为交换，法国模棱两可地答应几位波旁家族成员在意大利复国的要求。① 拿破仑自掌权伊始就根据驻马德里代表提供的情报详细分析以掌控西班牙政权为目的的未来行动计划。他清楚地知道，戈多伊不得不与大量敌人斗争，目前，他亟需胜利以便稳固权威。首先，他建议戈多伊进攻葡萄牙：葡萄牙本该帮助法国对抗英格兰，帮助戈多伊对抗国内的敌人。1800年7月，贝尔蒂埃被任命为驻马德里全权公使。第一执政官写信给时任外交部长的塔列朗道："'贝尔蒂埃将军'应该不择一切手段煽动西班牙同葡萄牙开战。"②计划运行极其流畅。1801年春，短暂的"橘子战争"爆发。在与葡萄牙军队的几次小规模冲突中，西班牙轻而易举地取得了胜利，戈多伊因此得到一些领土上的补偿：奥利文萨城及周边地区均落入卡洛斯四世之手。夺回了西班牙这个盟友，拿破仑才能借着这次谈判的机会从理论上获得一些利益：葡萄牙许诺关闭与英格兰进行贸易的大门。当驻马德里大使吕西安·波拿巴建议自己的哥哥向戈多伊表示祝贺，并且送给对方一幅哥哥的肖像作为礼物时，第一执政官回答他说："我不会送出我的肖像……我可以利用'戈多伊'，但对他，我只有鄙视。"③波拿巴已经怀疑这位红人部长想要跟自己玩一玩手段了。

戈多伊仍然坚持在马德里挂满彩旗。西班牙国王任命他为"大元帅"，并且为他新设立"和平王子"的头衔。尽管如此，戈多伊部长应

---

① 参见拿破仑写给塔列朗的信件，1800年8月13日，拿破仑·波拿巴，《书信全集——拿破仑基金会出版》，第5602封。
② 拿破仑致塔列朗信件，1800年7月28日，《书信全集——拿破仑基金会出版》，第5574封。
③ J·卢卡斯-杜布里顿，《面对西班牙时的拿破仑》，同上，第92页。橘子战争结束后，吕西安·波拿巴被召回巴黎。他的哥哥责怪他除了得到葡萄牙封闭港口的允诺外别无所获。更何况，吕西安为了自己的利益，伙同戈多伊转移走葡萄牙支付的2500万赔款中的部分款项。

该很快就会失望。西班牙流了太多的血。这个国家经历了一场严重的危机。经济崩溃，惨遭英格兰海上封锁的压制。物资供应的持续危机（1802年–1805年）引发饥荒和物价上涨。与殖民地的日常联系中断，时局的弊端再也掩饰不住了。港口倒闭，海上商队破产。美国趁着西班牙陷入困局之际趁势取代西班牙宗主国地位，与安的列斯群岛或亚洲的商行展开贸易。悲剧性局势引发的严重后果猛烈地冲击着西班牙的工业和贸易。除了这些悲剧之外，更多的祸患源自西班牙王国沿海各城市令人担忧的卫生环境。黄热病造成灾难性的后果。黄热病的病潮刚刚退去，霍乱又趁势而来。国家结构层面同样存在危机。战争的结果以及经济的困境表明西班牙公共财政十分薄弱，货币因此贬值。纸币"瓦莱斯"只值其票面价值的四分之一。再看政治层面，自从法国大革命初期西班牙议会解散之后，面对贵族阶层的反抗，西班牙政府并未终结。戈多伊不得人心，意图赶走他的阴谋层出不穷。和平王子的敌人们迫不及待地把希望寄托在阿斯托利亚斯王子的身上。在王国旧制度组织的鼓舞下，西班牙各地涌现出大量地方本位主义。加泰罗尼亚势力重新开始抬头，指责戈多伊与1793年后侵略西班牙的法国结盟。纳瓦拉和巴斯克地区不愿意承认统一税收制度的消息。因为这样的行为在他们眼中等同于"雅各宾式的中央集权"。卡洛斯四世和他的宠臣部长在文人阶层和保守派人士间摇摆不定，在严厉和温和间犹豫不决，说到底，终究是在法兰西和英格兰之间踌躇。现实局面削弱了曼努埃尔·戈多伊的地位。戈多伊的皇家保护人的地位也因此变得脆弱起来。

戈多伊：如何摆脱联盟的陷阱？

西班牙摆脱萧条的唯一解决办法就是释放英格兰施加的压力，同时如果可能的话，不惹怒法国。在这样的情况下，戈多伊几乎没有任何回旋余地。表面上来看，他除了服从拿破仑的意志外别无选择。但他同时又必须与王国的各派势力达成妥协，艰难地获得平衡，如果可能的话，还要为未来做好准备。按照大量拿破仑拥趸的说法，《亚眠和约》签订后，和平王子的外交行径不仅仅属于一种背叛。人们都说，他的选择是一种两面三刀的游戏，其中同样存在政治方面的考量。拯救国王就是拯救他自己，拯救他自己就不能不考虑跳出与法国结盟的枷锁。与英格兰为敌能带给西班牙的只有不幸。特拉法格海战中，西班牙的舰队在纳尔逊的大炮下遭遇灭顶之灾。战后，西班牙与本国殖民地的联系和贸易渠道被彻底掐断。西班牙帝国的末日到来了。面对西班牙王国沦为法兰西帝国附庸的局面，甚至就连羸弱的卡洛斯四世和他的宠臣部长也无法无动于衷。因此，在这个秘密外交盛行的黄金年代，阴谋操纵——始自执政府时代的情形——越来越多。

直到特拉法格海战开战，西班牙政府可能已经不再真诚，虽然从表面看上去，一切似乎依旧如常。只要一有机会，卡洛斯四世就会再三

肯定地表示，西班牙同英格兰斗争到底的意愿。[①]像往常一样，戈多伊随声附和道："看地图的时候，我已经不再看英格兰了。"[②]《亚眠和约》签订以后，和平王子认为自己有能力尝试挣脱法兰西的钳制了。在一封写给拿破仑的长信中，戈多伊阐述了自己国家的地位，并且表达了急需建立一个捍卫西班牙利益的"西班牙"政府的必要性，语气甚至有些强硬。同时，他也改变了自己的看法。因此，最早的对他是否忠于联盟的怀疑已经开始令法国外交界产生动摇：

"那些不怀好意的人，那些危机人民福祉的敌人围绕在您身边，刻意煽动您怀疑我对您个人崇高的敬意；我清楚地知道，他们把我在写给法兰西共和国大使的涉及两国政府利益的公文中语气颇为强烈作为借口，这些借口貌似很有道理；人们想说，这些公函冒犯了一个大国的首席大法官，对这样的人本应该尊重有加而不是冒犯，公函授意自一个对西班牙和法兰西团结关系心存恶意（别有用心的），同时也对您本人心存恶意的人。像您一样的国家元首——公民的执政官内心充满为国家谋福祉的强烈愿望，清楚地了解一个被推上处理事务职位的人所有的职责范围。一个对自己的国家有信心的人竭尽全力——他也有这种能力——强调支撑自己活动的动机和理由。对于这样的情况，您只会认为，这太正常不过了。如此一来，我坚信，我在公函中的激烈措辞不仅不会惹得

[①] 参见呈递给伯农维尔大使的信件，国家档案馆，AF 4 1679。
[②] J·卢卡斯·杜布里顿，同上，第94页。

您不高兴，反而只会让您感觉我的方针原则是十分有利的。"[1]

尽管派出的信使得到拿破仑客气的回应，但这封信还是引起本就警惕的拿破仑的不信任，远未达到预期的效果。事实上，在拿破仑心中，这位部长内心动机的"崇高性"以及与他的友谊根本无足轻重：对法国来说，确认西班牙屈服在自己脚下才是至关重要的。因此，第一执政官根本没有考虑过还卡洛斯四世统治下的政府以自由和独立。扼杀这届政府才是他最感兴趣的事情。

当《亚眠和约》确立的"巨头间的停战"被打破时，西班牙仍然没有摆脱臣服的命运。重新确立敌对状态后，卡洛斯四世和戈多伊不情愿地加入了法兰西阵营。必须再三坚决要求，甚至略施威胁才能迫使他们同意重新加入反不列颠同盟。1803年10月18日，两国签订新的条约。条约规定，西班牙按月支付财政税金，用以补偿法国在战争方面做出的努力。这对已经不堪重负的西班牙公共财政来说是一种新的负担，也是一项新的侮辱。一年以后，西班牙的舰队沦为英格兰海上侵略的牺牲品。面对这样的情况，卡洛斯四世正式宣布参战。卫星国的逻辑再一次完全发挥作用，即使拿破仑被迫写信威胁西班牙国王也无济于事："假如西班牙不愿意展示实力，也不愿意让舰队备战的话，再让它拥有欧洲最好的殖民地，这既不公平，也不符合逻辑。"[2]

---

[1] 戈多伊致拿破仑信件，1802年3月23日，国家档案馆，AF 4 1679。
[2] 拿破仑致卡洛斯四世信件，1805年1月2日，《书信全集——拿破仑基金会出版》，第9486封。

欧洲三地区的外交政策

特拉法格海战像一道霹雳沉重打击了法西联盟：十艘西班牙舰船被击沉或者被俘，两千五百名水手被杀或者沦为俘虏。[①]本就不得人心的戈多伊愈发不受欢迎，甚至就连国王也对他的政策也彻底失去了兴趣：从今以后，西班牙的殖民地门户大开。戈多伊为了生存，变得更加两面三刀。他是否考虑过，随着拿破仑皇帝的垮台，有朝一日，拿破仑时代也终将终结？从那时起，他是否设想过让西班牙加入胜利者阵营的政策？或许吧。必须承认的是，除了欺骗之外，这位部长阁下再也没有任何脱身之法。如果拿破仑获得胜利，西班牙必须同他保持足够紧密的接触才能获得他的慷慨赏赐。这就是为什么戈多伊把那不勒斯波旁家族制定的作战计划透露给拿破仑皇帝，结果导致那不勒斯的波旁家族惨遭废黜。而如果英格兰及其盟军占据上风的话，西班牙要么加入对方阵营作战（这就是为什么直到1806年普鲁士战败的消息传来前，西班牙全国动员的目标仍不确定），要么说服胜利者相信自己参战是受到邻国的胁迫（事先答应拿破仑会师前线的一万四千名西班牙士兵行动迟缓；一时间，针对居住在西班牙境内的法国公民实施镇压）。我们知道，戈多伊的面具很快就会被戳穿。占领柏林后，拿破仑——长期以来未抱有任何幻想——获得了戈多伊口是心非的证据。和平王子轻率答应进攻法国人侧翼和后方的信件被人发现。

亲阿斯图里亚斯王子的法国大使——弗朗索瓦·德·博阿内已经向本国外交部长发出警告："俄国外交部长频繁会见和平王子。他不可能

[①] 法军损失13艘船舶，4500人被杀或者负伤（雷米·莫纳克，《特拉法格海战——1805年10月21日》，达朗迪耶出版社，2005年，第287页-288页。）。

没有在这几次会见时从伦敦方面捞得某种好处。"①或者"任务的进程越深入，我越有一种感觉，他并不真心需要我们的盟国"②或者"他表面忠心，直到开始吹嘘皇帝陛下为止。跟我谈话时，和平王子一直在偏离话题。我必须从始至终保持严肃，否则他就会脱离尊重的界限……他屡次跨越尊重的底线，话语轻浮令人气愤。"③谈到戈多伊时，博阿内把自己的看法总结成一句话："他为人虚伪、狡猾并且愚昧无知"。④

一种危险的优越感

单纯的政治抱怨和一点点个人怨言加深了法国人面对西班牙人时的优越感。19世纪初叶，后者在比利牛斯山脉另一侧的形象比较恶劣。没人看得起卡洛斯四世的王国，也没人会认真对待这个国家。尤其在不利于西班牙或者嘲笑西班牙的文学作品中，这样的情况更为严重。⑤从前人们欣赏西班牙骄傲而又敏感的贵族阶级、充满生活气息而又令人痛心的平民阶层，但在这几十年来，蔑视成为法国作家四处传播的主要形式："在人民的心中，曾经收获赞美的船长变成了冒充好汉的滑稽人物，

---

① 博阿内致外交部长信件，1807年6月8日。
② 博阿内致外交部长信件，1807年4月6日。
③ 博阿内致外交部长信件，1807年6月24日。
④ 博阿内致外交部长信件，1807年6月2日。
⑤ 雷昂-弗朗索瓦·霍夫曼在《浪漫的西班牙——西班牙形象在法国：1800-1850》（法国大学出版社，1961年）一书中很好地阐释了这一点。

曾经的无赖变成了生活悲惨的可怜虫……从某种程度而言,《塞维利亚的理发师》分析了西班牙,它和人们想象中的一样:吉他微颤的萎靡国度;骑士在情人窗下站岗的传说国度;同时也是一个无赖需要施展浑身解数才能在堕落、守旧的社会中达成所愿的国度。"[1]简而言之,在18世纪的文学作品中,这个悲喜交加的卑劣西班牙就是一个以宗教蒙昧主义、贵族阶级的虚荣以及人民的可怜和无知为特点的国家。执政府统治初期,布尔古安完美地概括了法国人眼中的比利牛斯山脉邻居:"根据现存的针对西班牙的偏见,人们更愿意假设西班牙位于亚洲的尽头而不是欧洲的尽头。"[2]

鄙视和与一个发展迟缓的国家打交道的感受同样存在于领袖阶层。法国驻马德里历任大使的报告显示出法国人的一种优越的情结。因此,拿破仑熟悉情况的话题尚不足全部话题的平均值。所有的历史学家均达成一致,写道,当拿破仑动身前往巴约讷之时,他对西班牙的现实状况了解不深。在民众发起的迎接法军开赴葡萄牙的仪式上,他任由恭维、夸张的汇报哄骗自己。这可以从一份匿名报告窥得一二:"整个国家都把拿破仑皇帝视作杰出的人;社会的所有阶层,贵族、僧侣、教士、平民,所有人都满怀赞美地说,所有人都想见到他。"[3]后来,一位被派往现场的军官写道:"所有的视线都转向拿破仑皇帝。深陷不幸的西班牙把皇帝陛下当作唯一可以拯救自己于水火的支援者。"[4]雅克·沙斯特内精简

---

[1] 雷昂-弗朗索瓦·霍夫曼在《浪漫的西班牙——西班牙形象在法国:1800-1850》(法国大学出版社,1961年),第9页-14页。
[2] 让-弗朗索瓦·德·布尔古安,《现代西班牙画卷》,巴黎,1803年,第5页。
[3] 国家档案馆,AF 4 1609 (1)。
[4] M·德·图尔农致拿破仑信件,1807年12月20日。国家档案馆,AF 4 1680 (1)。

地概括了这些准假消息，这些假消息最终混淆了拿破仑皇帝及其亲信的思路："麻烦在于，所有的情报人员只能接触到贵族阶层，全盘接受法国思想的知识分子以及拿破仑的忠实欣赏者。这些……弗兰克曼诺人——人们如此称呼比利牛斯山脉另一侧的居民——视拿破仑为唯一一个能够把西班牙拉出常规束缚的天才……因此，法国人可想而知，在西班牙，所有经验丰富的人都只不过是希望从法兰西文明中获取福利罢了。"[1]

干 涉

不尊重联盟，两面三刀，拿破仑有充足的理由指责卡洛斯四世和戈多伊。另外也不能忘记他瞧不起这个"没落"的民族。当然，拿破仑可以满足于扶持王子取代西班牙国王，然后通过家族联盟（比如下嫁一位法兰西公主）、高位显爵以及轻而易举的军事胜利施以压制。然而，除了优先使用政治外交手腕以外，他什么也没有做。拿破仑为此后悔不迭……可惜已经身在圣赫勒拿岛。在完善"体系"的愿望驱使下，拿破仑更倾向于同费尔南德七世达成协议，将西班牙改朝换代。接下来发生了一系列事件，一环紧套一环。

---

[1] "西班牙战争的根源"，《拿破仑》，让·米斯特雷（主编），隐士出版社，1969年，第 2 卷，第 161 页。

卡洛斯与费尔南德间的不和

与俄国签订《蒂尔西特和平条约》（1807年7月）以后，用武力方式解决与英格兰盟军——葡萄牙间的纷争变得越来越不可避免。[①]通往里斯本的最快线路需经过西班牙境内。卡洛斯四世和戈多伊并未横加干涉。二人从中看出让别人忘记他们犹豫不决领导能力的好方法。和平王子还有一点个人的野心，即踩着葡萄牙王国的残躯得到一块（真正的）公国。拿破仑装作答应他的样子，并于1807年10月29日，在枫丹白露宫跟他签订了一份秘密协定。经西班牙政府允许，朱诺特率领一支由两万名士兵组成的法国远征军向里斯本快速进发。为确保与这支部队的联系畅通，法国人在西班牙北部地区安营扎寨，并且有越来越稳固的趋势。11月30日，朱诺特进入里斯本。第一步行动起了作用，一场严重的危机在马德里爆发。

10月29日，条约签订前夜，卡洛斯四世下令逮捕自己的儿子。他怀疑对方——他自有道理——伙同法国大使策划阴谋反对自己。王位继承人被投进监狱。卡洛斯四世宣布将审判他和他的大量拥护者。混乱

[①] 有关西班牙事件的进展参见：让-勒内·埃姆斯，《西班牙对抗拿破仑——西班牙独立战争（1808-1814）》，拿破仑基金会和新世界出版社联合出版，2003年。

笼罩着西班牙的首都,更何况戈多伊都为自己的敌人求情:羞辱性的宽恕就已经足以教训费尔南德了,在反对派的眼中,他将威严扫地。11月5日,和平王子前往阿斯图里亚斯王子的羁押地看望对方。对方向他表示了歉意。两周后,卡洛斯四世——他并不愿意断然触怒自己的邻国——写信给拿破仑,恳求拿破仑把一位法兰西公主许配给自己的儿子。博阿内用自己的方式写了一份报告,总结了西班牙事件,再加一把劲鼓励拿破仑迈出这一步:"皇帝陛下,您是西班牙民族期盼的唯一的救世主。可以肯定的是,放眼整个西班牙王国,除了热情的朋友,法兰西没有敌人。"① 事件的快速发展以及通信迟缓导致的混乱令本就相当复杂的局势雪上加霜。卡洛斯四世在写给拿破仑的信中暗示,他在颠覆自己的图谋背后看到了法兰西的推手。正当拿破仑皇帝收到这些信件的时候,和解达成了。拿破仑的反应几乎称得上令人意外:他宣布保护费尔南德,要求博阿内大使的名字不得在即将召开的"同谋"诉讼案上出现(1808年1月,该案众被告洗刷罪名)。或许正是在这段时期,干涉西班牙的最终决定落地生根。法国军队占领西班牙王国北部地区:杜邦将军率领的部队占领瓦拉多利地区,蒙塞元帅的大军占据布尔戈斯地区。法国人可以利用此次的优势把西班牙人民从"恶劣的"政府中"解救出来"。根据意大利、荷兰、葡萄牙,甚至普鲁士和奥地利部分地区的经验,拿破仑皇帝确信,伊比利亚半岛的人民将拍手欢迎这一次迅速的秩序重建,欢迎新制度的来临。制度的灵感来自公平原则,而公平原则的源头正是

---

① 1807年11月23日信件,国家档案馆,251 AP 4。

法国大革命。

身处马德里的卡洛斯四世开始认为，进入自己国家领土的外国士兵实在太多了。1808年1月中旬，当卡洛斯四世收到拿破仑有关费尔南德迎娶法兰西公主事宜的答复时，他感觉到，大势已去：拿破仑皇帝同意了联姻计划，但他不愿意冒险把自己的一位近亲许配给一位"名誉扫地"的王子。同一天，事情即将发生的新征兆出现了。西班牙国王接到第二封信件，信中要求他延迟公布事关葡萄牙未来的条约。最终，1808年2月20日，拿破仑任命缪拉为西班牙总司令，统帅一支数量在八千至一万人之间的部队。其中有相当数量的部队已经进入西班牙境内，随时准备开拔，奔赴马德里。到了月底的时候，卡洛斯四世写了一封信给拿破仑，询问对方的意图，这封信被送到巴黎。万事俱备，只待行动。拿破仑皇帝在回信中故意答非所问。

重建一个新王朝的解决办法获得拿破仑身边多数亲信强有力的支持。带头者中，当首推塔列朗。尽管被剥夺了外交部部长职务（交给尚帕尼），但塔列朗仍然长期占据部长办公室，并且发挥着自己的作用。康巴塞雷斯反对一切武力征服西班牙的计划，塔列朗因此失望透顶。"莫里斯·德·塔列朗同意做事不能半途而废的观点"，后来，尚帕尼在自己的《回忆录》中写道。然而，这部《回忆录》中很少有这种类型的细节。[1]但愿这位前部长如此行事不会引起别人的质疑。然而，这并不意味着他是此次事件的唯一责任人。为促成干涉西班牙的行动成功，拿破

---

[1] 《卡多雷公爵——M·德·尚帕尼回忆录》，保罗·伦瓦尔出版，1846年，第98页。

仑准备好听取塔列朗的意见。事实上，人们看到他正是这样做的。塔列朗的话语巩固了拿破仑重组西班牙的计划。自《蒂尔西特条约》签订后，该计划正有条不紊地进行着。为迫使英格兰坐下来谈判，必须把葡萄牙和西班牙置于法兰西的直接管辖之下。拿破仑皇帝已经下定决心。

1808年2月24日，塔列朗和杜洛克将一份秘密公文转交给西班牙大使——伊斯基耶多。公文中提到，他们考虑将西班牙王位交给拿破仑；作为交换，获得葡萄牙。获悉这一消息的戈多伊明白，西班牙王朝的末日——以及他自己的末日——已经无所遁形。他请求西班牙皇帝撤退到塞维利亚，组织抵抗或者做好逃亡美国的准备。卡洛斯四世一边宣布自己不离开马德里……一边加速做好离开的准备工作。法国军队慢慢涌向西班牙南部，缪拉在重重护卫中接近马德里。费迪南德的朋友们在阿兰胡埃斯组织暴动，最终导致戈多伊下台，卡洛斯四世让位给自己的儿子，后者立刻变成费迪南德七世。3月23日，缪拉进入马德里，做好了从时局中捞取利益的准备。第二天，受到人民热烈欢迎的西班牙新国王与拿破仑的代言人举行了会晤。缪拉把卡洛斯四世遣返回首都，建议他改变禅位的做法，并请求法兰西皇帝圣断。3月27日，法兰西国王放弃……放弃王位。西班牙事件即将真正拉开帷幕。

受主公委派，萨瓦里将军来到西班牙，奉命劝说两位"西班牙国王"接受法国的调解：如果阿斯托利亚斯王子希望获得法国承认，他必须接受拿破仑皇帝的接见。当事人同意前往布尔戈斯。1808年4月10日，顶着祈求他留下来的马德里人民的巨大失望，他动身了。同时，拿破仑以视察南方的名义前往巴约讷。途中获悉发生暴动的消息后，他写信给缪拉，命他做好平息人民一切激动行为的准备。自此以后，法国军队开

始以占领军自居。

费迪南德抵达布尔戈斯后发现,"调停者"爽约了。费迪南德同意将会见的地点推至维多利亚。这一次,他真真切切有了身处法国领土的感觉。周遭到处都是拿破仑的军队。他宣布不会再往前走了。为避免执行逮捕对方的命令,萨瓦里经过与巴约讷方面的数番交流后,收到了拿破仑写给他的信件。拿破仑在信中打消了他的顾虑:万一卡洛斯四世确实要退位的话,承认他的西班牙国王地位就不会存在任何麻烦。费迪南德于4月19日抵达巴约讷。然而令他大失所望的是,他只获得了国王级的迎接待遇。他的随行人员对此十分不满。更令他们不满的是,4月26日,被缪拉释放的戈多伊现身了。为配齐这出悲喜剧的配置,四天后,尼夫海岸鸣101响礼炮(皇家礼仪!)欢迎卡洛斯四世和玛丽-路易莎王后。

西班牙皇室家族重逢的场景是悲壮的,甚至悲壮得有些过分了。老国王面前摆着许多被拦截的信件,这些信件均出自他儿子之手。其中有一封信的言辞充满遗憾,遗憾在马德里,没人有与1801年圣彼得堡一样的决心。当时,几名俄国军官了结了沙皇保罗一世的生命。迫于拿破仑的压力,卡洛斯放弃推诿,命令戈多伊准备起草一份协约,委任……缪拉为西班牙代理人直至危机解除。西班牙的波旁们已经穷途末路。然而一切都是那么的平静,拿破仑皇帝正准备展开一项规模巨大的行动。他没有点燃这只火药桶,而是任由西班牙的敌对势力随意活动。然而,西班牙起义的消息传到了巴约讷。

被迫退位与约瑟夫·波拿巴登基

5月2日,西班牙首都爆发血腥骚乱,骚乱的目的是阻止弗朗西斯科[①]的儿子被派遣到巴约讷。这场骚乱造成大量伤亡:法国人两百名,西班牙人一千名(一些报道称伤亡人数高达两万五千人,但是这是不可能的)。穆拉并没有手下留情。镇压始于5月2日开始,直到5月3日结束,期间许多人被处以死刑。

获悉这一连串的事件后,异常激动的拿破仑火急火燎地赶到前盟友的住所。费迪南德获得召见。这幕场景比之前西班牙王室上演的那一幕场景更加不可思议。卡洛斯冲上去,甩了"卑鄙的"儿子一记耳光。皇后玛丽-路易莎加入争执,她甚至要求拿破仑把费迪南德送上"断头台"。5月6日,费迪南德害怕被拿破仑皇帝当成"叛徒",于是,他放弃了王位。卡洛斯四世重再次退位。双方签订数份《巴约讷条约》。根据条约所示,双方承认拿破仑皇帝是"唯一一个'能'重建秩序,直至事态恢复正常"的人,赋予他"西班牙和印度国王"的一切权利,用以换取

[①] 在比利牛斯山地区,他通常被称为弗朗西斯科·德·保罗亲王。

"西班牙王国的完整",并且"维持天主教在西班牙的国教地位"①。阿斯图里亚斯王子被指派常居瓦朗赛城堡。这座城堡是塔列朗的私产。王子的父母被迫前往贡比涅。前王室家族成员可以领取丰厚的补贴:卡洛斯四世获得七百五十万法郎,费尔南德获得一百万法郎(6月份又提高到一百二十万法郎),安东尼奥以及卡洛斯四世的其他孩子(卡洛斯、弗朗西斯科)每人都能得到四十万法郎,皇后玛丽-路易莎也能获得四十万法郎。

"我注意到了这活儿最重要的部分",拿破仑致信塔列朗道。西班牙领土上即将建立起一个新的王朝。取波旁家族而代之的是……波拿巴家族。拿破仑向自己的兄弟征询意见,向他们推荐这个即将获得解放的王国。由于几兄弟均缺乏主动的热情,约瑟夫·波拿巴授命必须离开那不勒斯,定居马德里。而人民的反应则不足畏惧。根据拿破仑所言:"我写信告诉康巴塞雷斯,你们可以从《箴言报》上的马德里新闻中了解到这座城市的渣滓们简直欠揍。同类性质的事件可能还会再次发生,但这里最主要的麻烦已经解决了。"

马德里和巴黎同步了出现一本由法兰西帝国政府定制的小册子,全书共计三十页,题为:《西班牙事件评论传世之书》。这本小册子的落款为"一个公正的西班牙人",号称"翻译自西班牙语",却散发着一股赤裸裸的宣传气息。事实上,这本书旨在教化舆论有关法国撷取马德里权力的"真实"原因。这本册子以某些事实为基础,夸张地为拿破仑

---

① 与卡洛斯四世和费迪南德签订的《巴约讷条约》见于米歇尔·克罗特雷的《法兰西帝国的重要条约(1804-1810)》,拿破仑基金会和新世界出版社联合出版,2004年,第365页-372页。

皇帝面对西班牙波旁王朝和波旁家族纷争时的"裁决"进行辩护。的确，皇室家族的放荡引发了改朝换代。卡洛斯四世让位给儿子费迪南德。可是后来国王又收回放弃王位的决定，并且向最忠实的盟友——拿破仑求助。后者飞奔过来展开援助。推翻儿子，并且重塑父亲的权力后，拿破仑皇帝发觉卡洛斯不愿意与戈多伊——西班牙一切苦难的真正罪魁祸首分开。因此，是时候采取果断措施了。这就是拿破仑的行动。通过复制自己的哥哥登上"卡洛斯五世"的王位，他希望这个国家获得新生。"公正的西班牙人"总结道："在游手好闲的国王们统治下，我们堕落了。他们只会让女人和宠臣治理国家。国家陷入危机时，他们既不懂得维护自己的实力，也不懂得保持国家的团结。只知道父亲打儿子，儿子打父亲。"[①]"游手好闲的国王"声望陡降，法兰西皇帝借机选择了一位新的君主。

1808年9月5日，卡巴塞雷斯落实了这个正式身份，并为此在参议院进行总结发言。首先，面对各位议员，他提出一项欧洲政治的规律："英格兰的激烈政策……置欧洲各豪强于危险的境地。他们的政策总是要求变化，并且避无可避。从地理位置、生活习惯和贸易角度考虑，西班牙应该一直与法国利益与共。"宫廷革命、戈多伊的背叛以及犹豫不决导致西班牙政府将这条尚未明确定性的规律付诸实践。"优柔寡断的状态不可能一直持续"，司法大臣继续说道。但法国并没有粗暴地进行干涉："在西班牙民族里，还是有一部分人是健康的，这些人愿意脱离

---

① 国家档案馆，AF 4 1670。

西班牙，这种观念催生出宽容的解决办法。皇帝陛下用帝诏的形式加以巩固，并且调动全部权威继续支持。"[1]几天后，面对相同的议会，康巴塞雷斯宣布："西班牙之战是政治战争，正确性和必要性不容怀疑。"[2] 1808 年 7 月 9 日，波拿巴的哥哥启程前往新的都城。与此同时，这个国家到处都有成型的反抗委员会，他们号召人们起来反抗。西班牙事件——未来摧毁拿破仑大厦的毒瘤——炸响整个拿破仑体系。

毋容置疑，1806 年至 1808 年发生的种种事件从某种程度而言直接导致了西班牙战争爆发。但必须承认的是，法西关系中各种更深层次的趋势（《家族条约》、革命战争、西班牙社会拒绝启蒙运动……）同样罪责难逃。另外，西班牙政治政策中的某些最新要素也不能独善其身（对内政策、戈多伊与卡洛斯四世的战略和个性以及费迪南德拥护者的战略和个性等）。最后，我们也不能忽视拿破仑体系内在逻辑的重要性。该体系以"大陆封锁"为最主要的武器。"法兰西介入西班牙政局堪称灾难，这是大陆封锁的延续。"让·图拉尔写道。[3]换句话说，突如其来的西班牙事件可以纳入法兰西欧洲政策的范畴。为了粉碎英格兰，西班牙必须加入法兰西阵营盟国行列。顾问的建议、自我的野心以及建立在不充分的消息基础之上的信心促使拿破仑采取激进的方式处理费迪南德的妥协。因此，在巴约讷圈套实施期间精心炮制的法律和外交故事的掩饰下，拿破仑决定把"卡洛斯五世"的王位交给自己人。这正是路易十四的梦想，法兰西的欧洲梦想，希望这个梦想成为现实。可惜，崩溃就在路的尽头。

---

[1] 议会档案馆，1870 年至 1860，第二系列，巴黎 1867，第十卷，第 19 页。
[2] 康巴塞雷斯在参议院的演讲，1808 年 9 月 10 日，同上，第 28 页。
[3] 让·图拉尔，《法兰西第一帝国》，法国大学出版社，"我知道什么？"合集，第 35 页。

第七章

波兰在拿破仑体系中的地位[1]

法国人脑海中有时会闪现出这样一个观念——拿破仑奉行"平均主义"。但这位法兰西皇帝看起来似乎总与波兰的利益站在一起,支持接二连三饱经瓜分蹂躏的波兰帝国进行重建。拿破仑的"亲波兰"倾向并不总是表现在地缘政治上,有时虽算不上明确,但仍能感觉到,这是一种情感上的亲近。难道波兰国歌没有继续号召本国支持者"沿着波拿巴开辟的道路前进"吗?[2]难道1807年战争期间,拿破仑皇帝不是以救世主的身份接受欢迎的吗?难道拿破仑不是通过与玛丽·瓦莱夫斯卡的交

---

[1] 本章是"波兰与欧洲——从瓜分到建国"研讨会交流的更新版本。这次研讨会是由伊莎贝尔·达维翁、耶日·克罗克佐夫斯基、乔治-亨利·苏图(2004年10月14日-10月16日)领导。该研讨会的汇编集已于2007年由巴黎-索邦大学出版社公开出版发行。
[2] 波兰国歌取材自达歌颂布罗夫斯基,又称东布罗夫斯基将军(1755-1818)军团的歌曲。东布罗夫斯基将军自1791年起开始为法兰西作战。后来,第一次意大利战争期间,他甚至直接听命于波拿巴。

往建立起与波兰的亲密关系吗？①最后，难道他没有在俄国战争开始初期试图建立一个"伟大的波兰"，战争期间超过七万波兰人效命于法兰西集团军吗？②我们又从某些标志性事件和传闻中发现拿破仑计划的端倪：波兰军团总是在他身边作战、索莫谢拉的长毛轻骑兵、波尼亚托夫斯基之死等。

不论何种原因，没有任何一位历史学家支持这种论调，认为拿破仑对波兰的政策是建立在宽容原则以及救世主立场的。法国历史学家的想法的确如此，波兰的研究界同仁也不例外。③作为国家元首，拿破仑的厚颜无耻以及冷酷无情程度并不比任何人差，他把"波兰的依靠"作为替自己的对外政策以及建立并维系自己的"体系"服务的工具。

波兰附庸于法国，并扮演了重要的角色。根据需求和时间的变化，可以粗浅地分为三个阶段：

1）接受既定的瓜分模式，法国外交界必须谨慎对待与此有关的三个国家；

2）建立华沙公国，华沙公国成为法国的附庸国以及惩罚1806年战败国普鲁士，遏制俄罗斯对欧洲大陆领土企图的缓冲区；

3）姗姗来迟的波兰"联邦"，仅仅存在于法兰西集团军往返莫斯科这一段很短的时间内。

---

① 在波兰有关拿破仑的传说中，拿破仑皇帝与女贵族瓦莱夫斯卡的爱情故事占据了重要的地位。这段故事的消息来源难以考证。有人假设说塔列朗和缪拉为这位征服者"提供"了一位家境优越的年轻女子作为他的"战时消遣"，这样的假设也不无道理。
② 第五集团军的士兵（一万六千名士兵走上战场）全部来自华沙公国，统帅为波尼亚托夫斯基亲王。贝尔齐纳河战役时，所有参战的官兵中有三分之一来自波兰军队。参见：弗朗索瓦·胡德赛克，《1812年的集团军——走上战场的编制结构》，拿破仑基金会，2012年。
③ 参见安杰伊·尼尼瓦兹尼，"20世纪波兰流传的拿破仑传说——以历史学家的视角研究"，《沿海地区手册》，第一期，2000年6月，第187-204页。

从执政府到1806年战争：接受瓜分

假设拿破仑对待波兰地区的感情是宽容的，那么历来认为政治高于情感的他在掌权伊始，对波兰问题表现出的则是一种谨慎的态度。那时，法国的注意力并不在这样一个问题上。

当时，波兰被三个国家瓜分。面对如此局面，第一执政官为最终达成全面的和平，希望与这三个国家建立新的关系。因此，他不会针对一个与相关争端毫无瓜葛的对象发表原则性的重要宣言，为此触怒圣彼得堡、柏林或者维也纳。也正是因为如此，在当时的法国，围绕波兰展开的一切异动都是被禁止的。例如，1800年12月，波拿巴下令查封一篇题为《没有波兰的复兴就没有长久而稳固的和平》的抨击文章。文章作者明教查理·莫雷，是一位"波兰公民"[①]。当时法国正在德意志地区与奥地利作战，法国外交界使尽浑身解数保证普鲁士和俄国保持中立，这样的文章必须被封禁，所有波兰流亡者——在巴黎有大量波兰流亡者——都必须保持沉默。尽管与奥地利签订的《吕内维尔条约》、与英格兰签订的《亚眠条约》以及巴黎和俄国签订的条约中都找不到有关波

---

① 拿破仑给富歇的命令，共和历9年雪月6日，即1800年10月27日，《书信集》，第5245封。

兰问题的只言片语，但一旦实现全面和平，这个尚未成立的国家的民族未来已然摆在眼前了。执政府时期以及帝国初期的法兰西愿意在良好理解的基础上与直接和间接邻国和平共处，愿意首先使用外交武器确保法国在欧洲的地位。当时法国的主要敌人是英格兰。战争基本上在海上进行，如有必要时也会登陆不列颠群岛。为确保对英行动取得成功，拿破仑必须保证大后方的和平。当时，法国没有任何必要在俄国、普鲁士或奥地利面前挥舞波兰这面红旗。

波兰问题最终迫使法国相继向这三个国家宣战。1806年，波兰问题重新登上历史舞台。这一次它成为历史的关键因素。对普鲁士的闪电战开战之前、期间以及结束之后，法国方面开始谈论波兰：对内，可以向人民证明继续对俄国作战的正当性；对外，可以威慑法兰西帝国的敌人。对内方面，富歇受命在报纸上大量刊登"宣传俄国用铁腕暴政统治波兰的文章"[1]。因此，拿破仑试图向法国舆论表明，对沙皇的战争属于法国大革命战争的延续：在遥远的莱茵河河畔，我们为遭受铁蹄蹂躏的波兰人民带去自由而战。这也等于间接地告诉俄国，一旦他们战败，就有丢掉波兰领地的危险。

然而法普争端初期，来自腓特烈·纪尧姆三世部队的大量波兰逃兵向法国军官毛遂自荐，要求加入法国军队。面对这样的情况，拿破仑皇帝给战争部部长德让写了一封信，他在信中写道："上校们可以发表演

---

[1] 拿破仑致富歇的信件，1806年3月6日，拿破仑·波拿巴，《书信全集——拿破仑基金会出版》，第11609封。

说鼓动脱离部队的行为，但绝对不能提到波兰的名字。允许这些士兵在欧洲大陆服役，待遇等同于法国士兵的请求。而且只要具备必要的能力，允许士官继续保留军衔。"①当时，我们打算谨慎对待的对手正是奥地利（占领原波兰王国领土近30%）：尽管奥斯特利茨战役败北，又被《普雷斯堡协定》束缚住手脚，但奥地利的中立立场是必不可少的。

就在同一时期，塔列朗为了解维也纳宫廷对波兰领地的钟爱程度，甚至试探性地提出加利西亚（属于奥地利）与西里西亚（属于普鲁士）互换的主张：如此一来，一方面波兰得以重建；另一方面，也是部长最看重的一方面，真正的法奥联盟得以巩固。拿破仑亲自致信驻维也纳大使安德烈奥西，言语中流露出并没有把重建波兰当作原则性问题的口气：

"我从来没有承认过波兰被瓜分。但作为条约的忠实奉行者、普属波兰和俄属波兰地区起义的支持者，我绝不会介入任何奥属波兰地区的事物。"如果奥地利皇帝本人对起义运动期间控制奥属波兰地区感到吃力，如果他愿意接受西里西亚的一部分作为补偿的话，请您向对方表明您已经做好就此议题展开谈判的准备。我的行为已经够息事宁人的了。……奥地利希望留住加利西亚？我什么都不会做。他们打算让出领地的一部分？我会准备好向他们提供一切他们希望的便利条件。他们想公开谈判还是秘密谈判？只有他们愿意，我都照做。经历过（波兰人民）的游行后，我必须说，我不再惧怕任何人。我授权您宣布，尽管我不承

---

① 拿破仑致德让的信件，1806年9月22日，《书信全集——拿破仑基金会出版》，第13067封——作者特别指出。

认波兰被瓜分，但我一点也不想染指加利西亚地区，因为我愿意完全遵守签订《普雷斯堡和平条约》时，我向奥地利各邦许下的诺言。"①

现在是波兰王国复辟的前夜吗？肯定的回答又一次令拿破仑心生宽容，这与他在外交政策上一贯的冷酷无情格格不入。当时，每当一提到波兰独立先驱拉普将军，拿破仑都会说："我很想把他招至帐下。可是导火线一旦被点燃，谁又能扑灭大火呢？我的首要责任是效忠法兰西，我不能为了波兰牺牲法兰西。我必须信任支配一切事务的君主，时间将会告诉我们该做些什么。"②至于缪拉，拿破仑则规定了允许向盟军伸出援手的条件。另外，缪拉认为波兰人胆小如鼠："波兰人显得过于谨慎，得不到相当程度的保证就不发表意见。他们是很自私的，爱国的火焰早已熄灭。在人际关系方面我是个熟手。帮助几千波兰人也不会让我变得伟大。狂喜着从现状中牟利的正是这些人。我没有义务迈出第一步。"③因此，拿破仑皇帝的立场一直低于波兰爱国者的期望。拿破仑当然不承认这样的瓜分。他已经考虑过，有朝一日，必要时重建波兰。但要达成重建的目标，必须制定更为宏远的计划。该计划力求同时做到惩罚普鲁士、限制奥地利、威慑俄国，这有点类似天方夜谭。当时，这个旧王国不太可能一举完成复兴。拿破仑把自己的想法透露给波兰人：尤其考虑到波兰人加入法国军队，除了对问题以及行动时机提提意见之外，他不插手任何事务。波兰人民要自己根据时机采取行动。1806年

---

① 拿破仑致安德烈奥西信件，1806年12月1日，《书信全集——拿破仑基金会出版》，第13664封——作者特别指出。
② 《拉普将军回忆录》，普隆出版社，1895年，第122页。
③ 拿破仑致缪拉信件，1806年10月2日，《书信全集——拿破仑基金会出版》，第13719封。

12月1日的《集团军公报》进一步明确了这一点。在被问到"是否恢复波兰王位"这个问题时，拿破仑回答道："只有手握万事万物秘密的上帝才有资格成为这种重大政治问题的仲裁人。"①这就等于承认，拿破仑的外交政策提供不出多少有价值的东西。科希丘什科意识到法国计划的局限性后，拒绝投靠法兰西皇帝。他如是写道："（拿破仑）只考虑他自己。他厌恶一切大型民族，更厌恶独立的思想。他是个暴君。"②随着《蒂尔西特条约》的签订，拿破仑的谨慎立场即将大爆发，最终将坐实那些持怀疑论者的言论。

华沙大公国：一个被拿破仑体系征服的"波兰"

俄国沙皇在蒂尔西特被迫接受华沙大公国成立，公国由萨克森国王负责监管。在拿破仑的意识中，建立新的国家并非为承认波兰做下一步准备。它首先应该成为阻止俄国进入中欧和西欧的屏障。华沙大公国在地理上容易让人联想到一个缓冲地带：十万四千平方公里的缓冲地带、没有入海口、控制普属波美拉尼亚的几片领土、获得自由城丹齐格。通

---

① 援引并评论自 A·斯凯尔科夫斯基，《拿破仑一世书信补遗——拿破仑皇帝与波兰》，1908年，第9页。
② 援引自乔治·勒费布尔，《拿破仑》，法国大学出版社，1941年，第229页。

过建立这个人造的大公国，法兰西皇帝惩罚了普鲁士，因为大公国的领土在波兰被瓜分之后曾属于普鲁士。他对奥地利不满，因为奥地利担心自己会被在波兰问题上恢复实力的法国欺负，在这个问题上法国已经被排除在外很长时间了，这样的担心不无道理。他对波兰人同样心怀不满，因为他们想要得到更多，这是显而易见的事。没人相信萨克森的统治是真的：华沙大公国是法兰西的附庸国，公国真正的政府首脑是法兰西常驻华沙的外交代表。

眼见华沙大公国建立，圣彼得堡怒火中烧。这让我们想起一件多数时候不太显眼的事实：《蒂尔西特条约》是胜利者强加给失败者的，不讨那些传奇故事爱好者的喜欢，他们希望从中看到两位皇帝被彼此的魅力折服，最终达成和解。[①]涅曼河轮渡上的相互拥抱无法掩饰沙皇的勉强，鉴于俄国在欧洲建立前沿阵地时获得的优势被消融殆尽，沙皇极不情愿地与法国结盟。1809年战役进行期间，俄军的态度更倾向于阻止波尼亚托夫斯基的部队攻占奥地利控制之下的加利西亚地区，而不是支持法国及其盟友对抗奥地利。究其原因，这次不公平的"瓜分世界"，俄国朝廷的不满情绪以及突然出现的同时向拿破仑和波兰复仇的愿望起到很大作用。在圣彼得堡政府眼中，建立一个小型的"波兰"就已经足够了。必须阻止拿破仑的进一步动作。倘若拿破仑战败（1809年，失败是很可能发生的事情），或许会出现第四次瓜分。亚历山大一世多么期盼能

[①] 《蒂尔西特条约》见于蒂埃里·朗茨，《第一帝国新史（一）：拿破仑与武力征服埃及（1800-1810）》，法亚尔出版社，2002年，第299-325页。

夺回失去的领土和战略地位。

得知波兰事件成为俄国压在政要心头的痛苦问题后，即使拿破仑一直手握着这张堪称双刃剑的王牌威胁对方，他和麾下的外交官们也再没有使用过"波兰"这个词。为确保掌控行动的进程，拿破仑不断增援华沙大公国。例如，内务部长蒙塔利维在立法会上汇报1809年发生的一系列事件时，特别明确提到："华沙大公国兼并了加利西亚的一部分。对皇帝来说，将大公国和整个加利西亚地区合并并非难事。但他绝不会做可能引起他的盟友——俄国皇帝担忧的事情。"他又补充道："重建波兰王国从来都不是拿破仑皇帝陛下的目的"。[1]

然而光许诺发誓是不够的。既然有鲠在喉，法俄联盟必定会摇摇欲坠。沙皇要求拿破仑"明确"保证不重建波兰，此举旨在试探拿破仑的意图。在圣彼得堡宫廷的诱惑下，一个叫科兰古的人把这条不可能成行的条款写进条约草案中，但拿破仑拒绝签署该条约。[2]几个月以后，沙皇和鲁缅采夫接手任务，负责促使拿破仑接受波兰王国"永远"都无法重建的事实。尽管他们的措辞与科兰古的措辞差别很大，但彼此的目的相差无二。库拉金大使得到了书面的保证，并把协议草案列入议程。拿破仑的自尊心被刺痛了。于是他发布长篇公函表达自己的想法。他在召回中再次表明不会进一步干涉波兰的未来。在拿破仑看来，这就是他政策的全部，沙皇应该放心了："俄国希望搞清楚拿破仑皇帝针对波兰王

---

[1] 塞尔吉·塔利什切夫，《亚历山大一世与拿破仑——根据双方未出版的书信（1801-1812）》，佩兰出版社，1891年，第513页。
[2] 有关这个任务以及他对俄国同盟所持的观点请见：安托瓦纳·德·阿尔瑞宗，《科兰古》，佩兰，2012年。

国的意愿。很多事例都可以表明他的意愿。如果皇帝想要重建波兰的话，那么在蒂尔西特时，他就会越过涅曼河，而不是缔结和平；如果在那之后，他有这种想法的话，在维也纳时，他就会把整个加利西亚地区并入华沙大公国，而不是只占领奥地利君主国内部的几个省份那么简单。接连两个时期表明，他的政策完全是法兰西式的，他不愿意为了别人的利益拉长战争周期，令自己的臣民血流成河。面对这两次机会，拿破仑皇帝本可以决定一个四分五裂的民族的命运，并且不用承认自己就是幕后主使，但他为了和平选择做出牺牲。"[1]

拿破仑把波兰问题当作为自己欧洲体系服务的工具，他通过这样的方式又把这个问题抛回给俄国"伙伴"：如果人们希望拿破仑允诺不重建这个古老的王国，那么亚历山大就必须直接参与对英格兰的战争，承认法兰西在欧洲其他地区的霸权，尤其是保证永远不再重建皮埃蒙特王国。显然，对方并没有做好如此行事的准备。1811年6月底，鲁缅采夫和库拉金重申了自己的要求。他们写道，鉴于法国拒绝保证不重建波兰，他们的计划就是自己重建波兰。既然今后一段时间内，冒犯行为将告一段落，拿破仑授意手下直言不讳地回答科兰古道：

"先生（作者注：此信是尚帕尼写给科兰古的），几个星期以来，皇帝满怀悲伤地看到俄国人不断表达带有侮辱性质的怀疑。他们时而声称将煽动波兰发生动乱，时而指责某些文章有罪，这些文章或是发表在报纸上，写于距离巴黎两百多里的地方，或是现于某些在法国毫无名气

---

[1] 拿破仑致尚帕尼公函，1810年4月24日，《书信集》，第16180封——作者特别指出。

且作者不详的小册子上①。皇帝对鲁缅采夫信中的一句话非常不满，这句话似乎包含明确的指责意味。皇帝问道：'俄国人说这种话是什么意思？他们想打仗吗？为什么他们不停地抱怨？为什么他们会怀疑，这些怀疑带有侮辱的成分？如果我想重建波兰，我会跟他们提出来，也不会从德国撤兵。俄国准备要背叛我吗？如果有一天他们同英格兰缔结和平，我会向他们宣战……我并不想重建波兰……但我也不能做宣布波兰王国永远也不会被重建这种有失体面的事；或者做用上帝口吻说话这种荒唐的事；或者做在明显带有马基雅维利主义政治气息的文件上签字这种玷污名望的事。因为，就算是承认波兰被瓜分也要比宣布波兰永远不会被重建好得多。不，我不能拿起武器，投入战斗，对付没有侵害过我但却对我大大有利，并且已经向我证明过其忠贞不渝的美好意愿以及天大的忠心的人们……'以上就是今天早上拿破仑皇帝发表演说的主要内容，当时的情形可是要比文字所述的激烈得多。"②

阿尔贝·汪达尔评论道："这场争论因一句话而起，隐藏在这句话背后的是双方各自意愿上不可调节的分歧。毫无疑问，拿破仑站在正义的立场之上……只不过，他本人的错误举止损害了他动机的重要价值。他的举止时而含糊不清，时而简单粗暴，不仅有失光明磊落，而且有违

---

① 拿破仑在这里是在暗示《汉堡报》上发表的文章。这些文章支持重建令沙皇不安的波兰。当他提到对此毫不知情时，他可能有些夸张了：汉堡当时已经变成了法兰西的领土，法兰西帝国的审查机关由于疏忽大意漏掉了这些文章是不太可能发生的事情。
② 尚帕尼致科兰古的信件（经由拿破仑口述），1810年7月1日，《书信集》，第16181封——作者特别强调。

礼仪，缺乏分寸。"①结果，波兰事件有头无尾，法国与俄国因此交恶。不管怎么说，俄国再也没有试图深入研究，法国也没有继续展开下去。圣彼得堡怒火中烧。断交的征兆已经人尽皆知。拿破仑对此一清二楚。他命人加固华沙的各要塞工事，大量配发武器，装备华沙大公国的军队。②

姗姗来迟的波兰王国

1812年6月22日，各营地都读到一份拿破仑皇帝的声明："士兵们！第二次波兰战争打响了。第一次战争在弗里德兰和蒂尔西特结束……同第一次一样，第二次波兰战争将成为法兰西军队的光荣。"拿破仑没打算欺骗自己的士兵，而是向他们通报了"波兰"战争开打的消息。声明中所使用的措辞就是计划的极佳反应：越过涅曼河，分割沙皇的各个部队，然后依次歼灭。短暂交火后恢复和平，并像往常一样把和平维持下去。到底发生了什么？人们一清二楚："波兰之战"变成了对俄战争。③也正是当他喊出"终极之战"口号的时候，拿破仑皇帝才在建立新的波

---

① 阿尔贝·汪达尔，《拿破仑与亚历山大一世》，普隆出版社，1898年，第一卷，第391-392页。
② 致萨克森国王的信件（1810年8月4日和10月6日），致尚帕尼的信件（1810年8月21日和10月3日）以及致波兰各要塞的公文（1810年10月6日），《书信集》，第16762、17009、16812、16981和17001封。
③ 玛丽·皮埃尔·雷的最新研究表明，从1810年开始，俄国人战略性地选择引诱法兰西集团军尽可能地深入俄国领土（《可怕的悲剧——俄国之战新史》，弗拉马利翁出版社，2012年）。

兰国家实体的道路上迈出具有决定性意义的一步。

为集结部队、保证军需供应，拿破仑来到维尔纳（维尔纽斯），并在那里度过了十八天的时间。期间，拿破仑签署了多份文件，把信奉天主教的立陶宛从信奉东正教的俄国中分离出来，并入波兰"王国"，立陶宛与波兰自16世纪至18世纪末期就曾经有过合并。合并后，本地政府获组成立，索尔坦伯爵领导的行政委员会[①]取得政府领导权。索尔坦伯爵拥有在本地享有极高声望的头衔——"立陶宛元帅"。前法兰西驻华沙外交代表比尼翁被任命为委员会法兰西帝国特派员。整个国家被划分为十一个区或专区[②]，每个区的首脑均由当地贵族选举出来的"专区元帅"担任，并受法兰西总督监督。总督均由法兰西国家行政法院助理员担任。随着法国人在立陶宛境内以及乌克兰部分领土上不断推进，新的专区又将被建立起来（格罗德诺、明斯克、比亚里斯托克等），组成三个省。

大量立陶宛人在法兰西集团军中服役，例如轻骑兵部队和被受编进帝国禁卫军的鞑靼部队。鉴于这种情况，法国决定组建新的部队：3个猎装营、5个步兵团，4支骑兵队以及一支被视作炮兵部队雏形的分队。除此之外，组建国家近卫军（一千两百人专门负责保卫维尔纳）和宪兵

---

① 除索尔坦外，行政委员会委员还包括查理·普罗佐尔、约瑟夫·谢拉科夫斯基、亚历山大·萨皮亚亲王以及弗朗索瓦·泰尔斯基伯爵。临时政府的秘书长由维尔纳大学教授——科萨科夫斯基担任
② 这11个区分别是：维尔纳、欧什米亚纳、特洛基、威尔克梅尔、塞维利、布拉斯拉夫、科夫诺、乌皮塔、罗西尼、沙夫里和泰尔西。有关"拿破仑的立陶宛"历史，请见A·利班斯卡，"1812年的立陶宛"，《拿破仑研究》杂志，1915年1-6月刊，第188-213页。

部队的命令也已经下达。①同时，受普鲁士将军冯·里宾特洛普领导的军需委员会负责组织征用及运输业已募集到的粮草的事宜：7月10日，三百车粮草将离开维尔纳；7月13日，四百车；7月14日，三百车，等等。拿破仑认为眼下还远远没到打出"大波兰"这张牌的时机（尽管稍后他就是这样说的）。他尤其需要自由的人民与他合作，进行支持战争的准备工作。②为此，华沙召开国民议会，法国鼓励议会紧抓波兰问题不放。不过，议会的全部议程严格受控于法兰西帝国当局。议会继续在华沙召开，除此之外，比尼翁在转交给马雷的组织机构报告中没有提到其他事宜："华沙大公国及其君主继续存在，继续获得承认……部长只能以萨克森国王的名义行使职权。文件也以国王的名义签发……但最令我感到棘手的是，（议会成员的）演讲以及文件中压抑着的那股亟待爆发的情感。如果我们不加以阻止的话，很快就会爆发出来。"③

6月24日，在议会主席恰尔托雷斯基（成为"议会元帅"）领导下，波兰议会宣布成立"波兰联邦"。我们不得不就拿破仑皇帝给议会议员们的答复做一番解释。和几个月之前一样，他把裁决波兰事件结局的权力交给"上帝"："如果你们同舟共济、团结一致，你们就会希望促使你们敌人承认你们的权力……尤其需要人民团结一致……只有这样你们的希望才是有根据的……愿立陶宛、萨尔莫伊提、维贴布斯克、波洛斯

---

① 拿破仑致贝尔蒂埃的信件，1812年7月10日，《书信集》，第18939封。
② 一份恰尔托雷斯基签署的宣言在被占领的国家中广泛流传，呼吁波兰人脱离沙皇军队（致缪拉的信件，1812年7月18日，《书信集》，第18971封）。
③ 比尼翁致马雷的信件，1812年5月29日，M·昂德尔斯曼，《法国居民在华沙——介绍与调度：1807-1813》，克拉科夫，1914年，第二卷，第151页。

克、莫伊来夫、沃利尼、乌克兰、博多利都活跃着与大波兰相同的思想，你们神圣事业的成功将为上帝加冕。"①

如果拿破仑发现被法兰西集团军"解放"的地区"一致"合作的话，那么签署和平协定时一切就皆有可能了。他的答复把加利西亚地区——将继续留在奥地利版图上——排除在波兰联邦之外。"皇帝……对未来有所担心，他担心俄国，就像担心奥地利一样，担心两国的未来无法挽回。"爱德华·德利奥指出。②不管怎么说，立陶宛人的行为让人失望透顶。立陶宛人并没对他们的解放者表现出热情。因此，他对科兰古吐露心声："这群波兰人和华沙人可不一样。"③而在涅曼河的对岸，立陶宛的精英分子们自16世纪起就团结在波兰王朝周围，长期保存自己的政府，已经很好地融入了俄国社会。目光再转向圣彼得堡，俄国人在究竟是亲近法国还是投入"华沙人"的怀抱之间犹豫不决——用"犹豫不决"这个词已经算轻的了。

世人皆知，法国对一体化问题并不感兴趣。向莫斯科进军不到六个月后，法兰西集团军再次越过涅曼河，只不过这次是相反的方向。法军再次穿过华沙大公国领土，这里很快就将被俄国和普鲁士军队占领。波尼亚托夫斯基的军队与法兰西集团军的残余部队会师时，脆弱的"华沙"

---

① 拿破仑皇帝答复波兰联邦众议院，1812年7月12日，《书信集》，第18962封。亲身参与者杰勒德·雷维克讲述了这次为庆贺立陶宛和波兰会议举行的庆典："拿破仑皇帝的秘书兼翻译从巴黎来到维尔纳"，《拿破仑时代的记忆》杂志，第430期，2000年8-9月刊，第3-17页。
② 爱德华·德利奥，《拿破仑与欧洲——大帝国（1809-1812）》，普隆出版社，1924年，第401页。
③ 《科兰古将军回忆录》，普隆出版社，1933年，第一卷，第351页。

政府退回克拉科夫，然后烟消云散。拿破仑的欧洲与在它帮助下在蒂尔西特建立的大公国一道分崩离析。波兰民族不得不又等待了好几十年才迎来复国。

拿破仑在圣赫勒拿岛故技重施，企图把自己打扮成大革命的继承者和自由主义者以及对抗君主的民族捍卫者的样子。当然，实施具体的政策为时已晚，但拿破仑对"可怜的"波兰人的宽容仁慈必须写进这位伟大人物的传奇中。同时有必要对最终的灾难性失败作出解释："如果1812年战争中幸运女神眷顾法兰西军队的话，和平协约的直接结果将是波兰王国成功复国。波兰复国是在对抗北方人侵略过程中必须高举的一面旗帜，这面旗帜给了欧洲喘息休整的机会。"[①]让我们用一句话总结法兰西皇帝的最终政策，同时不用担心有被推翻的风险：1812年的灾难不能确切地评估拿破仑的真诚。唯一能够确定的是，如果波兰问题始终占据法国对外政策关切之前列的话，那么在拿破仑统治期间，波兰就不会被如此轻待。波兰"问题"就是摆在法兰西和整个欧洲面前的一张游戏卡牌，手握这张牌的国家可以参加一场复杂的跷跷板游戏。而拿破仑从未打算最终打出这张牌，他打出这张牌只是为了在它被扔给其他游戏参与者之前立刻再把它收回来，然后再这样继续下去。

波兰问题只能算作拿破仑皇帝的政治工具，它从来都没有被纳入过拿破仑皇帝政治目标之中。

---

① 有关俄国问题的注解，援引自安德烈·波吕埃尔，《皇帝辞典》，普隆出版社，1969年，第884页。

专题四

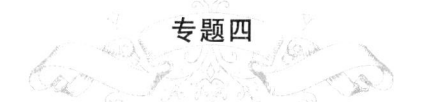

拿破仑横跨大西洋的外交

跨过大西洋，年轻的美国与法兰西之间有着怎样错综复杂的关系？安的列斯群岛与殖民地的奴隶制又是如何困扰这位伟大的法兰西皇帝的？

第八章

不成功的约会：拿破仑与美国[①]

从独立战争到征服西部，从乔治·华盛顿上台到因好莱坞电影而不朽的先驱者大迁徙（虚构的？），美利坚的历史在大西洋这一侧鲜为人知。然而，从《巴黎条约》（1783年9月3日）签订到奔向新大陆"淘金"，在这短短的半个世纪里，一个崭新的国家孕育而生。它不仅在美洲大陆上成为主角，在整个世界舞台上也已经跻身主流行列。美国革命仅仅过去二十五年而已，我们就没有踏上这片大陆了，当然，这是拿破仑掌权以后的事情。在这个遥远的国度，军事实力虽微不足道，但经济领域的野心却早已锋芒毕露，同时代的欧洲人几乎对它一无所知。美国人不再被视作国际生活中的重要角色，也很少再出现在欧洲舞台上。

[①] 本章首次出版时题为《美国与法国的关系——从法国大革命到法兰西第一帝国衰落》。出版在《拿破仑时代的记忆》杂志（1996年1-2月刊，第7-23页）。本章已经过深度重新编辑。

拿破仑的外交策略
Napoléon diplomate

然而1789年至1815年间，美国的历史以及外交政策令拿破仑主义者无法轻视这个国家。之所以无法轻视，是因为美国人同法国维持着反差相当强烈的关系。他们的关系和革命对法国的对内及对外政策产生了间接影响。最后，因为美国人对英格兰宣战（1812年6月），他们甚至成为法兰西帝国客观上的盟友——但也仅仅是客观上的而已。即使欧洲才是拿破仑时代最大的舞台，但为评估拿破仑统治的世界性影响——或是积极的，或是消极的——研究这个实力冉冉上升的海外国家也是无可厚非的事情。更何况旧大陆的一震一颤都与这个国家的生活息息相关，美国精英分子的目光死死地盯着旧大陆。若要衡量是否有必要对与美国签订的政治协定进行研究——在伦敦和在巴黎一样——就必须弄清楚，在欧洲人眼中，这个"新世界"究竟代表着什么。最后，别忘了，滑铁卢之战结束后，拿破仑曾考虑到美国避难。尽管他本人放弃了这一计划，但大量遭到流放的拿破仑主义者最终将它付诸实践。[1]

---

[1] 拿破仑传奇在美国当代社会的成功值得——当然也是出于礼貌角度——我们将目光投向杰斐逊和麦迪逊的祖国和同胞。我们难以忘记孟菲斯举办的拿破仑展大获成功（1993年4月至9月）。见《拿破仑时代的记忆》杂志，第389期，1993年6-7月刊，第47-52页。除此之外，我们见识了美国大学有关拿破仑的藏书之重要程度以及丰富程度。多年来，出版拿破仑相关书籍最全面的国家就是美国（可悲可叹啊！），相关书籍出版数目达到40000余册。

波拿巴及其同时代人眼中的"美国问题"

拿破仑同时代人眼中的美国人和今天人们眼中的美国人完全不同。"欧洲中心论"研究视角为他们在面对华盛顿的祖国时那种优越感甚至轻视态度做出很好的注解。对这些人来说，美国首先是一个单纯的地理意义上和殖民意义上的空间，在必要的时候被当作欧洲各国冲突的延伸地，尤其是法国与英国冲突的延伸地。法国丢掉加拿大仅仅过去十二年后，不论那些与"叛乱者"并肩作战的法国人持何种个人目的，美国都因独立战争一战成名。再反过头来看美国方面，尽管美国人追寻自我身份的认同，但他们仍然审时度势，复制或者摒弃欧洲模式。法国大革命和法兰西帝国的建立令法国周围的对抗情绪愈演愈烈：法国还是英国之争用善恶二元论的措辞辩论——朋友还是敌人？——美国各州政府采取一种更为复杂但却更加巧妙的方法，利用发生的各种事件进一步建立一个更加稳固的美洲国家。

在关心拿破仑统治时期美国人的生存方式之前，让我们先来看看在一个生活在18世纪末期的法国人眼中，北美洲大陆以及年轻的美国人代表着什么。"美国问题"究竟是否存在？曾经的英国殖民地是否被人当作未来的强国？在法兰西精英们的外交或政治提案中，美国是否占据重要的地位？

年轻的波拿巴对这个问题的看法我们了解得并不算多。他年轻时代的文字中充满对欧洲及其历史、对古代参考文献,以及对西方世界魅力的敬仰。然而有关新世界的资料却少之又少,统计起来不费吹灰之力:"美洲分为南北两个部分……美洲原住民的皮肤呈黄褐色。"这位布里埃纳军事学院的学生仅用寥寥数语就完成了一份相当简洁的"新大陆必记人文及地理知识表"。[①]通过对比同一本笔记本中大量有关东方或欧洲的笔记可以看出,年轻的拿破仑似乎对大西洋彼岸兴趣不大。因此,我们不得不在他身上找原因,为了努力迎合他的观点——通过推论——那些鼓舞了与他同阶层、同时代的法国人,那些即将在大革命及法兰西帝国时代粉墨登场的人都受过他的影响。

波拿巴对美国事宜缺乏兴趣的情况在18世纪末的法兰西小贵族圈子中并不是什么稀罕事。如果对小贵族阶级的图书馆进行研究的话——就像居·肖锡南-诺加雷所做的那样——不难发现,他们不重视地理著作,说得更确切些,他们不重视非欧洲的地理作品。历史、戏剧及文学作品占据他们藏品的绝大多数。[②]对这些人来说,美国,首先是丹尼尔·笛福的《鲁滨逊漂流记》或者是雷纳尔教士的《两个印度的哲学和政治史》。尽管这块大陆并不只有"黄褐色皮肤"的居民,但是"十足野蛮人"的传说局限了他们的视野,根据流行的说法,移民这里的人最终都会被"野蛮化"。"看待美国,就像看待欧洲其余地区一样,"弗朗索瓦·菲雷

[①] 波拿巴在修道院院长拉克罗瓦教授的"现代地理"课程上的笔记,1747年首次出版("书信、少年习作及军事著作",拿破仑·波拿巴,《作品与历史》,C.F.L,1969年,第43页和第46页)。
[②] 居·肖锡南-诺加雷,《18世纪的贵族》,布鲁塞尔:联合出版社,1984年,第106页。

写道，"欧洲传统观点是借助对比手段，区分文明世界和野蛮世界。自文艺复兴之后，欧洲正是用这样的方法和认知的术语表达被发现的新空间、新人类以及新世界。新世界表现出三重特征，即非欧洲的、非基督教的、非国家的。一个'野蛮的世界'，描述和盘点这个世界的人是那些过客，而非曾经的主人。没有法律、没有艺术、没有政府，总而言之，没有历史。因为暗含价值的范围往往意味着时间——法律和国家的积极创造者，而不是空间——踏步不前的社会的被动分配者"。[1]

波拿巴高中时代笔记本中的简短记录已经足够表明他的看法了：美国是（仅仅是）一个地理概念，生活在那里的人跟自己可不一样。然而在法国，当时的法国人对拿破仑来说更具实质性的意义，因此年轻的美国便被排除在核心关切之外。如果说美国革命有时候也会令他们感到兴奋的话，那他们幻想的也是"这个在法国人眼中比从路易十五手上丢掉的那个更诱人也更美丽的加拿大。"[2]北方严寒之地——丢掉的加拿大——与南方温暖海域——安的列斯群岛之间的十三块殖民地上生活着大量被主流社会抛弃的法国人。这些殖民地只不过是英格兰——法兰西的永世之敌领土的一小部分而已。"新世界"也只不过是两大强国对峙的边缘战场而已。美国独立战争爆发时，我们对这些领土有所企图也不过是为了证明法兰西迷恋军事的秉性罢了。大批法国人以拉法耶特为榜样参加战争，选择与"叛乱者"并肩作战。然而他们这样做的目的绝非"打

---

[1] 弗朗索瓦·菲雷，"从野蛮人到历史人——美国在法国文化中的演变"，《美国革命与欧洲》，法国国家科学研究中心，1978年，第91页。
[2] 吉兰·德·迪斯巴赫，《夏多布里昂》，佩兰出版社，1995年，第64页。

着自由的旗号抢劫"——后来拉鲁埃里侯爵是这样描写的，但事实与他的描写存在天壤之别。拉鲁埃里很早就参加了起义，他所表现出的动机与其他人截然不同：一雪加拿大丢失之耻。亚伯拉罕平原之战、英国人攻占魁北克（1759年）以及割让法国位于"新法兰西"领土的《巴黎和约》（1763年）距离"美国独立战争"爆发（1776年）时间并不算太久远。"新法兰西州"变成不列颠领地"下加拿大州"已经获得所有人的认同。刺痛般的战败后，路易十五政府对大不列颠及其殖民地间的关系产生了兴趣。感兴趣并不是因为他们关心"美国人"的命运，而是因为他们对一切能削弱伦敦的事情都不会无动于衷。1769年，国王致信德布罗意伯爵——后来，该君成为拉法耶特在梅斯驻地时的上司——要求他鼓舞美国各州获得自由。[1]因此，第一声炮打响以后，法国的外交界自认注意力已经汇聚于此。新国王路易十六内心是和平主义者，他当然不愿意法国卷入战火。他仍然要求驻圣－多明各海军总长马鲁埃递交一份报告。后者在报告中作出结论，直接介入绝不可取，应该暗地里支援起义。因为起义已经变成固症顽疾，英格兰深陷其中无法自拔，只能割卒弃子。韦尔热讷断言，美国殖民地的独立将会摧毁英格兰的经济，这是对1763年之耻最好的报复。杜尔哥支持马鲁埃，与其说是政治原因，倒不如说是预算起了更大的作用。在这一点上，一位美国历史学家指出，一个如此吝啬的法国"是不会同美国结为盟友的，即便这是必须做的"。[2]

---

[1] 只有解除法兰西在北美的威胁后才有可能实现这种自由，移居殖民地的侨民的野心在某种程度上获得释放。见让-皮埃尔·瓦洛特，"法国大革命与魁北克"，《美国革命与欧洲》，同上，第527-544页。
[2] 奥利维耶·伯尼尔，《拉法耶特》，柏姿出版社，1988年，第108页。

即使是在政府内部，也不是所有人都可以体会财政长官畏畏缩缩的心态，更不用说解放和自由了，提及的人更是少之又少。韦尔热讷既反对英格兰又不支持美国[①]，他甚至盘算着帮助美国人，以便扼杀美国革命对法国产生的影响。"造反思想，"他在某个突然现身的地方写信给驻伦敦大使，"一向都是危险的范例。"因此，对在财政及政治危机中风雨飘摇的法国来说，必须控制美国起义在国内的影响力。

再看"舆论"方面，如果说舆论一致热烈支持"起义者"未免有些夸张。通过私下途径提供贷款和炮兵，通过大西洋及安地列斯群岛沿岸的贸易提供帮助，法国水兵甚至登上美国的海盗岛服役，但法国人对缺乏教养的美国"普通百姓"却依旧提不起兴趣。报丢掉加拿大一箭之仇的远征的艰苦令我们欢欣鼓舞[②]，但凡尔赛宫廷却不愿意谈及收复失地。当路易十六最终向英格兰宣战之时，他以家族盟约以及两国的殖民地利益为依据，拉上了自己马德里的几位堂兄弟共进退。最后，美国革命不仅没有解放"新法兰西"，反而促使伦敦方面加紧从社会及制度上英国化加拿大地区的计划。[③]

1789年的法国人不再重视美国人。当然，对于高素质阶层来说，美国革命尝试创造一个摆脱旧时欧洲厚重传统束缚的新社会。但在这些人眼中，只有法国大革命才是全球性的革命。按照拉博在制宪会议上的

[①] 雅各布·奥森加的观点，"1778年2月6日条约的神话"，《美国革命与欧洲》，同上，第376页。
[②] 起义者试图侵入加拿大，但英国人赶在这些人进入魁北克之前轻而易举地就把他们赶了出去。法国裔居民在事件发生过程中保持中立。
[③] 有关这一点请参见雅克·马尔蒂的结论，《新法兰西——法国人在北美：16-18世纪》，贝兰出版社，1991年。

说法，法国大革命不应该局限于"仿照美国的范例而毫无独立精神"，不应该太过英格兰式；不应该过于脱离改善全人类命运的夙愿。美国革命只不过是"不列颠古风的现代化"[1]以及立宪的实验室而已。当然，也仅仅是实验室而已。那些对美国有好感的制宪会议成员——例如马鲁埃——甚至宣称，新世界缺乏前车之鉴，没有经历过封建社会，"起义者"的任务要简单得多。

因此，在多重原因作用下，18世纪末的法国人——对波拿巴来说丝毫没有例外——并未把美国当作重要的国家，甚至没有当作范例来看待。甚至有时候考虑美国时还带着些许敌意。过去移居美国的侨民并没建立起一个真正的国家。菲雷曾经这样写道："美籍英国人仍然是英国人，美籍德国人仍然是德国人，加拿大籍法国人仍然是法国人。但美国的起源却再也不是自由赐予新民族的福泽，而是欧洲历史承载的厚重。"[2]不管怎么说，这正是沃尔尼在出版于1803年的《美国气候和领土图》导言部分中将要捍卫的观点。刚刚脱离野蛮的北美洲大陆的传说尚未消失。制宪会议召开期间，米拉博难道没有高呼一声："我们不是生于奥里诺科河畔的野蛮人吗？"

---

[1] 斯蒂芬·里亚尔，《人权及公民权宣言》，哈谢特出版有限公司，"复数"丛书，1988年，第355-369页。
[2] F·菲雷，同上，第103页。

在美国：围绕外部关系建立一个国家

18世纪末，必须经过五至八个星期的时间才能从欧洲到达美国。我们可以藉此相信这些曾经的"起义者"及其后人没有被旧大陆，尤其是法国大革命的卑鄙丑恶所玷污。然而这不是真的。欧洲发生的诸多事件甚至在美国国家观念的形成中扮演了极其重要的角色[1]。因为，"独立战争"结束后近一代人的时间过去了，原殖民地却远远没有切断联系殖民地与原宗主国的"脐带"。当权者在英国体系下奠定财富基础，开启自己的职业生涯。对他们来说，放弃老式的习惯、参照标准以及传统并非易事。在这一点，杜尔哥并没有错。1776年，杜尔哥预言，独立尚不足以打破英格兰与殖民地之间的血统关系、语言和文化关联。

独立二十余年来，来源范围极为多样的美国人既没有过去，也没有文化，更谈不上共同的历史了。在每个美国人眼中，领土是一种根据新领地所有权而不断变化的因素。这种心态在购买路易斯安那后以及随后的西部淘金中进一步增强。美国的国境线不是一成不变的。虽然在美国内部，最初的移民占据人口的大多数，即使与白人相比，黑人奴隶和原

---

[1] 见玛丽-让·罗西尼奥尔，《民族主义因素——美国外交政策的起源：1789-1812》，贝兰出版社，1994年。

住民享受不到任何权利,但美国人口绝达不到同宗同源的程度,尤其是达不到人种上的一致性。美国政府刚刚创立,被当作是公共服务机构,得不到传统的支持。于是,美利坚的诸位领导者必须另辟蹊径,寻求建立一种国家意识,只有建立其国家意识才能赋予独立以意义……赋予政府职能以某种品质。因为我们坚持认为,美利坚的领导者,而不是那些"新人类"或者初出茅庐的新手引领了美国历史在这一阶段的走向。他们的价值、抱负和反应与欧洲国家的领导者如出一辙。这一代领导人——华盛顿、亚当斯、杰斐逊、汉密尔顿、麦迪逊以及其他的一些人——都曾在英格兰的殖民统治下生活、工作,甚至掌握了宗主国的各项纲要。他们认为自己可以一举建立一个新型社会,尤其是一个新型的政治社会的想法难免有些极端。美国的新颖独特之处获得公认还有待时日。

保持"国家"凝聚力的首要要素就是1787年9月17日《宪法》的颁布。《宪法》通过两年后进入实施阶段。该《宪法》把美国建立在神话般基础上[1],规定美国实行一种具有代表性,并且在当时尚属特殊的政体。可惜投票者寥寥无几,这是一种标志,很好地说明当时的"美国人"尚未产生被国家凝聚到一起的感觉,尽管他们被一再鼓励融入这个国家。[2]另外,联邦总统与参议员二级选举体系以及参加联邦的各州几近毫无限制的至高权力(直到美国南北战争结束,这一问题才得以解决)都扰乱了民众对选举的理解。因此,必须把目光转向另一个保持凝聚力的要素。

---

[1] 《宪法》的第一条在这方面就很具象征意义:"我们,人民……下令为美利坚合众国创立现行宪法。"这部宪法及其修正案直到今天仍然有效。
[2] 《美国历任总统》一书指出,表态支持前几任总统的公民数量尚不可知。大部分作者认为不会超过几万人。在那之后人们将会注意到,低参加选举率成为美国政治生活至今的一大特点。例如,各总统选期参加投票率通常保持50%上下。

"从1789年到1812年，"玛丽-让·罗西尼奥尔写道，"美国的民族主义并不仅仅局限于优先考虑保持独立，维持主权完整或者颂扬国家意识，而且必须塑造国家性格，激发爱国情怀，缔造未来能够得以巩固和保持民族主义。"因此，若要真正屹立于世界民族之林，美利坚民族必须寻求一种对外角色以及其他国家的承认。可是究竟要投入谁的怀抱呢？转向曾经的殖民者——英格兰？对大批美利坚先贤来说，这个国家仍然是他们的"母国"。转向法国？这个曾帮助美国赢得独立，1789年后，计划帮助"起义者"及其后代重返已经封闭的特色政体俱乐部。正因为有了这样的抉择，所以必须找到美国政治生活和外交生活最早的分水岭。也正是在围绕着与何方联盟更具优势这个问题产生意见分歧之后，成长中的"国家"才成功地围绕着共同的外部目标拧成一股绳。1812年对英格兰的战争是美国民族主义进行上述演变过程中的一个阶段。这场战争把人民牢牢地团结在一起。或许也正是由于这个原因，这场战争才有权在教科书和大西洋彼岸的研究界被称作"第二次独立战争"。

法国大革命美国内政的分界线

自美国建成开始，美国的政治生活就具有两极性的特征。两大主要党派把持美国的政治生活：联邦党和共和党。前者被视作保守党和亲英党，由富人控制。整个法国大革命期间，联邦党视所有与"雅各宾党人"

有相似特征的人为死敌。这是一个语义含糊的字眼，在联邦党人的眼中，"雅各宾党人"代表所有比拉法耶特更具左倾思想的人……二者中间相隔了一整个世界。总而言之一句话，联邦党人希望按照英格兰的范式塑造美国：强有力的中央政府以及在国家目标层面给予大商人优势地位。托马斯·杰斐逊的共和党是地位相对更卑微的农村居民的捍卫者以及民主自由的拥护者。该党从自身利益角度出发更亲近法国及其大革命。[1]

1789年当选美国总统的乔治·华盛顿是美国历史上的一大传奇，先贤中的先贤。即使抛开出现华盛顿肖像的纸币以及邮票，单看名字方面，就有"1个州、7座山、8条河流、10个湖泊、33个县、9所大学以及121座城市"用这位伟人的名字命名。[2]大量美国历史学家宣称华盛顿是"无党派人士"。华盛顿两任美国总统，在第一次任期内，尽管在他身边出现了副总统约翰·亚当斯和财政部长汉密尔顿这两位保守派以及亲英派人士，人们仍然很难在联邦－共和之分中为他找到明确的定位。作为一位注重实际且有长远目光的有地阶级人士，华盛顿立即对法国大革命产生不信任感，并且越来越明显地倒向亲英派阵营。从1792年欧洲爆发战争开始，旧大陆分裂产生的一系列问题越来越多地占据了美国的政治生活，尽管这些问题两个月之后才会到达美国。美国独立的英雄无视1778年与法国签订的和平条约，宣布自己的国家保持中立。这样的行为属于忘恩负义的行为，至少在法国人眼里是这样的。然而，

---

[1] 可以说当时的联邦党人就是今天的共和党人的前身，当时的共和党人就是今天的民主党人的前身。详见克劳德·福伦简洁而不失效率的解释，"美国——历史"，《万能百科全书》，第6卷，第608-609页。
[2] 安德烈·卡斯皮，《美国人——美利坚的诞生及飞跃：1607-1945》，瑟伊出版社，"圆点"丛书，1986年，第117页。

正如美国历史学家 H·韦恩·摩根评论的那样,两个国家之间的感谢是"所有交换筹码中最罕见的一种",在外交领域,必须避免从单纯的个人角度进行推理。永远不要提这样的问题:"我应该感激谁?"最好,或者说宁愿提问:"他们的兴趣何在?"当我们思考美国在大革命及法兰西帝国时期对待法兰西和英格兰的态度时,或许是第二个问题启发了我们。①从经济原因考虑,美国不会未加观察和分析就与英格兰发生冲突。

美国政府借"公民热奈"事件之机进一步向伦敦倾斜。热奈是制宪会议的使节,负责要求美国像从前一样参战。1793年4月,热奈抵达美国,受到热烈欢迎。这位法国人随即投身到一场对法国有利的动乱当中,这场动乱惹恼了美国政府。他招募志愿者,募集船只以备未来投入战斗,在纽约港劫持了一艘军舰,鼓励创办俱乐部——尤其是在美国南部,美国南部广大地区通用法语,因此较亲近法国,甚至号召美国人民反抗自己总统宣布的中立政策。联邦党人借机稳住阵脚,甚至迫使共和党领袖,华盛顿的国务卿——杰斐逊在退休并返回蒙蒂赛洛的府邸以前,公开针对热奈以及法国革命党人的所作所为采取措施:"热奈抗议的绝佳立足点很容易被忘记(作者注:1778年联盟)。热奈没弄明白的是:华盛顿接受这项政策并不是因为他对法国心怀恶意,而是因为他认为这项政策是战争的唯一替代方式。"②这段不太愉快经历过去几个月以后,

---

① 见皮特·希尔,"联盟不可预知的后果:美国的忘恩负义(1783-1798)",《美国革命与欧洲》,同上,第385-398页。
② 哈瑞·阿蒙,《热奈的任务》,纽约:W·诺顿出版公司,1973年,第76页。当巴黎的雅各宾党人宣布隶属吉伦特的热奈有罪时,美利坚合众国为他提供政治避难。

虽然美国承认了法兰西共和国，但新任法国使节——约瑟夫·富歇希望获得美国政府的感激，可惜同样败兴而归。

虽然与不列颠政府经历了一段彼此不理解的时期（不列颠政府责备美国人的中立立场，认为有悖于自身利益），热奈威胁结束不到一年后，美利坚和英格兰签署条约，随后又与西班牙签署另一份条约。美国借助这两份条约继续进行海上贸易。海上贸易对美国经济来说至关重要。法国方面予以反击，派出海盗船袭扰美国商船队：1794年至1797年间，美国有三百余艘船舶被袭。乔治·华盛顿激流勇退，学习辛辛纳图斯回归田埂，重返自己的领地，没有谋求第三次总统任期。①他向全体公民发表告别辞，这是一份呼吁保持中立的宣言。"欧洲"他写道，"的利益与我们绝无半点关联，或者说与我们相距甚远。因此，建立联盟并非理智的行为，将使我们暴露在欧洲政治革命引发的弊病之下。"这番言论证明，伟大人物也并非彻底理智。华盛顿的继任者们也没有完全按此执行。三十年间，美国、美国商人以及美国政党必须仍然按照欧洲的节奏存在。

约翰·亚当斯继华盛顿之后担任美国总统，托马斯·杰斐逊担任副总统。当时，大选举人仍然有能力在某种程度上左右行政权：获得最多选票的候选人成为总统，其追随者直接成为副总统。②新总统新上任的头几项政策之一便是召回美国驻巴黎代表——詹姆斯·门罗。詹姆斯·门

---

① 当法国的战争维系迫近时，他临时重新担任军队统帅。
② 宪法第12次修正案（1804年）废除了这种可能性。这是向"候选人名单"体系迈进的第一步。"候选人名单"体系意味着一对搭档（总统候选人和副总统候选人）获得大选举人的赞同。

罗被认为亲近法国革命党人。对外政策依然是需要受国会严格控制的美国政府关注的头等大事，1787年宪法在以下方面赋予国会巨大的权力：宣战、批准条约、召集军队等。[①]当督政府正式对运载英国货物或者在英国港口停靠过的中立船舶执行逮捕之后，美国险些与法国开战。亚当斯信奉"武装的和平"或者"准战争"政策，同意武装商船，加强对不列颠海军的保护。法国海军与美国海军在安的列斯群岛附近海域屡开战端。与此同时，塔列朗错过了谈判的好时机。因为谈判开始前，他要求得到一些"甜头"。这是欧洲大陆外交生活的流行做法，然而美利坚的全权代表却拒绝屈服。[②]危机发生过程中，联邦党人与共和党人之间的关系日益恶化。事实上，因为限制新闻界的自由以及限制接收政治难民，政府的行政权才获得立法国会通过。为争取自认为（已经）成为旧欧洲眼中的榜样的人民支持，为1800年总统选举以及未来做准备，杰斐逊和他的朋友们通过抗议的方式巧妙地撩动起这根敏感的心弦。

当西耶斯和波拿巴在法国策动"雾月政变"时，在美国，每个人都能看到华盛顿及其继任者奉行的中立政策的矫揉造作，甚至最终毫无用处到了何种程度。美国人与战争擦肩而过。从商业角度考虑，武装的和平几乎没有优势。归根到底，公共舆论更倾向于法国。具有镇压性质的法律遭到那些1776年为自由而起兵反抗的人们严词拒绝。托马斯·杰斐逊借此机会赢得1800总统大选。

[①] 见阿尔图尔·施莱辛格作品《帝国总统职位》第一章"先贤们的意愿"，法国大学出版社，1976年。规定美国总统按照这个国家的制度登上权力顶峰的绝佳契约。
[②] 有关这一事件，聚焦埃马纽埃尔·德·瓦雷斯杰尔的观点，《塔列朗——纹丝不动的巨头》，法亚尔出版社，2003年，第221页-225页。

美利坚与执政府时期的法兰西

拿破仑夺取政权之后，法国与美国的关系远远达不到融洽的程度。① 约翰·亚当斯继续当权，法美两国相互不信任仍是主流。雾月政变期间，巴黎期盼美国派出的旨在尝试消除两国之间分歧的代表团。政变证明，亚当斯和他的国务卿平克尼准许美国的全权代表推迟抵达法国首都的日期。必须等待些时日才能看清楚新任法国政府花落谁家。第一执政官出于实现全面和平的考虑，认为应该对这个新兴的民主国家做出让步。这样既可以分化这个国家与英格兰，又可以重新开辟与新世界以及法国殖民地的贸易道路。

然而这并非是一项能够轻易完成的任务。大西洋两岸持续的成见进一步强化了地理上的遥远感。呈递给波拿巴的报告进一步增强了这种不理解，除此之外，这份报告别无他用。共和历 8 年霜月 9 日（1799 年 11 月 30 日），塔列朗的报告就是这样的情况。在这份报告中，这位外交部长——或许"甜头事件"之后他有点记仇——郑重提醒拿破仑注意亚当斯总统的"专制"。他警告说，亚当斯总统"只会通过战争确保自

---

① 下文将从总体角度探讨这些问题，详见：西尔万·帕热，《北美与拿破仑》，拿破仑基金会与新世界出版社，2003 年。

己的权威，只会确保自己国家的宪法贴近英国模式，他自己就是英国模式的拥趸"。塔列朗把谈判代表迟到的问题归咎于国务卿平克尼，认为他"竭尽所能拖延谈判，在谈判间隙煽动事端，迫使法国政府脱离稳重。"①

部分法国精英心中挥之不去的优越感情结进一步扩大了两国间的意见分歧。我们已经在前文涉及西班牙的研究中曾经看到过这种现象。②甚至在这届法国政府眼中，美国的军事实力已经沦为笑柄。因为这届法国政府只从军队取得的胜利方面宽泛地理解实力这个词。当时，美利坚几乎只保持着四个步兵团、一支炮兵部队、几支轻装部队以及工程兵部队的军队规模，没有一艘战列舰。③法国的这种情结在一位名叫文森特的"法国共和党人"于1801年初呈递给外交部长的报告中表现得淋漓尽致："'美利坚'政府的参政人士仅限于最富有的那些人而已，他们可耻的财富都是拜卑鄙的土地证投机所赐……这个政府害怕看到我们的道义原则竭尽全力地发展壮大。"在这份报告中，文森特的分析犯了一个错误。他轻视了美国在贸易方面的兴趣与实力，单纯地把法国的国内危机归咎于美国人民及其领导人针对法国的不信任。④仿佛所有的一切都必须围绕着法国情况的变化而变化，完全不用考虑其他国家的利益。为保万无一失，航海之战继续：1800年至1804年间，法国人扣押81

---

① 外交部长递交给第一执政官的报告，共和历8年霜月9日，国家档案馆，AF4 1681（A）。
② 见上文："被法国轻视的盟国——1808年之前的拿破仑与西班牙"，第147页。
③ 保罗·肯尼迪，《大国的兴盛与衰落》，柏姿出版社，1991年，第134页。1816年，美国军队全军仅16000人（需要抵抗132000人法军），1830年，美国兵力甚至降至11000人（虚空鳌抵抗259000人法军）。
④ "来自美洲大陆的一些有关法兰西共和国的思考"，国家档案馆．AF4 1681(A)。

艘美国商船——其中六十艘扣押在安的列斯群岛海域。

在没有脱离高卢中间派立场的前提下，波拿巴认为美国在其他方面具有重要意义。①对他来说，接近约翰·亚当斯的同胞以及结束"准战争"首先意味着拆散英格兰与盟友的关系。其次，也可以获得一个处于上升通道，紧邻法国殖民地(圣-多明各和路易斯安那)的美洲国家善意对待，特别是在法国顶住西班牙盟友在佛罗里达和墨西哥的竞争压力，希望把墨西哥湾变成"法兰西内湖"的前提下。此外，此举还能终止与这个贸易大国的对抗竞争。因为争得两败俱伤只会间接惠及不列颠人，强大的法国军队还因此动弹不得。最后，可以重新建立起与一个"全能"出口国及工业制造品购买国之间的贸易关系，拯救在严重经济危机中挣扎的法国于水火。第一执政官做出了明智的决定，他决定把塔列朗排除在与美利坚的谈判之外。谈判的艰难可想而知。谈判符合约瑟夫·波拿巴和皮埃尔-路易·罗德尔的利益。为此，拿破仑重新启用前海军部长——查理·德·弗勒里厄。为表示善意，他甚至做出一些具有象征意义的举动。1799年12月15日，突然得知华盛顿去世的消息时，拿破仑在军中表示哀悼。"华盛顿去世了，"备忘录中记载道，"这位伟大的人同强权暴政作斗争。他帮助自己的祖国把自由牢牢地握在自己手中。与他有关的珍贵记忆将永远留在法国人民和两个世界的所有自由者脑海里，尤其是法国士兵和美国士兵，这些为自由和平等而战的人们脑海里。"②随后，

---

① 当时，法国对华盛顿态度的主要代表人就是1803年至1811年任法国驻美国大使的的路易-马利·蒂罗·德·嘉朗布维勒。
② 法兰西共和国军队备忘录，1800年2月7日，《书信集》，第4573封。

在巴黎荣军院举行了盛大的纪念仪式,仪式举行期间方丹致追悼词,文职及军职政要悉数出席。[1]再后来,波拿巴接受了纽约文学协会的选举。

路易斯安那事件与《莫尔泰丰坦协定》

本书无意彻底改变一系列事件历史细节的纪事。这些事件最终的结果是,经过八个月的谈判后,双方签署了《莫尔泰丰坦协定》,以及不到三年之后,法国把路易斯安那转让给美国。这一系列历史情节是执政府时期与法兰西帝国时期法美关系史中最著名的篇章,大量研究及文章以这些历史情节为对象。[2]在未来,人们只会回忆起这些事件的梗概,只会看到这些事件在美国向英国宣战进程中所起的重要作用。然而在1812年,美国却并没有因此站在法国的身边。

把塔列朗排除在法美谈判之外并不足以排除一切困难。谈判过程漫长而艰苦。美利坚抱着双重的目的:为舰艇与被扣押的货物争取赔偿(约

---

[1] 1815年10月29日,拿破仑在圣赫勒拿岛向拉斯·加斯吐露心声:"如果我在法国,我心甘情愿成为一位华盛顿般的人。但如果华盛顿在法国,内受领导、外临强敌,他未必能成为他自己。对我来说,我只愿成为加冕的华盛顿。"
[2] 参见,例如近期的一些研究,伊奈·缪拉《拿破仑与美国梦》,法亚尔出版社,1976年;雅克·德比兹,"殖民的拿破仑",《拿破仑时代的记忆》杂志,1987年10月,第13-20页;米歇尔·加尼尔,《波拿巴与路易斯安那》,SPM 科隆纳斯,1992年;热内维埃夫·马泽尔,"约瑟夫·波拿巴与莫尔泰丰坦",《拿破仑协会》杂志,1994年(四),第23-71页(这一部分仅涉及《莫尔泰丰坦协定》的签订以及为庆祝签字而举行的庆祝活动的历史内幕)。

价值两千万法郎）以及收回紧邻西部国界线的领土（我们称之为路易斯安那地区）。谈判最先受挫正是因为这两个议题的存在。因为一方面，公共金融的棘手状况令法国财政负债累累；另一方面，尽管获得西班牙转让路易斯安那的允诺，但法国仍远远没有确保路易斯安那地区的统治权。无论如何，必须尽快达成协议。1800年秋季伊始，协议达成。法国方面答应赔偿，但付款方式有所区别。法兰西和美利坚保证彼此归还被扣押的船只。双方宣布两国之间贸易自由。协议中没有一个字提到路易斯安那，甚至就连美国方面也没有想到这一问题。1800年9月30日，《莫尔泰丰坦协定》签字生效。三天后，以《莫尔泰丰坦协定》为借口，一场盛大的庆祝仪式在约瑟夫·波拿巴的府邸举行。马伦戈之战胜利后不到四个月后，在第一执政官的意识中，这一协定成为迈向全面和平的长征中的第一步。[1]这也是美利坚新任总统托马斯·杰斐逊经参议院批准后的第一次外交行动。杰斐逊经历了一次马拉松式的选举之后当选美国总统。在这次选举中，他没能在第一轮甩开他的竞争对手，与他同属共和党的伯尔。国会必须当机立断，做出选择，尤其是在经历了……37天的投票选举以后。[2]一场"不流血"的革命[3]以及与法国和解随即被提上议事日程。杰斐逊曾继任本雅明·富兰克林，以大使的身份在巴黎生活

---

[1] 执政府初期签订一系列和平协定：1801年2月9日，与奥地利签订协约（《吕内维尔条约》）；1801年3月29日，与那不勒斯签订协约（《佛罗伦萨条约》）；1801年10月8日与俄国签订协约（《巴黎条约》）；1802年3月25日，与英格兰签订协约（《亚眠条约》）；1802年6月25日，与土耳其签订协约（《巴黎条约》）。
[2] 当大选举人时代（普选时代）竞选双方打成平手时，美国宪法考虑到这种情况，规定最终的决定权归国会所有。有关杰斐逊选举的曲折变故详见克劳德·福伦，《托马斯·杰斐逊》，南溪大学出版社，1992年，第105-110页。
[3] "1800年不流血的革命"是其他美国人使用的一种说法。

过（1785年—1789年）。他甚至还曾参与商讨起草《人权和公民权宣言》。杰斐逊在法国首都引人注目、才华横溢，感情生活也是丰富多彩。[1]这段过去并不意味着杰斐逊就会投入法国的怀抱，系统地对抗英格兰。因为即使他或许真的说过"每个人都有两个故乡，我的故乡是我的祖国和法兰西"这样的话，证明过他与我们国家的友谊，他自己国家的利益始终是他优先考虑的对象。不得不说，1800年3月4日，杰斐逊的走马上任证明法美关系开启一个崭新的时代。1803年4月，在转让路易斯安那时，双方关系到达了顶峰。

在1800年以及"七年战争"（1761年）结束开始，被命名为路易斯安那的辽阔领土一直受西班牙控制。《圣伊尔德方索条约》计划把路易斯安那归还法国，用以交换帕默大公的领土的扩张。1801年3月21日签订的《阿兰胡埃斯协定》进一步明确了这次转让。对于已经开始缔造"（詹姆斯）门罗主义"[2]的美国来说，这一议题难免有些敏感。二十年后，在门罗主义的引领之下，美国宣布"新世界"的事物应该在美洲国家内部解决，应该把一切来自欧洲的干预行径排除在外。杰斐逊要求收回路易斯安那的原因在于领土。当然，他这样做还有一个更重要的原因，那就是通商的迫切要求，他的目的在于还密西西比河航路以自由。美国驻巴黎大使，罗伯特·利文斯顿自从《阿兰胡埃斯协定》签署后便开始奔走活动，以期促成第一执政官同意以打包批发的形式出售这

---

[1] 欲知详情可以参阅克劳德·福伦的作品，《杰斐逊在巴黎》，佩兰出版社，1995年。同时不要忘记詹姆斯·伊沃里执导的同名电影。
[2] 1794年至1796年，门罗在巴黎任职。后来，他又成为美国总统，任期为1817年至1825年。

片北起五大湖，南至密西西比河河口的广阔领土。

1803年初，在没有把自己的意图告知国会的前提下，杰斐逊派门罗远赴巴黎协助美国大使。可惜此次增援只能算白跑一趟。因为波拿巴已经决定出售路易斯安那。与原法国驻费城领事，现任财政大臣巴尔贝·马尔布瓦的一席谈话最终说服波拿巴同意将法兰西在大西洋彼岸的这处财产"变现"。最终出现这样的结果还有另外一些原因：与圣－多明各的和解已经变得不太可能，法国据点的建立因此终止，西班牙拒绝出让佛罗里达，据点无法最终完成；重拾与英格兰的敌对关系导致占领一块美洲领土从贸易角度而言几乎没有多大用处，况且继续拒绝出售路易斯安那还会把美利坚推向阿尔比恩人的怀抱。波拿巴心中一清二楚，他不可能守卫住这块遥远的殖民，因为路易斯安那边境大开，英格兰的威胁从四面八方压进，北面的威胁来自五大湖，南部的威胁则来自海洋。即便英格兰不插手，也没有任何力量能够阻止美国强行占领路易斯安那。因此，不论持何种观点，卖掉这块没有用处的领地、尝试从这件事中尽可能谋取利益的最大化无异是最好的选择。于是，1802年6月，第一执政官向德克莱将军下达以下命令："我打算在最短的时间内控制路易斯安那……请您告诉我您认为需要派驻多少人马……请向我介绍针对这块殖民地制定的组织计划。"[①]拿破仑身边的亲信坚持认为美国独立对法国来说并非益事。马鲁埃目光高远，他对这个变化中的国家充满忧虑：

---

① 波拿巴召见德克莱，共和历十年牧月15日（即1802年6月4日），拿破仑·波拿巴，《书信全集——拿破仑基金会出版》，第6927封。

"他们的独立是种绝妙的诱惑,他们实力的进步表现得大张旗鼓。"[1]然而法国当真可以放弃出售路易斯安那,然后不费吹灰之力控制那里吗?

1803年4月初,塔列朗不再多加客套地向利文斯顿询问价格。4月30日,条约签订。为一千五百万美元,法国卖给美国一块面积广阔但却没有时间占领的土地,尽管当时洛萨总督已经赴新奥尔良上任:一千一百二十五万美元(约合六千万法郎)充入执政府国库,其余用作补偿沦为牺牲品的美国公民的船只或货物的损失。仅仅签了一次字,美国的领土面积就翻了一倍,西部地区也毫不设防地向广大先驱者敞开怀抱。[2]波拿巴认为,美国人的感激之情会促使他们支持自己的其他计划。不管怎么说,这就是拿破仑在参议院发表宣布放弃路易斯安那地区的咨文中隐藏的信息:"从今往后,路易斯安那并入独立的美利坚合众国。在那里,我们仍有朋友,同宗同源者的支持将永远和我们的利益连接在一起,有利的贸易关系将永远和我们的繁荣连接在一起。美国应该感激法国令他们获得独立。将来,他们应该感激我们帮助他们走向稳固,走向强大。"[3]于是,两国在三年内成功抹掉根源于法国大革命的不理解。同往常一样,善意并非是取得进展的唯一根源。一方面,尽管杰斐逊是和平主义者,但他懂得提高音调,甚至以战争作为要挟来获得话语权,

---

[1] 援引自艾蒂安·塔耶米特,《拉法耶特》,法耶尔出版社,1989年,第39页。
[2] 佛罗里达一直被西班牙人占据。"佛罗里达问题"终于在1810年(通过人民起义以及第一阶段的兼并)和1819年(通过外交手段)得到解决。
[3] 参议院发言,1804年1月16日,《箴言报》。

不论对方是伦敦还是巴黎。另一方面，波拿巴有所盘算，他认为出售路易斯安那——四十年来，法国人从未真正涉足这片土地——能够很好地缓解公共财政的压力，尽管法国从这笔交易中获得的钱款并不丰厚。最后，第一执政官准备再次同英格兰开战，他急于拆散后者的盟友，特别是贸易同盟军。1800年与1803年签订的两次协定中并没有输家。

美利坚，拿破仑的盟友吗？

密西西比问题和路易斯安那问题一解决，夺取新领土的控制权问题就把美国缠住了，使它不能分身。必须把这些新领土组织起来，通过接纳新移民将其占领，以确保这些领土的安全（特别是要"抵消"当地人）。从1803年开始，杰斐逊下令开发西部地区，直到太平洋沿岸。刘易斯和克拉克是这场远征中最著名的英雄人物。这次远征为未来美国领土的扩张做好了准备。然而总统并非不挂心对外政策问题：他继续要求收回佛罗里达。在新领土上开发的资源增强了美国对外贸易的实力。新的土地上产出棉花、小麦、玉米和木材。密西西比河的自由流通以及新奥尔良港的扩大令货物的运输更加便利。经济发展引人注目。

与此同时，战争再度席卷欧洲。战争的影响远播海外，因为英格兰和法兰西之间并没有发生直接的冲突，双方把较量转移到经济领域。甚至在"大陆封锁"正式建立以前，中立的问题就已经被提出来了。自

从和平被打破之后，英格兰人开始扣押从法国和西班牙殖民地出发的满载货物的美国船只。此外，英国人还宣布，凡是美国船只上的英国籍船员都是逃兵，他们必须重返"皇家舰队"，或者必须受到惩罚。伦敦和华盛顿的关系一点点变得紧张起来。然而杰斐逊不能把自己的国家排在拿破仑后面：他对法国的亲近还没有到达让自己的国家盲目地投入到一场战争中去的程度。不仅如此，美国舆论意见也不再一致了。亲英派联邦党人抨击说，总统被"帝国雅各宾主义"吸引住了。例如，1805年7月31日，波士顿《会议纪要》中的一篇文章写道："杰斐逊先生及其内阁对波拿巴的权势有一种致命的恐惧。而且自从购买路易斯安那以来，这种恐惧感有增无减。他们感觉到一种强烈的必要性，必须尊敬拿破仑，恭维拿破仑。"报纸将拿破仑与阿提拉相提并论。拿破仑的统治被视作一种军事独裁："法兰西人民不会让自己发展壮大，也不会有挣脱枷锁的念头。人民微不足道。军队如日中天。"[1]《公共账户》报的言论更进一步："在法国，立法就是个笑话。"伦敦蹩脚的记者们对这种文风趋之若鹜。此外，从法国海盗船拦截的信件中可以看到，获得不列颠政府支持的"亲英派"政党为阻止杰斐逊——1804年，成功连选连任，获得162张选举人票支持，14票反对[2]——靠近法国，可谓无所不用其极。

美利坚政府选择"活跃的中立"。1806年4月，为反击英格兰的扣押行为，一项旨在不进口不列颠产品的法律通过表决。几个月后，拿

---

[1] 国家档案馆，AF 4 1681（A）。
[2] 第二次选举时，托马斯·杰斐逊得益于最危险的竞争对手之一——联邦党人汉密尔顿的早逝。后者在一次决斗中身亡。

破仑签署《柏林敕令》，宣布实行"大陆封锁"。即使美国利用敕令的漏洞继续同葡萄牙和俄国开展贸易，美国经济仍然因此受到极大的影响。詹姆斯·门罗和威廉·平克尼在伦敦同英格兰签署了一份意在消除分歧的条约，他们两个人自认为有这个权力。然而当杰斐逊收到这份条约的文本时，他认为这份条约对自己的国家极其不利，因此拒绝呈递国会。不久后，"切萨皮克号"军舰事件爆发（1807年6月）。这艘军舰在弗吉尼亚海域遭遇不列颠军舰拦截搜查。四名美国海员被英格兰人以逃兵的理由带走。事实上，这四人中只有一人是英格兰人（处以绞刑）。该事件引发的骚乱规模巨大，导致舆论纷纷倒向英格兰的对立面，但舆论也并没有因此同法国表现出更加亲密的感觉。美国进入"防御状态"。战争并未发生，但这一事件帮助杰斐逊掌握了主动权。

美国的利益同时受到来自伦敦和巴黎的威胁。因为继英国人之后，法国人也宣布"善意扣押"在英国港口中途停靠过的或接受过英国舰船货物检查的美国船只。① 几乎没有美国船舶能够逃脱这种分类。"毫无疑问，没有必要扣押所有的美国船只，因为，所有的美国船只肯定都被英国人搜查过。必须告知美国代办，他们的政府维持国旗的独立就够了。"1808年5月，拿破仑召见缪拉时说道。② 由于不愿意开战，并且缺乏维护本国国旗尊严的军事手段，杰斐逊选择退出这场竞赛。

1807年12月22日，《禁运法案》施行。概括来说，这部法案直

---

① 有关拿破仑战争的"海上的"幕后关系请见菲利普·马森的文章，"拿破仑和英格兰"，《拿破仑时代的记忆》杂志，第400期和第401期。
② 1808年5月14日，拿破仑召见缪拉，《书信全集——拿破仑基金会出版》，第17899封。

截了当地终止了美国同外界的贸易：美国船舶再也不能远赴外国港口，外国船舶不准停靠美国港口。法案的效应如期而至：1807年，美国同英国的贸易额为一亿零八百万美元，第二年直落至两千七百万美元。然而《禁运法案》还是有许多好处的。从政治领域来看，《禁运法案》明确了美国的中立地位。同时，撤离航海线路间接保护了美国的船舶。从经济领域来看，《禁运法案》迫使美国配备能够加工原材料的手工工场，不再需要从欧洲进口。对欧洲人来说，《法案》被证实是灾难性的，因为对美国的出口在"旧大陆"的经济中占据极其重要的地位。因此，杰斐逊的思想带有动态孤立主义和空想孤立主义的印记。

法案本应该继续沿着正确的道路施行。但是情况并非如此。在美国国内，联邦党支持废除法案。在新英格兰这个贸易繁荣的地区，抱怨声四起，出口商竭尽全力扭转禁运。这是所有禁令可以预见到的宿命结局。棉花和烟草流通的崩溃急速触及生产者。在这样的背景之下，尚处于萌芽状态的联邦政府无法强行推广行政当局的观点，况且杰斐逊第二次总统任期临近结束，当局的观点开始出现分歧。国会——包括共和党人——强迫总统采取温和的措施。除英国和法国之外，与其他所有国家的海上贸易重新获得许可。然而美国人自有其打算：禁运付出的代价远胜于一场战争。现在，美国人在新任领袖的带领下正沿着这个方向前进。1809年3月4日，詹姆斯·麦迪逊——杰斐逊最亲密的朋友之一，同时也是杰斐逊内阁的外交部长——成为美利坚合众国第四任总统。

美国：英格兰的"敌人"

　　三年间，美国与英国的关系逐步恶化，缓慢却无法避免。尽管人们也可以指责麦迪逊任由自己最好斗的观念驱动自己前进，但伦敦内阁的刻板作风应为此负上主要责任。然而，英国大使厄斯金努力尝试和解，但他的努力为他招来祸端，他被本国政府召回，远离这条最艰苦的战线。英国人在执行封锁政策比他们的敌人——法国人执行的封锁政策，更为坚定和严格。但这并不意味着拿破仑与美国间不存在任何开战的理由。根据《朗布依埃敕令》（1810年）的命令扣押美国货物就是最好的证明。不过，所有发生的事情仿佛都在表明，麦迪逊希望一劳永逸地向旧殖民势力开战。这样做的原因并不仅仅局限于经济领域：英格兰仍然占领着相当的"美国"领土，这样做是违反《巴黎合约》的。

　　当美国建议欧洲人针对敌国的贸易实行禁运并解除对自己的封锁时（朋友的敌人在某种程度上变成自己的敌人），拿破仑欣然接受，然而伦敦方面却没有轻易答应。为停止与阿尔比恩的调解，1810年美国大选期间，大量亲近法国的共和党人进入国会。从那时候开始，尽管联邦党人的死敌反对派已经变成少数派，但美国与英格兰之间的战争似乎变得不可避免了。若要达到最终预期的结局，非得再找几个借口，非得再在海上短暂地打几仗，美洲印第安人与英格兰军队之间非得再建立几次

令华盛顿恼火的联盟不可。①

1811年11月，美国西北部最先发生几次小规模的武装冲突。冲突双方为"红衣军"和美国军队。双方人数不多，装备较差，并且几乎没有准备。国会随即决定成立一支由三万五千人组成的军队。1812年6月18日，国会投票通过宣战决定。②两天前（不过由于距离原因，美国获得消息的时间有所迟滞），英国内阁决定解除对美国军舰的不利措施。尽管与英格兰发生冲突，美国也并没有因此与拿破仑结为正式盟友。国会中某些人甚至希望同时向法国宣战。参议员拒绝了这个只有两票支持的提案。从意识形态角度来看，当权集团认为1812年的这场战争是"第二次独立战争"。这也正是美国历史学家介绍这段历史时所经常使用的表达方法。经过这场战争，年轻的共和国和曾经的殖民主最终分道扬镳，人民因此紧密团结在美国民族思想周围。"民族主义的爆发将促使（共和党人）达成所愿：通过激发美国反抗旧宗主国的情绪，（他们）沿着乔治·华盛顿、古弗尼尔·莫里斯和乔治·亚当斯的足迹继续前进，用具体的行动回应了同胞对于归属感的憧憬，"玛丽－珍妮·罗西尼奥尔写道，"美国通过军事行动表明，面对处于战争世界的各国有能力生存，并且得到公认。因此，不论结局如何，一旦他们的身份认同和主权获得公认，这场战争应该会最终促使美国人做出自我定义对抗外族时做出自

---

① 大量大西洋彼岸的历史学家认为，美洲印第安人问题是出现武装冲突的深层次原因之一。通过联盟或武力征服的方式解决这个问题为西部和北部领土的殖民开辟出一条道路。某些部落没有与不列颠人结盟，而是选择保持中立，或者，像两千名易洛魁人一样，与美利坚军队并肩作战。
② 开战在众议院获得79票支持，49票反对；在参议院获得19票支持，13票反对（S. 佩吉，同上，第125页）。

我牺牲。"①作为拥护联邦的象征，深受人民喜爱的"山姆大叔"的人物形象正是在这场战争期间出现。

对美国来说，"拿破仑时代"在这场战争中终结。这场战争对欧洲的冲突争端几乎没有造成任何影响，因为战争爆发的时候正值拿破仑帝国走向没落之际。帝国的没落始于两年或三年以前，一系列事件的走向或许因此改变：英国本该向大西洋沿岸派遣部队守卫加拿大，与美国通商的彻底封闭可以加剧"大陆封锁"的程度。拿破仑没有打好这张牌。但不管怎么说，他一直以来都希望爆发一场冲突。1808年1月，拿破仑写信给尚帕尼道："鉴于英格兰针对大陆（美国）所持的立场，我不怀疑美国人将向英格兰宣战。"然后，在写给同一人的信中，他更加明确地吐露心声："美国希望和我签订同盟条约，和我同仇敌忾，在这样的情况下，我将插手西班牙朝廷的事务，在转让佛罗里达这件事上为美国的利益说话。"②一年后，拿破仑又写信给沙皇："美国在英国的铁蹄下受尽苦难，看样子他们是真心实意并且严肃认真地希望靠近我们的体系。"③然而，拿破仑并没有拿出任何具体举措以加速这一进程。1813年2月14日，他在立法会议上承认对美英战争寄予厚望："美国凭借军事手段捍卫国旗所代表的主权。全世界都祝福美国取得这场光荣斗争的胜利……我们的子孙后代将会这样说，旧世界丧失权力，新世界

---

① 玛丽-珍妮·罗西尼奥尔，同上，第317页。
② 致尚帕尼信件，1808年1月12日和2月2日《书信全集——拿破仑基金会出版》，第16881封和第17124封。
③ 致俄国亚历山大一世的信件，1809年10月10日，《拿破仑一世书信集——拿破仑三世授意出版》，第15926封。我们在此着重强调。

夺回权力。"①现在才想起利用这样一件重要的事件已经为时已晚。

如果说美国的民族思想必须感谢对英格兰战争为其开辟道路，那么对麦迪逊的军队来说，军事行动可算不得辉煌。美国在加拿大沿线的攻势（哈尔将军）被击溃，很快，底特律也被英国人占领（1812年8月）。即便规模不大的美国海军在海上取得了一些胜利，但对英国"皇家海军"来说，美国海军仍不足为虑。1813年冬，美国的形势开始复苏：福特·斯蒂芬森在陆地上取得胜利；伊利湖大捷击溃一支英格兰部队安抚了美国的战士们。1813年10月5日，泰晤士河战役进一步明确了战争的胜势归属。伦敦方面决定采取更大规模的行动。之所以可能出现更大规模的行动，是因为拿破仑的战败解放了一大批能征善战的部队，大批战舰也因此空闲待命。1814年的攻势十分猛烈。1814年8月，英国舰队深入切萨皮克湾，大军在此登陆。华盛顿被英军占领，公共建筑惨遭焚毁。厄运激发了美国人民抵抗的热情。巴尔迪莫英勇地经受住了英国人的围攻，美国人民的抵抗促成尚普兰湖和摩比港市大捷（印第安人和英国人的联军）。1815年1月8日，安德鲁·杰克逊②将军在新奥尔良取得决定性的胜利。因此，美国在谈判中占据强势地位。1815年12月24日，双方在根特缔结和平条约。在某种程度上，双方认可了现状。

人们反复说，外交场上没有友谊，只有利益。正是有了这句话，拿破仑事件中美国的对外行动才有迹可循，哪怕因此必须把对友谊的幻想和新世界对解放者后代的感激之情置于次要的地位。因为在当时，

---

① 拿破仑皇帝在立法会议开幕式上的讲话，《箴言报》，1813年2月15日。
② 后来，杰克逊成为美利坚和众国第七任总统（1829年至1837年）。

美国的伟人全都是这个国家的奠基者，他们不会忘记争取为本民族的利益夺取优势地位。当然，立足于当年的整个时代，美国给予拿破仑的优待似乎比给他的敌人们要高得多。不过，出售只有相当小的一部分"属于"法国路易斯安那，以及1812年的战争——立足的基础只不过是为了竭尽全力拯救一个摇摇欲坠的帝国而已——不应该掩饰住彼此的不理解，甚至是冲突。这种冲突已经成为两国关系的标志。从这个方面来看，我们完全可以做一份空白的总结，一份既不支持法国，也不反对法国的总结。

拿破仑的最后一份美国计划

人们都知道，滑铁卢战役之后，拿破仑打算赴美国避难。这证明了法国人对新世界的第一印象发生了变化。渗透进"文明社会"骨子里略显傲慢的态度越变越淡。美国变成一块令人满意的接纳之地。它几乎成为一个政治强国，一个有能力彰显自身实力的国家，这种实力的彰显甚至包括拔剑迎敌在内的贸易参与者。不过，在法国大革命爆发期间，确实有许多人在大西洋彼岸找到临时的避难处以逃避欧洲的暴行——这样的情况有利于在欧洲产生一种有关美国更现代的认知。最后，美国政府在法英冲突中所持的坚定立场以及对1812年战争的支持随着拿破仑及其亲信的战败土崩瓦解。华盛顿的祖国既是一个全新的国家，同时也是

一个值得这些人结束自己一生的地方。

拿破仑在等待临时政府作出事关他命运的决定时，如饥似渴地阅读亚历山大·德·洪堡的著作——《新大陆热带地区游记》。他推心置腹地对蒙杰说，自己的心愿就是如孤家寡人般隐居美国。他甚至建议这位学者陪伴在他左右。拿破仑命人大量购买气象学、物理学和天文学的设备，命令贝特朗把帝国图书馆的部分藏书运到美国去，想方设法把自己的独生子——亚历山大·瓦莱夫斯基和小雷昂一道带走。

临时政府主席富歇似乎做好了准备，支持拿破仑皇帝的计划：他调拨两艘驱逐舰赴罗什福尔港供拿破仑支配，并准许他使用安全通行证。这是富歇设下的圈套，目的是不惜一切代价令拿破仑远离巴黎。可是，滑铁卢之战的战败者还有选择吗？于是，他启程前往罗什福尔，心中始终把美国当作避难和休息的场所。拿破仑身边的亲信则吵得不可开交，都在提出自认为最佳的解决办法。拉列曼德、蒙托隆、普拉纳·德·拉·法耶都在为动身前往美国四处活动，其中甚至包括地下途径。拉斯卡斯、贝特朗和萨瓦里则倾向于向英格兰人投降，但要求对方以热情和荣誉感对待自己。

当拉斯卡斯和萨瓦里与被扣押在罗什福尔，后来又被扣押在埃克斯岛的英国军舰谈判时，美国计划尚未遭到摒弃。拿破仑的亲信赶在拿破仑皇帝获准奔赴美国之前拟定出多份计划。德克莱建议拿破仑从勒阿弗尔逃走；一艘丹麦双桅帆船准备把他藏进一直塞满棉花的木桶中运走；他的兄弟约瑟夫在离开波尔多以前，把自己在一艘军舰上的位置让给他；当他在萨勒河岸边准备逃离英格兰人之手时，"水母号"船长向他献出自己的船，但是，拿破仑认为以这样的方式离开政坛有悖于自己的命运。

"事实上，"雅克·班维尔的描述很准确，"人们向他提供的目的地都不合他的心意……他越想到那个地方，就越觉得这个自从他退位起就开始酝酿的计划看起来是最符合皇帝之尊的选择，也是唯一符合他身份的选择。因为这是最危险的计划，也是最有尊严的结局，其他的结局都会令他的尊严受损。"[①]因此，拉斯卡斯、古尔戈以及拉列曼德把那封措辞优雅的著名信件交到英格兰军舰"柏勒洛丰"号的船长手中。拿破仑在心中请求英格兰宽恕一位战败的敌人。他因此失去自由，但却赢得了属于自己的传奇。

在圣赫勒拿岛时，拿破仑仍然没有停止思考美国——并不仅仅是为了拒绝接受逃跑计划那么简单。这些思考将融进他的世界观中。世界观是他打算留给后来人的遗产。他甚至提出一项惊人的政治预言。1816年8月3日，他对蒙托隆和盘托出自己的心声："美利坚合众国仍然没有摆脱英格兰霸权的影响；作为一个强大民族存在于世，他们才刚刚上路罢了。联邦性质的宪法拖慢了这个国家强大的节奏。五十年前，武力征服的精神将会拯救他们的中央政府，并借助军事荣耀的魅力，教会中央政府在议会中永远占据大多数席位的方法，赋予他们打破原则、战胜北方各州与南方各州之间存在分歧的力量；否则，联邦的权杖必将被地方利益以及贸易敌对撕得粉碎。"尚未到五十年的时间，"美国南北战争"就突然爆发了。南北战争究竟将给美国的国家实力带来何种影响，拿破仑给出了公正的创见。

[①] 雅克·班维尔，《拿破仑》，哈谢特出版社，口袋书系列，1995年，第473页。

第九章

波拿巴、安的列斯群岛与殖民地奴隶制[①]

一般而言，执政府及帝国时期的历史学家不会针对拿破仑殖民地政策的失败大肆发挥。令他们感到困扰的并非是这个主题本身，而是拿破仑重塑庞大海外"帝国"的梦想惨遭失败。这部分材料很快就被人同法英经济战争的材料混同起来。从某种程度来说，从"欧洲中心"研究角度研究拿破仑时期历史时，这部分材料则沦为"副材料"。相反，历史研究人员或者媒体论战专家从最"进步"的方面挖掘拿破仑在殖民地的行动，其目的在于将拿破仑的行为简单化，然而这种简化令人难以接受：拿破仑只不过是拥护奴隶制度的卑鄙之徒，受殖民游说集团操控，他甚至支持对"黑色人种"进行大屠杀。[②]人们只需要记住，进攻圣－多明

[①] 原载于"波拿巴、安的列斯群岛与殖民地的奴隶制度"，《评论》杂志，第113期，2006年春，第127页-139页。本章有所改写及增补。
[②] 例如，克劳德·里贝的论文：《拿破仑的罪行》，私立出版社，2005年。

各未遂、瓜德罗普岛大屠杀，当然还有在某些殖民地重建奴隶制度，都是有关执政府和法兰西帝国的海外行动就够了。自伊夫·贝诺特之后，那些深入肌理的指责应该置于放大镜之下进行仔细研究，绝不能归纳成好坏之争、善恶之争。①相关资料、文章以及事实需要努力弄清楚，才能从中吸取教训，不重蹈覆辙。针对这种敏感的题材，历史学家必须摒弃落伍的观点，这样的追寻是前所未有的。历史已然是一门足够复杂的学科，再用与两百多年前的与事实相去甚远的价值观去判断历史，历史会变得更加扑朔迷离，尽管在今天，这些价值观已经获得公认。

既然先决条件已经确定，抛开争论会让我们感觉更舒服一些。为了尽量概括拿破仑·波拿巴殖民政策的主要路线，人们有时候会在争论中禁锢自己。执政府没有放弃法兰西在欧洲之外的阵地。在这个问题上，执政府并没有走得比前人更远。尽管旧政权末期，法兰西的海外阵地开始缩减，并且其中大部分地区已于大革命头十年间脱离了宗主国的控制，但这些地区仍然在很大程度上代表着法国的商业利益。执政府抓住与英格兰签订《亚眠和约》的机会，努力夺回其中的大部分地区。然而梦想的实现触及现实的礁石：海军实力羸弱；错误估计了黑人对自由的渴望；军事长官们犯下心理上的错误；在控制路易斯安那地区问题上的迟迟没有动静。最后，1803年5月起，与英格兰战端重开。

---

① 请见：伊夫·贝诺特，《拿破仑时代的荒唐殖民》，发现出版社，1992年。我们尝试更好地揭示这种"殖民失败"，论据来源为：《大执政府（1799-1804）》，法亚尔出版社，1999年，第479页-503页；《第一帝国新史II——拿破仑体系的崩塌》，法亚尔出版社，2004年，第135页-164页；《拿破仑、努力制度与殖民地》，与皮耶尔·布朗达合著，法亚尔出版社，2006年。

夺回殖民帝国

旧政权统治末期，丢掉印度、加拿大以及向西班牙出让路易斯安那地区之后，路易十六的省长和总督们仍然治理着极广阔的领地，包括安的列斯群岛（圣－多明各、瓜德鲁普岛、马提尼克岛、玛丽－加兰德、拉代西拉德岛、莱斯桑德岛、圣－马丁岛的一部分、圣－路西岛和多巴哥岛）、南美洲（圭亚那）、北美洲（圣－皮埃尔－密克隆岛）、非洲以及黑非洲沿海地区（塞内加尔的圣－路易）、法兰西岛（毛里求斯）、波旁岛（1793年起改称留尼旺）、印度洋（塞舌尔）以及在印度设立的五处商行（本地治里、开利开尔、马埃、雅隆和尚德纳戈尔）。[1]

安的列斯群岛在法国的殖民地中重要性非同一般。1788年，那里生活着将近六十万名来自非洲的奴隶、三万多名自由身份的有色人种以及五万五千名白人。那里矿产开采以及种植业十分繁荣。回国之前大发一笔横财是当地侨民的主要精神状态。接连几届政府均鼓励这种拓殖模

---

[1] 参见伊夫·贝纳特，《法国大革命与殖民地的终结》，发现出版社，1988年。有关意识形态环境的相关内容请见让·塔拉德，"殖民主义"，《启蒙运动欧洲辞典》，法国大学出版社，1997年，第235页-236页；让-米歇尔·德沃，"殖民地"，《旧制度辞典》，法国大学出版社，1996年，第286页-288页；马塞尔·多里尼，"殖民地"，《法国大革命历史辞典》，法国大学出版社，1989年，第249页-251页。

式。通过实行被称作"专属"的体系，安地列斯岛各地不仅在事实上向宗主国提供了殖民地产的食物，并且独立承担了为宗主国储备食物的责任。在这样的背景下，凡尔赛打算像控制法兰西其他省份那样，真正地控制"他们的"殖民地。以至于到了旧政权统治末期，暴动席卷整个安的列斯群岛。未被允许派代表参加"三级会议"触怒了安地列斯的移殖民，他们要求获得最大限度的自治。受移居海外，甚至风餐露宿的启蒙运动先驱启发，黑人们开始有所行动。

白人移民在当地占有重要的一席之地。这些遥远的地区名义上接受代表着国王的总督管理。这里几乎没有拥有贵族身份之人。财富决定社会结构。虽然并没忽略解放奴隶以及人种混交（原因在于地区性男性人口过剩），但当地的社会结构仍是白色人种牢牢把控着顶层位置（当时的普遍观念，可惜历史学家只能局限于观察）。大革命伊始，当地移殖民希望保留这种"独立"的形式。因此，担忧情绪迅速蔓延开来，其中慷慨思想占据主流。"法国黑人之友协会"为这种思想的传播做出了巨大贡献，该协会于1788年由布里索创造。协会中最著名的会员包括：克拉维耶、孔多赛、杜波特、格雷瓜尔神父、拉法耶特以及米拉博。

旧政权针对瓜德鲁普岛以及马提尼克岛问题上的退让做法鼓舞了圣－多明各的移殖民。1787年，以协助总督为目的的本地白人议会成立。圣－多明各移殖民宣布获得自由，创立自己的议会。他们甚至于1790年5月28日通过了一部宪法以捍卫自己的"权力"。10月，制宪会议撤销了这项决议。制宪会议于前几次会议期间，赶在国会改变政令前赋予了自由身份的黑白混血儿公民权利：以古伊·达西、巴纳夫、马鲁埃和"马提尼克人"莫罗·德·圣-梅里为首的马西亚克宫俱乐部[①]是一个由超过四百名"移殖民之友"组成的施压团体。马西亚克宫俱乐部可谓名符其实，在一次并不那么"慷慨"的国民代表大会上，该俱乐部重整旗鼓、占据上风。当时，罗伯斯庇尔险些没能成功阻止一项明确承认奴隶制合法地位的决议投票通过。

当人们在法国谈论大部分殖民地爆发的麻烦时——移殖民对抗中央政权；自由主义者对抗拥护奴隶制度者；白人对抗有色人种；黑人对抗黑白混血人种——圣-多明各的黑白混血自由人掀起反抗。反抗惨遭血腥镇压，参与反抗的矿工首领被施以车裂酷刑。最早的反抗出现在安的列斯群岛。[②]马西亚克俱乐部成功地向当地派遣多支部队，以便重建秩序。紧接着这最初的一阵狂热的就是圣-多明各爆发的奴隶起义。由于缺乏对当地具体情况的了解，并且先后受"移殖民之友"以及"黑人之友"的控制，国会犹豫不决，并未能采取深入的措施。"黑人之友"除了为黑白混血人种争取到确定的权利之外一无所获：1792年8月22日颁布的政令决定选出三十六名移殖民议员进入未来的国民公会。所有的"自由人"（无论肤色）均可参与他们的任命。一年后，仅有六名议员以及三名候补议员获得任命：三名黑人、三名白人以及三名混血人种。其中四人成功冲破英国的封锁抵达巴黎出席会议。[③]

[①] 参见L·勒克莱尔，"马西亚克俱乐部政策及影响力"，《法国大革命编年史》，1937年，第342页-363页。
[②] 伊夫·贝纳特，"1789年至1791年加勒比海地区奴隶的系列起义"，《废除奴隶制：从L·F·松多纳克斯到V·舍尔谢》，圣-德尼：文森斯大学出版社，1995年，第179页-186页。
[③] 佛罗伦萨·高蒂耶，"废除奴隶制中圣-多明各议员所扮演的角色"，《废除奴隶制：从L·F·松多纳克斯到V·舍尔谢》，同上，第199页-211页。

废除奴隶制、圣－多明各和对英格兰战争

由于不愿意在国民议会中增加新的纷争，长期以来，国民议会议员拒绝深入讨论奴隶制问题。格雷瓜尔出人意料地通过一项决议，取消贩卖人口的公共奖励。此举对奴隶制来说可谓雪上加霜。1793年9月21日，特派员松多纳克斯[①]和波尔维雷尔在未经巴黎方面同意的前提下在圣－多明各废除奴隶制。最终，1794年2月4日（共和历2年雨月16日），在勒瓦瑟尔的提议下（萨尔特河区），国民公会一致通过在法国殖民地全面废除奴隶制的决议。世界上第一次有国家为了殖民地的经济利益选择放弃奴役他人，并因此相应地放弃贩卖人口活动。[②]然而议会慷慨仁慈有失冷静，在没有给移殖民任何准备又没有任何补偿措施的前提下，意外就此发生。在后来的回忆录中，格雷瓜尔对这次"突然的解放"后悔不迭。国会为挽救事态，下令关闭马西亚克宫俱乐部，逮捕俱乐部成员。

废除奴隶制导致法国领地的混乱局势升温：移殖民纷纷起义；地方当局拒绝实行法国法律；军队消极怠工；瓜德鲁普岛的奴隶宣布成

[①] 有关松多纳克斯的情况参见马塞尔·多里尼（编），《松多纳克斯——首次废除奴隶制度》，法国海外历史公司，1997年。
[②] 1792年3月，与法国的情况正相反，丹麦宣布废除人口贩卖（该项措施于1802年生效），但并没有宣布废除奴隶制。因此，丹麦的海外领地仍然实行奴隶制。

立黑人共和国，后来这些奴隶被迫逃进深山避难；海盗船继续小范围贩卖人口。

圣－多明各的乱局更为糟糕。奴隶发动的起义开始于1791年8月。起义遭受残酷的镇压，直至一位获得自由身份的奴隶——让－多米尼克·杜桑·卢维尔图尔成为起义者的首领[①]。杜桑·卢维尔图尔出身的家庭属于今天的贝宁。1743年，他出生于圣－多明各北部的法兰西角。杜桑－卢维尔图尔生来就是奴隶。在一位自由人的教育下，他学会了阅读和写字，粗通基本常识和医学。法国大革命之前，杜桑自己也获得了自由人的身份。杜桑的目标是黑人掌权前提下的圣－多明各独立。为达到这一目标，他不惜使用迂回的策略。首先，杜桑于1793年与西班牙人联盟。次年，他又与法兰西站到了同一战线上。督政府任命杜桑为旅长（1795年），后来又晋升他为师长（1796年），甚至他的长官——拉沃离开后，他又被任命为圣－多明各部队的指挥官。他没收了一批被放弃的种植园，转托给他的副手们，从奴隶中培养了一批新的社会精英。以至于到了1797年底，他成为了圣－多明各岛法国领地的总负责人。自从一时间与英格兰人走得很近以及从贸易恢复中获得利益之后，杜桑便打破了这份刚刚建立起来的融洽，同时努力摆脱法国最后一位代理人。起初，松多纳克斯颇感不自在。1798年10月，被派往当地就此事进行

[①] 有关让·多米尼克·杜桑-卢维尔图尔的情况，参见两部标题及立场相互矛盾的作品：皮埃尔·普吕雄，《杜桑-卢维尔图尔——旧制度时代的黑人革命者》，法亚尔出版社，1989年（对主人公持谨慎态度）；西里尔·莱昂内尔·罗伯特·詹姆斯，《杜桑-卢瓦尔图尔与圣-多明各革命》，加勒比出版社，1983年再版（对主人公持赞扬态度）。若要了解他思想及意图上的高尚境界，还可以参阅维克多·舍尔谢创作的杜桑·卢维尔图尔的传记。该专辑于1983年由卡尔塔拉出版社及时再版。

辩论的艾杜维尔被军队驱逐出境。里戈将军率领的黑白混血部队惨遭卢维尔图尔部队全歼。这次战役罹难者无数，数百人被立即处决令这场战争被载入史册。执政府掌权后，这位黑人将军控制了圣－多明各岛上法国的全部领地，然后便虎视眈眈地望向《巴勒条约》规定的本应该由西班牙转让给法国但却一直被马德里方面控制的领土。

法国殖民地的威胁不仅仅来源自殖民地内部。法国海军的羸弱以及国内的政治斗争均是导致英格兰人和西班牙人（仅限于几个月内）分走一大杯羹的原因。因此，到了雾月18日，可以说拿破仑的革命战争已经变成一场"世界性的"战争。从这层意义上而言，革命战争事实上已经在全球范围内打响。英格兰占领了法兰西殖民帝国的部分领土。在安的列斯群岛，英格兰人占领马提尼克岛、多巴哥、圣－路西岛以及桑德岛；在印度，他们占领五大商行；北美洲的圣－皮埃尔－密克隆也难逃同样的命运。相反，经历种种跌宕曲折后，法国保住了法兰西岛、留尼旺岛、塞内加尔的圣－路易、圭亚那、瓜德鲁普岛（失而复得）的控制权以及至少在名义上保住了圣－多明各的控制权。因为杜桑－卢维尔图尔还需寻求巴黎政府的帮助。

巴黎当权的殖民"游说集团"

督政府当局自掌权伊始便控制住殖民地问题。或许这就是督政府对几名支持政变的商人迅速提供"投资回报"的方式。共和历 8 年宪法第 91 款明确规定："法国殖民地的政体将由特别法进行规定。"这也就意味着督政府所珍视的法兰西与其殖民地之间行政联结就此被打破。1799 年 12 月 25 日,诸位执政官向"圣-多明各公民"致公开信,表明这座岛的命运最能牵动他们的神经。虽然他们批准废除奴隶制,但波拿巴、康巴塞雷斯和勒布伦同时也向杜桑·卢维尔图尔发出某种提醒,提醒他"强敌"在侧时签订的一系列契约并没有被遗忘:

"公民们,一部因不断被侵犯而无法继续维持下去的宪法被一份新的协约取代。这份协约的使命就是维系自由。第 91 款写道,将有特别的法律治理法国的殖民地。这一条款源自事物的本质以及气候的差异。法国殖民地的居民生活在美洲、亚洲、非洲,不能使用相同的法律管理他们。习惯、道德、兴趣、土地差异、文化、生产上的差异要求法律不断被修正……共和国的执政官们向你们公布一份新的社会契约的同时,向你们宣布,你们将永远也不会感受到黑人神圣的自由和平等原则被侵犯,或者被修改。如果圣-多明各殖民地存在不怀好意的人,这些人同强大的敌人保持关系的话，勇敢的黑人兄弟，请记住只有法兰西人民承认你们的自由以及你们平等的权利。"①

波拿巴派出三名专员把这份明确废除奴隶制的宣言带到圣－多明各：米歇尔将军、文森特上校（殖民地的旧识，与卢维尔图尔关系甚笃）和黑白混血儿雷蒙（坚定地废奴主义者，1796年至1798年已经履行过督政府赋予的职权）。他们的使命是征得杜桑·卢维尔图尔同意并同当地最后一任中央政府代言人——鲁姆·圣－洛朗进行合作的前提下重塑宗主国的权威。

对波拿巴来说，奴隶制问题并非殖民地的核心问题。同与他同时代的人一样，说到底，波拿巴对从人道角度看待这个问题没有兴趣。在印度的领地上坚持实行奴隶制（共和历2年雨月颁布的法律从未在这里施行过）并不比在安的列斯群岛废除奴隶制更令他伤神：唯一能令他产生兴趣的只有黑人身份对经济繁荣所带来的影响。从另一方面看，在同英格兰开战期间，当法国舰队穿越海洋追赶敌人以及法兰西船舶必须有可靠的避风港进行休整的时候，殖民地成为战略要冲。1800年8月16日，第一执政官在行政院陈述观点时又一次提到圣－多明各：

"问题的关键并非在于搞清楚废除奴隶制是否有好处……我相信，如果黑奴们不是因为对自由的兴趣而依附我们的话，这座岛将属于英格

---

① 致圣-多明各公民，共和历8年雪月4日（1799年12月25日），《书信集》，第4455封。

兰人。他们生产糖的产量或许将会下降，但这样做是为了我们，他们会按照需求充当我们的士兵。如果我们少一座制糖厂，我们将多一座友军驻守的堡垒……因此，我将在圣－多明各的自由区谈论自由；在法兰西岛，甚至是在圣－多明各的蓄奴区（作者注：该地区被西班牙人占据）批准实行奴隶制；在我坚持主张奴隶制的地方，我将保留缓和、限制奴隶制的权利；在我坚持实行自由制度的地方，我将保留重建秩序、植入纪律的权利。"①

然而当他急遣特使来到杜桑·卢维尔图尔身边的同时，第一执政官又下令派遣一支四千人的部队前往圣－多明各。这支小型舰队在海军准将拉考斯的率领下做好准备从布雷斯特离港出海。但恶劣的天气以及英格兰海军的出现导致行动被迫取消。

第一执政官的亲信们围绕着殖民地问题展开辩论。虽然大革命终结了"黑人之友协会"和"马西亚克宫俱乐部"，但他们所捍卫的利益关切依旧活跃。隶属"黑人之友"阵营的督政府前部长同时也是波拿巴的海军参谋之一的海军上将特吕凯为了1794年的体系仍在四下活动。在他看来，高尚的共和党人甚至不应该针对废除奴隶制的益处提出质疑。在写给第一执政官的数份公函中，他严词抨击了那些在印度洋地区继续致力于人口买卖和奴役他人的人。他为杜桑·卢维尔图尔辩护，后来，他又反对勒克莱尔将军率领的远征行动。然而，在执政官的亲信中，特

---

① 罗德尔，《作品集》，弗明-迪多，1856年，第三卷，第334页。

吕凯变得越来越形单影只。作为空想理论家，他的两位主要支持者——格雷瓜尔和沃尔尼步队伍愈发庞大的"不满的雾月派"（罗德尔）之后尘，逐渐失宠。

事实上，"殖民游说集团"①有充分的行动自由。雾月政变过后几天，时任司法部部长的康巴塞雷斯和时任海军部及殖民地部部长的福尔费在位于协和广场的办公室拟定了一份决议计划，旨在软化共和历 2 年雨月 16 日发布的政令。改变废除奴隶制的政令当然不成问题，然而这样做只不过是容许从仍然存在奴隶制的国家把那些没有自由的人"进口"到殖民地去而已，然后通过艰苦的拼搏，再赋予这些人更高的身份。这些人身份继续提高，直到数年后获得公民身份为止。

圣-多明各问题也是人们四下活动的焦点。移殖民为此请愿。圣-多明各岛的两位前国民公会议员——白人议员迪法伊和黑人议员贝莱获得著名人物——冈托姆上将的支持。他们赞成进行武力干涉。福尔费召集数支工作组。实际上这些工作组就是施压团队。在第一执政官的唆使下，前国民公会议员塞尔和前制宪会议成员莫内龙提议在所有殖民地公然重建奴隶制。旧政权驻圣-多明各最后一任总督巴尔贝·马尔布瓦支持曾属于自己统治的白人们的一切主张。从前曾与从奴隶贸易中获益的商人们联系密切的康巴塞雷斯也加入其中。至于塔列朗，他希望效仿旧政权时代的"专属权"，恢复对殖民地的开发。②

---

① 我们承认在这里使用"游说集团"这个词显得实用而怀旧，即使人们现在已经不用这个词来形容"关系网"或者施压团体了（这个词可以追溯至 19 世纪中叶）。
② 在法兰西学院的入院典礼上，塔列朗发表的演讲是为收回殖民地助威。

处理印度洋事件是"殖民游说集团"第一次获得成功。然而圣－多明各事件的情形则截然相反。自1794年起，圣－多明各的移殖民便开始拒绝执行国民公会颁布的政令，一时间产生独立意愿的也正是这些人。福尔费从原则上反对"所谓的无私政党"①，在他的推动下，执政官们称赞说，现在的解决办法就是处理马斯卡林群岛（留尼旺、法兰西岛以及塞舌尔）问题最好的解决办法。对他们来说，白人权贵的支持比从哲学角度考虑殖民地问题更加重要。1800年10月，"曙光号"轻型巡洋舰为相关岛屿送去最新消息。经宗主国的所有使节再三确认，移殖民们终于彻底打消了顾虑。《亚眠和约》签订后，一切维持原状以及第一执政官无意在此地强制执行大革命律法的消息得到确认，人们欣喜若狂。

与杜桑·卢维尔图尔的关系出现裂缝

1800年4月底，米歇尔、文森特和雷蒙登上圣－多明各岛，将

---

① 这一说法来源自海军和殖民地部长的一篇报告，援引自伊夫·贝纳特，《拿破仑时代的荒唐殖民》，同上，1992年，第33页。我们同贝纳特一样，都认为没有必要在此处长篇大论地渲染约瑟芬所扮演的角色。我们完全不相信传说，因为传说中非得说是约瑟芬的介入，夺回殖民地一事才得以成行。当然，她向自己的丈夫引荐了不少的移殖民，也确实挂念着留在马提尼克岛上母亲的安危。但她没有必要说服波拿巴采纳经她个人分析强加给丈夫的解决方案。没有任何证据——除了几份安的列斯群岛的知名人士写的请愿书外——可以佐证我们时常在这个问题上强加给约瑟芬的角色。当我们谈到波拿巴的殖民政策时，"克里奥尔裔的亲信"只不过是一种背景而已，在这样的背景下，影响力之大如福尔费、巴尔贝·马尔布瓦、康巴塞雷斯或塔列朗之类的人表明了自己更具决定性意义的立场。

1799年12月25日的宣言以及准许他成为圣-多明各岛首领的文件交给杜桑·卢维尔图尔。卢维尔图尔将军同第一执政官的使节展开多次长时间的会谈。然而，鉴于笼罩全岛的紧张局势，后者得出不可能在短期内重建法兰西共和国权威的结论。尽管与里戈率领的"混血"大军之战——后者撤离战场并被送回法国——刚刚结束，但是它在人们脑海中留下的印记却远远还没到消散的时候。现实的力量远远大于信念的力量，因此白人们转而依附卢维尔图尔。黑人们拒绝接受宗主国派出官员的一切权威。与米歇尔及其同党不同的是，鲁姆·德·圣-洛朗继续视杜桑·卢维尔图尔为对抗白人大屠杀的最佳防卫者。为迫使对方屈服，卢维尔图尔将军的亲信抓住一切机会威慑对方。再看岛上西班牙方面，卢维尔图尔的反对者煽动骚乱。因此卢维尔图尔将军的意图越来越公开化，他打算攻下他们的领地，统一全岛……统一直到1795年签订《巴勒条约》时，才在文件末尾处有所体现。波拿巴的密使希望避免出现如此的结局。他们无论如何也不希望看到权力最终集中到卢维尔图尔将军的手中。

杜桑·卢维尔图尔——法国方面犯了一个错误，这个错误就是相信了他的纯洁善良以及唯一能驱使他行动的因素只有崇高的感情——清楚其中的利害关系。他听到拉考斯准备远征的风声，但同时他也清楚法国与英国正处于战争状态，现在找人取代自己实非易事。因此他的目标就是趁着英法处于战争状态的时机取得决定性的优势地位。为此，他继续没收种植园的部分收入以充实预算资金以及购买武器，被罚没的种植园包括那些位于临近的英格兰领土上的种植园……卢维尔图尔以超规格的待遇接待第一执政官的特使，但却没有向他们作出丝毫让步。然而，他也犯下许多错误。波拿巴将这些错误行为视为是对自己的挑衅。

拿破仑横跨大西洋的外交

最初的举动无关紧要：拒绝做米歇尔将军的副手，促使后者离开圣-多明各。后者于1800年12月返回法国，他带回一份经过评估的报告，报告的内容十分谨慎，为卢维尔图尔找了许多借口，甚至建议波拿巴向卢维尔图尔写一封私人信件。他认为此举将最终把杜桑·卢维尔图尔拉回法兰西阵营。①更严重的还在后面。1800年11月4日，事实上，福尔费向杜桑·卢维尔图尔写了一封措辞坚决的信："西班牙国王已经将圣-多明各西班牙领地众指挥官的抱怨转告第一执政官。法兰西政府授权我知会您，我们夹在两国政府之间，最好不要控制西班牙在圣-多明各的领地。因此，法兰西政府的愿望是给予您——法兰西共和国代理人的头衔，以及可以给予最忠实盟国国君代理人的全部尊重。"②命令已经十分清晰。"法兰西共和国代理人"的头衔是跑不掉了。除此之外，法方还注意到，他身边的亲信越来越多。一场小规模远征蓄势待发。远征队伍人数虽不多，但超编补充进数名高级官员：殖民地总督勒夸·芒吉罗负责制定圣-多明各的各项法规；司法特派员德佩鲁；海军准将孔比负责占领西班牙领地；米歇尔将军负责指挥远征军。所有这些人，除了孔比之外，都必须听命于杜桑·卢维尔图尔。1801年3月4日，卢维尔图尔收到一封由第一执政官签名的私人信件，卢维尔图尔借机晋升为"圣-多明各法国领地总指挥官"。就在事情发生的同一天，勒夸·芒吉罗接到命令："对杜桑·卢维尔图尔施加影响，不要怀疑他，要引导

---

① 伊夫·贝诺特，《拿破仑时代的荒唐殖民》，同上，第23页。
② 共和历9年雾月13日信件（1800年11月4日），《书信集》，第5160封。

他，把他的勤奋和才智引导到为稳定社会秩序、人民安宁以及农业发展服务上来。"①

1801年4月10日，正当他们准备出海之时，孔比和勒夸·芒吉罗收到消息，他们的任务被暂时中止了。巴黎方面刚刚收到消息，称四个月前，杜桑·卢维尔图尔强迫鲁姆·德·圣-洛朗——如若不然，他威胁将进行针对白人的全面大屠杀——授予自己书面许可，在获得书面许可之后，他入侵并占领了圣-多明各岛上的西班牙领地。随后，鲁姆·德·圣-洛朗遭到逮捕。信任的圣-多明各首领致信波拿巴："不论我的敌人在您面前如何诋毁我，我都不会做任何辩解。"卢维尔图尔继续追求自己的目标。因此，他宣布一个委员会专门负责制定圣-多明各宪法。

波拿巴和福尔费所写的信件均被宣布无效。这些信件的初衷是建立圣-多明各岛的新秩序。很快，卢维尔图尔便开始清洗部队中的军官。5月4日，海军上将维拉雷·若约斯接到命令，做好准备从布雷斯特港出海，首先直抵非洲沿海，然后剑指安的列斯群岛。他的任务是先分散众黑人将军的注意力，然后再控制他们，最后将这些人押解回法国。可供他驱使的大约有七千人。与此同时，福尔费派遣一名信使——免除指责——前往杜桑·卢维尔图尔处，要求对方还鲁姆自由。9月1日，后者被释放。

从7月伊始，圣-多明各"宪法"开始生效：尽管该《宪法》重申了圣-

---

① 给殖民地总督的命令，共历年9年风月13日（1801年3月4日），《书信集》，第5440封。

多明各岛属于"法兰西帝国",但获益最大的是"总指挥官"。杜桑·卢维尔图尔被任命为终身总督,辅佐他的是由他任命的国会。卢维尔图尔委托文森特将这部《宪法》带到巴黎,以便获得众执政官的批准。卢维尔图尔希望能传递让法国方面安心的讯息:圣－多明各依然属于法国的势力范围,依然遵从共和国的原则(包括废除奴隶制)。事实上,杜桑·卢维尔图尔除了耍两面派之外别无选择:一方面,他仍然是废奴主义者(周围的环境与此相悖),并且宣称自己是法国人,目的是享受宗主国的国际地位;另一方面,他要求巴黎方面给与他自由。

波拿巴的抉择：强硬手段

安的列斯群岛的最新消息令身处"强硬派"阵营的波拿巴产生了动摇。今后,问题已经达到是否尊重波拿巴权威的程度了。与英格兰缔结和平愿景促使他认为,他能够很快重建起一个同战前一样的殖民帝国……其中,圣－多明各的地位至关重要。与伦敦方面签署和平条约的预备性条约之前的一个星期（1801年10月）,德克莱——刚刚取代福尔费的部长职位——接到继他上任后有关殖民地的头几条命令:维持瓜德鲁普岛"黑人的自由";增援塞内加尔和毛里求斯;派遣冈托姆将军前往印度地区"升起法国国旗"。至于圣－多明各,波拿巴选择采取强硬手段:在勒克莱克将军的率领下,一万两千余人——几天后,又增至两万人——被派往圣-多明各岛,完成控制该岛的任务。勒克莱克必须重建宗主国的权威,同时还必须在属于法国的领地上维持废除奴隶制的体制,在属于西班牙的领地上保留奴隶制。此外,他还必须逮捕诸位黑人或黑白混血将领,并将他们遣回法国。

波拿巴遣人通知被任命为圣-多明各总指挥官的卢维尔图尔,勒克莱尔已经到达圣-多明各。波拿巴的信使尽力迎合卢维尔图尔,向他作出大量未来的许诺:

"助我们一臂之力吧,用您的建议、影响力和才智,尊敬的总指挥官。您究竟想得到什么呢?黑人的自由吗?您知道,在所有我们出现过的国家里,我们都给那里没有自由的人民带去了自由。尊敬、荣誉亦或是财富吗?您曾经为我们效过劳,在当前的情况下您也会为我们效劳,同时我们对您青眼有加,您不应该对尊重、财富以及荣誉没有把握,您期盼着这些……请您毫无保留地相信,我们对您是器重的。请您以世界上最大的国家的主要公民之一的身份行事。"①

当亚眠谈判开始的时候,英国首相阿丁顿对法国远征安的列斯群岛没有表示任何反对。他甚至认为,重建殖民地的秩序符合两国的公共利益。因此,巴黎和伦敦政府决定,就现状以及准备情况保持信息互通。②

---

① 共和历10年雾月27日(1801年11月18日)信件,《书信全集—拿破仑基金会出版》,第6647封。
② 有关《亚眠和约》签订前两国政府的讨论情况,参见伊夫·贝诺特,《拿破仑时代的荒唐殖民》,同上,第59页。

英格兰别无选择：或者任由宗主国在其殖民地重建秩序，或者让法国将四处宣布黑人获得自由。英国可以利用新获得自由的人充实军队，同时也是由于同样的原因，在那些黑人的诉求必将有所表达的不列颠领土上，骚乱将会出现。尽管第一执政官身边的几位"黑人之友"老会员一再干预——沃尔尼和文森特上校应杜桑·卢维尔图尔的请求，从圣-多明各返回法国为他进行辩护，勒克莱尔的远征军依然于1801年12月14日离开布雷斯特港。

勒克莱尔并没有打算在圣-多明各登陆。尽管杜桑·卢维尔图尔无视几次针对欧洲人的屠杀行径并且没收了种植园，但他难道没有对执政府表达归顺之意以及对波拿巴表达敬佩之情吗？有关军事计划层面，波拿巴的妹夫（勒克莱尔娶了波琳为妻）对寻求开战完全没有兴趣：卢维尔图尔拥有一支在数量上占优势的部队——两万人的常规部队以及相当数量的武装志愿者。于是，勒克莱尔决定兵分几路，以便在岛上的几处地方平安登陆。这种策略的好处在于，可以牵制卢维尔图尔。如果开战的话必须同时面对多条"战线"。勒克莱尔的谨慎即将收到回报。

1802年1月29日，来自宗主国的远征军抵达法兰西角。迎接他们的是隆隆的炮声。面对不利的局势，法国军队原本应该在大港口以西地区攻克坚固的阵地，但担任现场指挥的黑人将军克里斯多夫拒绝法国军队登陆。直到2月7日，新任的总指挥官才在法兰西角登陆。不过克里斯多夫在撤退之前一把大火烧毁了法兰西角。两天前，太子港和圣-多明各（西班牙领地的首都）分别臣服在布代将军和凯弗索将军脚下。4日，多凡堡落入罗尚博将军之手。几天内，远征军牢牢占据了圣-多明各几乎全部领土。1802年2月17日，勒克莱尔致信杜桑·卢维尔图尔，要求对方来见自己，并"把事情解释清楚"。一周后，罗尚博在游蛇谷发现卢维尔图尔，与此同时，麻雀峰要塞也落入法国人手中。卢维尔图尔的残余部队占据西部的山地，筑垒坚守阵地。从那以后，起义者只能指望某些因素来战胜勒克莱尔：游击战、焚烧土地以及在欧洲人队伍中肆虐的黄热病（远征的头三个月内，大约死亡两千人左右）。

消耗极大的战时体制历时两个月，各条战线均对卢维尔图尔不利。因此，1802年5月6日，卢维尔图尔被迫屈服。勒克莱尔就像什么都没发过似的，同意参加起义的将军们重新指挥旧部。然而他们的领袖却退隐至一处种植园。疾病以及战斗造成的损失削弱了这位总指挥的实力，他已经无力要求"殖民军"解除武装。然而，勒克莱尔与黑人军官群体联系密切，并借助他们的纷争，兵不血刃地排挤卢维尔图尔。6月7日，勒克莱尔逮捕了卢维尔图尔，将他囚禁在舰队的一艘船上运往法国。舰队于7月12日抵达目的地。两周后，执政府下令罢免卢维尔图尔的中将军衔，将他软禁在蓬塔利耶附近的茹城堡。面对卡法雷利将军的审问，他拒绝承认密谋反对法兰西共和国并给波拿巴写了一封请愿书。第一执政官没有任何回应。缺乏取暖措施、严重的营养不良，让－多米尼克·杜桑·卢维尔图尔经受了严酷的监狱折磨。1803年4月7日，他在一片漠不关心的目光中离开人世。[1]

---

[1] 1983年，杜桑·卢维尔图尔的遗骨被送回海地。1989年，法国在他的出生地——贝宁为他塑了一座雕像。这座雕像距离他祖父出生的村庄不远。

镇压瓜德鲁普岛

1794年3月,瓜德鲁普岛被英格兰人征服。几个月后,这里又被法国军队占领。雾月政变后,法国政府向瓜德鲁普岛派出三名代表。他们在清洗政府机关的同时,轻而易举地稳定住了大量吸纳奴隶和"自由身份有色人种"的殖民军队的秩序。1801年春,执政们重新任命主要行政官员:拉考斯准将成为总指挥,国务议员莱斯卡利耶担任殖民地总督,科斯特法官担任司法委员。[①]他们只会火上浇油:不执行大革命法律、强制收税、逮捕知名人士。1801年10月21日,当得知将实施新一批逮捕后,自由港(皮特尔角)揭竿而起。农民和黑人士兵夺取城市的控制权。拉考斯、莱斯卡利耶和科斯特遭到逮捕,然后被送往英格兰人控制的多美尼克岛。生于马提尼克岛的黑白混血将军佩拉日当选部队指挥官。

瓜德鲁普岛动乱的消息传到巴黎时,勒克莱克的部队刚动身离开布雷斯特港前往圣-多明各仅几天时间。1802年1月7日,法国决定派出第二支远征军前往安的列斯群岛。这支远征军规模较小——三千六百名士兵足以。里什庞斯将军授命指挥这支部队。1801年5月5日,当

---

① 雅克·阿戴拉伊德-梅朗德,《戴尔格莱——1802年的瓜德鲁普岛》,卡尔塔拉出版社,1986年,第13页(概述详细讲述了1800年至1802年瓜德鲁普岛事件的始末)。

法国舰队抵达皮特尔角时，没有任何迹象显示这将是一次艰难的占领行动。里什庞斯将军登陆瓜德鲁普岛后，仪仗队向他举枪致敬，佩拉日邀请他检阅殖民地军队。只有戴尔格莱"将军"以及大约一百五十名开小差的士兵未参加此次集结：他们重返巴斯特尔。戴尔格莱在那里号召"大规模起义"。最终，他招募超过一千名战士。里什庞斯决定必须征服这次"起义"，于是部队重新登船驶向瓜德鲁普岛西海岸。军事行动的指挥十分粗暴，甚至就连军中的中尉军官们也在报告中对此有所抨击。战事一直从1802年5月10日持续到5月28日，战况异常激烈。里什庞斯共计损失近乎40%的兵力，他们或是因为战斗牺牲了，或是病倒了。里什庞斯能够取得胜利还要部分归功于佩拉日的归顺，以及因此促成的殖民地军队六百名黑人士兵参与镇压暴动。后者的参与降低了此次行动的难度，没有这些人的参与，这次镇压就算不上一次种族斗争。[①]至于那些参加起义者，即使没有在战斗中丧生也难逃被送上获得授权审理"叛乱罪"的军事特别法庭的命运：法庭宣布判处两百五十名罪犯死刑。被困马图巴，戴尔格莱及其大约三百名追随者开枪自尽。瓜德鲁普事件并未就此画上句号。多处参与抵抗的根据地又坚持了几个月的时间。圣安妮的起义遭遇野蛮镇压：百余人被判死刑。拉考斯（"解放"后重新就任总指挥）为此重拾风行一时的车裂和火刑！大规模的屠杀持续了数月之久，数以千计的黑人在屠杀中失去生命。总指挥一经逮捕，奴隶制立

[①] 这些士兵唯一得到的回报是，随后遭到逮捕，并被送往各个港口。根据梅纳尔将军的报告所示，这些士兵被当做奴隶贩卖掉。至于佩拉日，他被软禁在法国近一年的时间，随后他获得自由，军衔也得到恢复（伊夫·贝诺特，《拿破仑时代的荒唐殖民》，同上，第72页）。

刻得以恢复。近五千名黑人被驱逐出岛，然后被安置到其他的殖民地上。对于执政府来说，这是其殖民政策的一页灰暗篇章，但里什庞斯并不能为此负上唯一的责任，原因不言自明：1802年9月3日，高烧夺走了他的生命。拉考斯准将结束了镇压行动。波拿巴没有下达过任何有关屠杀的命令，他甚至根本就不知道实际上发生了什么。但第一执政官为此也不会责备自己的下属：对他来说，瓜德鲁普的行动属于恢复殖民地秩序的范畴。

1803年5月8日，埃尔努夫被任命为瓜德鲁普新任总指挥。他将在自己的任期内重新恢复岛内的宁静与和平，直到1810年1月，英格兰人占领瓜德鲁普岛为止。

重建奴隶制度

从道德层面看，相较于同时代"开明的"观念而言，执政府的殖民政策以重建奴隶制度为标志。在这个问题上，当政政权宣布实施一种令人遗憾的倒退。"殖民游说集团"成功地打破了第一执政官的信心，并且获准实施一系列倒退性质的措施……但接下来发生的许多事件阻止了该集团从中获利。然而革命的人道主义并没有把胜利者从斗争中解救出来。究其原因，第一执政官对"黑人问题"的漠视所占的比重比种族主义所占的比重更大，尽管其种族主义的程度远比同时代的平均水平要高。

的确，最崇高思想的捍卫者尽是些空想理论家——除废奴主义情节外还写其他动机——第一执政官刻意摆脱这些人。他们毫无分量可言，相当大一部分人对他们的观点不太感兴趣。然而当局的资产阶级盟军的论据却大行其道。

共和历10年花月30日（1802年5月20日）颁布了一部法律，其中有四项条款是对马西亚克宫继承者所取得胜利的认可。在法国通过执行《亚眠条约》恢复的殖民地以及印度洋的殖民地上，奴隶制度按照1789年之前的法律和规定"继续存在"（原文如此）。黑人贩卖以及把他们"进口到上述殖民地"的贸易得以恢复；但人们仍然说，由于法国再次与英国开战，所有这样的措施并未达到预期效果；据估计，大约有两万人沦为执政府及法兰西帝国时代人口贩卖的牺牲品，同时整个18世纪被运走的奴隶数以百万计，另外拿破仑倒台后，还有六万人应该也遭受到了同样的命运。"百日王朝"时期，废除人口贩卖终结了后一种情况。因此，英格兰从始至终都垄断着当时全世界的人口贩卖。[1]有时候，人们难免会忘记纳尔逊的补给船队从特拉法格出发前往非洲从事三角贸易的事实。

法律明确规定，殖民地的政治体制在十年内只遵循政府制定的法规，议会不得干预。这部法律的前几项条款明确了一项法律行为的地位，即1794年废除奴隶制的事实不容更改。后来人们可以注意到，在圣-多明各以及瓜德鲁普这些国民公会的文件执行得十分顺畅的地区，奴隶制

---

[1] 参见奥利维耶·佩特雷-格勒努约，《黑奴贩卖——全球历史论文》，伽利玛出版社，2004年。

度并没有正式"恢复"。经过接连几次的武力征服，这些地区已经成功地引入黑人政权，或者最起码也算是成功地将大量有色人种融入行政机关和军事机关。然而里什庞斯从1802年7月开始在瓜德鲁普重建奴隶制度的行为等于点燃了火药桶。至于圣－多明各，波拿巴致信德克莱，要求对方在"某段时间到来之前"千万不得考虑废除1794年颁布的法律文件。这表明他打算将1802年5月20日颁布的法律之原则扩展至法兰西的全部殖民地。

后来出台的多部法律文件进一步强调在法兰西海外领土上重建旧制度：保留"1789年之前就存在的"各级法庭，但改换名称（1802年6月18日法令）；重新生效1783年议会组织专属权的决议（1802年6月23日中断）；禁止有色人种在没有明确许可的前提下进入宗主国的领土（1802年6月30日中断）。1808年的一项调查结果显示，法国境内当时生活着一千五百至两千名黑人，其中半数生活在波尔多地区。这些黑人中没有任何一个人是奴隶，这与法国为数不多的殖民地上发生的情况截然不同。

圣－多明各事件的结局

杜桑·卢维尔图尔的离去并未终结圣－多明各事件。1802年8月初，其他殖民地上全面重建奴隶制度的消息传到岛上。早已因瓜德鲁普的消息而陷入癫狂的黑人们——尚未解除武装——举兵造反。卢维尔图尔的旧部军官指挥这次运动。对勒克莱尔的极度失望导致暴力行为不断涌现。军中疾病肆虐消沉了勒克莱尔的意志，他一封接着一封地致信巴黎，懊悔自己做出的有关黑人命运的决议。为了恢复和平，他多次向黑人们承诺给予对方自由。但是后来他又不得不违背自己订立的原则，被迫食言。他在信件中保留缄默，尽管如此，这并不妨碍他领导平叛行动。然而将整个事件推向最坏结局的直接责任人并非是这位波拿巴的妹夫：他自己也患上黄热病，于1802年11月2日逝世。罗尚博成为他的继任者。

与罗尚博相比，"他的前任简直就是一个非常善良的人"[1]。这位新任总指挥一头扎进斗争中，甚至达到了某种狂热的程度。肉体折磨，训练专门追捕黑人的狗，集体溺毙以及立即处决是罗尚博指挥的标志，然而军事形势却没有因此而得到改善。相反，黑人将领不断夺取胜利，因此造成灾难性的后果——欧洲大陆军队持续减员。本地白人开始离总指挥而去，圣-多明各维持原状的全部希望被夺走了，他们的热情也因此消散殆尽。1803年春，罗尚博失去法国在圣-多明各岛上的最后一片土地。与英格兰再次开战终止了这段可悲的圣-多明各冒险。"代表我做的蠢事。"后来皇帝应该如是说。[2]

法兰西帝国刚刚宣布成立，拿破仑便希望再次踏足圣-多明各。宗主国仍然保留岛上西班牙部分的控制权，打算以此作为开启武力征服

---

[1] 伊夫·贝诺特，《拿破仑时代的荒唐殖民》，同上，第83页。
[2] 加斯帕德·古尔戈将军，《圣赫勒拿日志》，弗拉马利翁出版社，1947年，第一卷，第278页。

的基地。然而当时岛上的形势仍在发展变化：1804年1月1日，海地（圣－多明各岛上法国领地的新名称）宣布独立。海地的领导人是让－雅克·德萨林将军。当年10月8日，德萨林将军自立为……皇帝，称雅克一世。

德萨林1750年前后生于非洲，曾经是一名奴隶。海地第一次起义期间，杜桑·卢维尔图尔授予德萨林将军军衔。他还参见了1800年对抗圣－多明各岛南部黑白混血人的战争。在这次战争期间，德萨林展现出了自己的军事才能，同时他几次下令屠杀囚犯也将他的残暴暴露无疑。杜桑·卢维尔图尔称臣后，他也暂时归顺了法国人，直到他第二次领导起义，反抗勒克莱尔和罗尚博。成功统一各个黑人反抗集团后，德萨林迫使因疾病而大量减员的法国军队投降。随后，他自立为皇帝。他为今后攻克圣－多明各岛上的"西班牙领土"做好了准备。这部分领地的指挥官是费兰德将军。在此之前，也就是1804年3月16日至3月25日，德萨林着手屠杀移殖民。海地第一位历史学家托马斯·马蒂乌讲述道：

"3月16日晚上十点钟，屠杀同时在城市的几个地区开始。一队队士兵在手持匕首的民众——这些民众的所有权或属于海军，或属于商人和行政人员——带领下闯进白人家中，大肆屠杀白人。恐怖的号叫响彻城市上空……屠杀一直持续到黎明时分。凶手们稍作休息。八点左右再次开始屠杀。晚上没有被杀死的白人遭到逮捕。这些人被带出城，钉死在十字架上……手持大刀的孩童捅死在街上遇到的白人。已经被吓破胆的可怜虫们在没有任何抵抗的情况下惨遭屠戮……第二天，德萨林总督巡视全城，城内的走廊街道已经被鲜血染红……不过，（他）还是放过了一些白人,包括能用得上的医生、外科医生、药剂师以及制帽工人。"①

1805年中旬,德萨林针对圣－多明各西班牙旧领地展开的攻势被击退。此后,雅克一世熄灭了武力征服的梦想,转而治理自己的"帝国"。组织屠杀白人后,他开始把矛头指向黑白混血人种和小农民。德萨林几乎不给这些人土地,而是更倾向于通过付薪的方式逼他们为自己那些拥有大片地产的朋友干活。海地诸活跃势力的支持就这样一点一点地离他远去,雅克一世皇帝实力大减,同时还不得不面对三名曾经的忠实部下——克里斯多夫将军(未来的国王)、戈兰将军和佩蒂翁将军(未来的共和国总统)领导的南部黑白混血人起义。1806年10月17日,红桥之战的一声枪响结束了雅克一世的一生。海地共和国宣告成立,亚历山大·佩蒂翁当选共和国总统。他任总统一职直到1818年。面对克里斯多夫(成为亨利一世国王)在海地北部进行的分裂——1820年10月8日,克里斯多夫的自杀瓦解了这个"王国"——他算是非常幸运的。这位奇特的总统同时把《民法典》和免费教育引入自己的领地。

对拿破仑来说,不论是面对雅克一世还是面对佩蒂翁没有什么不同,他不会一直无动于衷。拿破仑为重新夺回圣－多明各,尝试向美国寻求依靠。后者两次表现出开放的态度。美国国会通过禁止美国商人与圣－多明各西方侨民贸易的法令。但这次封锁完全没有效果。美国商人无视

---

① 托马斯·马蒂乌,《海地史:太子港》,亨利·德尚出版社,1989年,第三卷,第165-170页。

禁运。更糟糕的是，困局最终在英格兰人手中迎刃而解，他们在没有遇到任何阻力的情况下定居在太子港和这个国家的其他港口。直到1807年杰斐逊针对所有参战的欧洲列强实施禁运，闸口最终才得以收紧。

对于缺兵少将的法国来说，从东部出发采取军事行动更是不可能完成的事情。费兰德将军驻扎在圣－多明各城，麾下兵士仅有约两千名，况且这些兵力还要用于掌控这个国家。这支队伍几乎清一色由西班牙裔组成，他们希望能够打消这个国家白人阶层的顾虑。将军努力尝试获得来自古巴或佛罗里达（大量1803年战争的败军撤退到这里）的增援，但他必须承认，这样的行动与兵力或者作战能力没有任何关系。1806年2月6日，当英军上将达科沃斯在圣－多明各城港口击溃雷斯雅克法国增援舰队时（五分之三的军舰沉入海底，仅有五百名士兵爬上岸），费兰德将军的信心几乎被彻底摧毁。最后，他策划的秘密行动——绑架雅克一世的计划——同样无疾而终。

马德里的波旁王朝被推翻，由约瑟夫·波拿巴取而代之的消息传来后，费兰德的威信越来越低。西班牙裔举兵反抗。1808年11月8日，费兰德在一次平叛战斗中丧生。巴尔基耶将军继任。然而他发现，由于缺乏增援，他根本无法比自己的前任做出更好的成绩。他坚守在圣－多明各城寸步不离，放弃了其他地区的领土，任由西班牙裔叛军和来自西部的黑人侵略军占据。1809年7月7日，巴尔基耶将军投降。"这支勇敢的守军坚守阵地多年，如果能向他们增派一艘军舰、两艘三桅战舰以及六百名士兵，就能拯救这块重要的殖民地"，拿破仑懊恼不已（事情过去一段时间后）。①他准确地看到：圣-多明各城一役的战败与失掉海地一样，都应归咎于法兰西帝国海军实力的羸弱。

因此，执政府在安的列斯群岛的殖民统治是灾难性的。不仅仅是领土层面上的倒退，同时也是伦理观念上的倒退。执政府执政末期，法国拥有的殖民地数量要少于1799年，国民公会首创的宽宏原则也被摒弃，步入惯常拥护奴隶制度国家的行列。两次战败引发一场人道主义灾难：在这些没有任何意义的殖民地战役中——考虑到战役的结果——数以万计的牺牲者被战斗、彼此制造的屠杀或者疾病夺走生命。至于海地，这个国家开始获得自由，并最终在法兰西帝国时期获得彻底的自由。不过，不幸的事，方法和目标的混乱成为这个国家的标志，这样的情况在很多方面一直没有得到改变。灾难令人扼腕。然而可惜的是，在人民追求自由的历史脚步中，它却如影随行。

---

① 致德克莱信件，1809年9月15日，《书信集》，第15280封。

参考书目

如果读者想要去综合图书馆参阅拿破仑外交政策的相关书籍，我们在这里推荐一份不全面并且可能存在缺陷的参考书单。两个世纪以来，与此有关书籍浩如烟海，我们推荐的书单只占其中极小的一部分。人们对拿破仑时代的兴趣从未停息，对拿破仑时代的认知也一直在向前发展。

全面研究第一帝国时期的外交策略时，我们既没有放弃各种辞典，也没有遗漏有用的编年史。这些作品中从来都不缺少外交与各类国际事件。显然，我们建议从著名的让图拉尔编著的《拿破仑辞典》(*Dictionnaire Napoléon*)（法亚尔，第二版，1999年，两卷本）以及艾尔弗雷德·费耶罗和安德烈·帕吕埃尔-吉雅尔撰写的通俗易懂的精选"丛书"、《执政府和帝国时期历史及辞典》(*Histoire et dictionnaire du Consulat et de l'Empire*)（罗伯特·拉丰，1995年）开始读起。最新的编年史是由伽利玛出版社于2001年出版的《法兰西与法兰西人日志—政治、文化、宗教编年史：从克劳维斯到2000年》(*Chronologie politique, culturelle et religieuse de Clovis à 2000*)。其中有关拿破仑的部分由帕特里斯·格尼费主笔。还可以补充阅读让·马森的经典作品《第一帝国年鉴》

（*Almanach du Premier Empire*）（C.F.L 出版社，1963年）和每卷《书信全集—拿破仑基金会出版》（*Correspondance générale de Napoléon Bonaparte publiée par la Fondation Napoléon*）后附的由伊莱娜·德拉赫撰写的大事年表（法亚尔出版社）。

尽管出现在本书单中的许多书籍里已经发布了大量的欧洲地图，但系统并且详细的拿破仑时期的欧洲地图还有很大的完善空间。尽管如此，我们还是要提到弗朗索瓦·德·丹维尔和让·图拉尔共同完成的《根据1812年费尔特雷大公命人编订的地图集绘制的法兰西帝国地图集》（*Atlas administratif de l'Empire français d'après l'atlas rédigé par ordre du duc de Feltre en 1812*）（德罗兹出版社，1973年）以及将前者遗漏的补充完整的雅克·加尼尔的《拿破仑地图集》（*Atlas napoléonien*）（拿破仑一世出版社，2006年）。

谈到涉及有关外交领域俄素材，我们十分庆幸米歇尔·克罗特雷评注的三部必读书出版发行：《执政府时期签署的条约（1799年-1804年）》〔*Les grands traités du Consulat (1799-1804)*〕、《法兰西帝国时期签署的条约（1804年-1810年）》〔*Les grands traités de l'Empire (1804-1810)*〕、《法兰西帝国时期签署的条约（1810年-1815年）》〔*Les grands traités de l'Empire (1810-1815)*〕（拿破仑基金会-新世界出版社联合出版，2001年-2004年）。若要理解拿破仑的外交思想及其演化可以阅读《书信全集—拿破仑基金会出版》（*Correspondance générale publiée par la Fondation Napoléon*）（法亚尔出版社，2004年-2016年，14册）。这部书将被《拿破仑一世书信集—奉拿破仑三世之命出版》（*Correspondance de Napoléon Ier publiée par ordre de* l'Empereur Napoléon III）所取代，后者共计32册，出版于第二帝国时期。

全面研究1799年至1815年法国外交时，必须参考阿尔贝·索雷尔的经典概论〔《欧洲与法国大革命》（L'Europe et la Révolution française），无双图书馆2003年再版，伊夫·布鲁利作序，共8册〕。这是一部令人敬佩的作品。爱德华·德利奥的作品共5册，经受住了时间的考验〔《拿破仑与欧洲》（Napoléon et l'Europe），菲利克斯·阿尔坎出版社，1912年-1927年〕。请允许我们引导读者阅读我们的《伟大的执政府时代》（Grand Consulat）（法亚尔出版社，1999年）以及四卷本的《第一帝国新史》（Nouvelle histoire du premier Empire）（法亚尔出版社，2002年-2010年）。外交问题占据书中很重要的地位。在时任法国外交部部长的多米尼克·德·维尔潘的推动下，《法国外交史》（Histoire de la diplomatie française）的出版也凝结着我们的心血〔《从革命扩张主义到大陆体系（1789年-1815年）》（De l'expansionnisme révolutionnaire au système continental 1789-1815），第405页-505页，佩兰出版社，2005年〕。除此之外还必须补充阅读以下各位的概括归纳：安德烈·菲吉耶《国际关系史》（Histoire des Relations internationales）和《法国大革命与拿破仑帝国》（La Révolution française et l'Empire napoléonien），哈谢特出版社1954年、让-皮埃尔·布瓦《从诸王的和约到诸君的命令，瑟伊出版社，2003年》（De la paix des rois à l'ordre des empereurs）、让·图拉尔《法兰西大帝国》（Le Grand Empire），阿尔班·米歇尔出版社，1982年、罗杰·杜弗雷斯和米歇尔·克罗特雷（《拿破仑的法兰西—对外领域（1799年-1815年）》〔La France napoléonienne. Aspects extérieurs (1799-1815)〕，瑟伊出版社，1999

年、斯图亚特·沃尔夫《拿破仑与欧洲征服》（*Napoléon et la conquête de l'Europe*），奥比耶出版社，1990年，以及雅克-奥利维耶·布东《法兰西与拿破仑的欧洲》（*La France et l'Europe de Napoléon*）阿尔曼·科林出版社，2006年。还有两部合集需要特别强调：让-克雷蒙·马尔丹（主编）的《拿破仑与欧洲》（*Napoléon et l'Europe*）（雷恩大学出版社，2002年）以及蒂埃里·朗茨的《拿破仑与欧洲—从拿破仑的欧洲政策着眼》（*Napoléon et l'Europe. Regards sur la politique européenne de Napoléon*）（法亚尔出版社，2005年）。皮埃尔·布朗达的作品〔《光荣的代价——拿破仑与货币》（*Le prix de la gloire*），法亚尔出版社，2007年〕问世后，人们对曾经长期不受重视的财政和经济领域有了更好的理解和体悟。有关"大陆封锁"的相关资料参见弗朗索瓦·克鲁泽的经典作品《英国经济与大陆封锁》（*L'économie britannique et le Blocus continental*）（经济出版社，1987年再版）以及斯尔维亚·马萨加利的《走私的康庄大道—海上交易与大陆封锁（1806年-1813年）》〔*Les boulevards de la fraude. Le négoce maritime et le Blocus continental (1806-1813)*〕（北方出版社，1999年）。

最后，我们以法兰西第一帝国时期几名外交界的法国作家的传记作为结尾。拿破仑是成千上万研究者的研究对象，在这一点上，他实至名归。在我们看来，在这些研究中涌现出一批作家，例如雅克·班维尔〔伽利玛出版社再版，《如是》集（tel），2005年，帕特里斯·格尼费作序〕、乔治·勒费夫尔（法国大学出版社，1941年，新世界出版社2008年再版）、让-图拉尔（法亚尔出版社，1978年）、斯蒂文·英格兰德（德·法卢瓦出版社，2004年）以及路易吉·马希里·里格里奥里尼（佩兰出版社，2004年）。在此期间，帕特里斯·格尼费主笔的两卷本传记由伽利玛出版社出版发行。若要深入了解拿破仑的身边人，不可能不深入了解塔列朗（埃马纽埃尔·德瓦雷斯杰尔，《塔列朗——纹丝不动的巨头》（*Talleyrand, le prince immobile*），法亚尔出版社，2003年以及《塔列拉——最后一个魔头》（*Talleyrand, dernières nouvelles du diable*），法国国家科学研究中心出版社，2011年）、康巴塞雷斯〔皮埃尔-弗朗索瓦·皮诺德，《康巴塞雷斯》（*Cambacérès*），佩兰出版社，1996年以及劳伦斯沙泰勒德布朗雄，《康巴塞雷斯——拿破仑的管事人》（*Cambacérès, le maître d'œuvre de Napoléon*），佩兰出版社，2001年〕、马雷〔艾尔弗雷德-奥古斯特·埃尔努夫，《马雷——巴萨诺大公》（*Maret, duc de Bassano*），拿破仑基金会-新世界出版社2008年再版〕、科兰古〔安托瓦纳·德·阿尔瑞宗，《科兰古——拿破仑的心腹》（*Caulaincourt, le confident de Napoléon*），佩兰出版社，2012年〕。最后，想了解有关外交官的资料，我们建议阅读：克里斯蒂安·普雷特尔的《法国的外交和外交界之——从旧制度到第二帝国》（*Les Affaires étrangères et le corps diplomatique français. I. De l'Ancien Régime au Second Empire*）（法国国家科学研究中心出版社，1984年，第365页-519页）中的"执政府与法兰西第一帝国"章节；雅克亨利-罗伯特的《拿破仑外交官大全》（*Dictionnaire des diplomates de Napoléon*）（S.P.M出版社，1990年）以及吕西安·别雷、乔治-亨利·苏图、洛朗·泰斯和莫里斯·瓦伊斯（编辑）的《外交部长大全（1589年-2004年）》〔*Dictionnaire des ministres des Affaires étrangères (1589-2004)*〕（法亚尔出版社，2005年）。

作者的其他作品

La Moselle et Napoléon, étude d'un département sous le Consular et l'Empire, Serpenoise, 1986 (avec Denis Imhoff).

Roederer, Serpenoise, 1990 (Prix d'histoire Erckmann-Chatrian).

L'affaire Kennedy, Presses Universitaires de France, coll. 《Que sais-je?》, 1993.

Napoléon III, Presses Universitaires de France, coll. 《Que sais-je?》, 1995.

Kennedy. Enquêtes sur l'assassinat d'un président, Jean Picollec, 1995; édition refondue sous le titre: L'assassinat de John F. Kennedy. Histoire d'un mystère d'État, Nouveau Monde éditions, 2010.

Le 18-Brumaire. Les coups d'État de Napoléon Bonaparte, Jean Picollec, 1997 (Grand Prix de la Fondation Napoléon) ; réédition dans la collection 《Ternpus》), Perrin, 2010.

ABCdaire de Napoléon et de l'Empire, Flammarion, 1998 (avec Jean Tulard, Jacques Jourquin, Gérard Gengembre et Adrien Goetz).

Napoléon. ≪Mon ambition était grande≫, Gallimard, coll. Découverte, 1998.

Dietionnaire des ministres de Napoléon, Christian/Jas, 1999.

Le Grand Consulat (1799-1804), Fayard, 1999.

Napoléon, Le Cavalier Bleu, coll. Idées reçues, 2001.

Savary, le séide de Napoléon, Fayard, 2001 (Prix Paul-Michel Perret de l'lnstitut, Académie des Sciences morales et politiques).

Autour de ≪l'empoisonnement≫ de Napoléon, Fondation Napoléon-Nouveau Monde Editions, 2001 (avec Jean-François Lernaire, Paul Fornès et Pascal Kintz).

Nouvelle histoire du Premier Empire. I. Napoléon et la conquête de l'Europe (1804-1810), Fayard, 2002.

Napoléon, Presses Universitaires de France, coll. ≪Que sais-j?≫, 2003.

Nouvelle histoire du Premier Empire. II. L'effondrement du système napoléonien (1810-1814), Fayard, 2004 (Prix du Mémorial de la ville d'Ajaccio).

Napoléon, l'esclavage et les colonies, Fayard, 2006 (avee Pierre Branda)

Nouvelle histoire du Premier Empire. III. La France et l'Europe de Napoléon (1804-1814), Fayard, 2007.

Tout le monde ment, roman, Fayard, 2008.

La mort de Napoléon. Mythes, légendes, mystères, Perrin, 2009 (avec

Jacques Macé) ; réédition dans la collection 《Tempus》, 2012.

Nouvelle histoire du Premier Empire. IV. Les Cent-Jours (1815), Fayard, 2010.

Une passion. Promenades dans la Crucifixion de Velázquez, Perrin, 2011.

La conspiration du général Malet. 24 octobre 1812. Premier ébranlement du trône de Napoléon, Perrin, 2012.

Directions d'ouvrages

Le Sacre de Napoléon, Nouveau Monde Éditions, 2003 ; Napoléon et l'Europe. Regards sur une politique, Fayard, 2005; Sainte-Hélène. î le de mémoire, Fayard, 2005 (avec Bernard Chevallier et Michel Dancoisne-Martineau); Quand Napoléon inventait la France. Dictionnaire des institutions politiques, administratives et de tour du Consulat et de l'Empire, Tallandier, 2008 ; 1810. Le tournant de l'Empire, Fondation-Napoléon-Nouveau Monde éditions, 2010.

Editions de textes

La proclamation de l'Empire ou Recueil des pièces et acres relatfs à l'établissement du gouvernement impérial héréditaire imprimé par ordre du Sénat conservateur, Fondation Napoléon-Nouveau Monde éditions, 2001 (avec Nathalie Clot); Jean-Frédéric

Reichardt, Un Hiver à Paris sous le Consulat, Tallandier, 2003 (avec Florence Pinon); Napoléon Bonaparte, Correspondance générale publiée par la Fondation Napoléon. I. Les apprentissages (1784-1797), Fayard, 2004 ; Napoléon Bonaparte, Correspondance générale publiée par la Fondation Napoléon. II. La campagne d'Égypte et l'avènement (1798-1799), Fayard, 2005 (avec Gabriel Madec) ; Napoléon Bonaparte, Correspondance générale publiée par la Fondation Napoléon. III. Pacifications (1800-1802), Fayard, 2006 (avec Gabriel Madec) ; Mémoires de Napoléon, Tallandier, 2010-2011, 3 volumes; Napoléon Bonaparte, Correspondance générale publiée par la Fondation Napoléon. XII. La campagne de Russie (1812), Fayard, 2012.

著作权合同登记：图字 09-2014-1069 号

Original edition CNRS Editions,2012
Chinese edition arranged through Dakai Literary Agency

图书在版编目（CIP）数据

拿破仑的外交策略 /（法）伦茨（Lentz,T.）著；
安康，陈沁译. -- 上海：上海社会科学院出版社，2015
　ISBN 978-7-5520-1010-7

　Ⅰ. ①拿… Ⅱ. ①伦… ②安… ③陈… Ⅲ. ①拿破仑，
B.（1769～1821）－外交战略－研究 Ⅳ. ① D856.59

中国版本图书馆 CIP 数据核字（2015）第 224084 号

拿破仑的外交策略

著　　者：[法]蒂埃里·伦茨
译　　者：安康　陈沁
出 品 人：缪宏才
总 策 划：朱书民　闫青华
责任编辑：潘　炜
特约编辑：姚丽晴
装帧设计：谷亚楠　朱海英
出版发行：上海社会科学院出版社
　　　　　上海市顺昌路 622 号　邮编：200025
　　　　　电话：021-63315900　销售热线：021-53063735
　　　　　http://www.sassp.org.cn　E-mail:sassp@sass.org.cn
排　　版：上海万墨轩图书有限公司
印　　刷：上海信老印刷厂
开　　本：720×1020 毫米　1/16 开
印　　张：18.25
字　　数：201 千字
版　　次：2016 年 3 月第 1 版　2016 年 10 月第 2 次印刷

ISBN：978-7-5520-1010-7/D·327　　　　　　定价：49.80 元

版权所有，侵权必究

读者回函表
Readers WIPUB BOOKS

姓名：_____ 性别：_____ 年龄：_____ 职业：_____ 教育程度：_____

邮寄地址：_____ 邮编：_____

E-mail：_____ 电话：_____

您所购买的书籍名称： 《拿破仑的外交策略》

您对本书的评价：

书名：	☐满意	☐一般	☐不满意	故事情节：	☐满意	☐一般	☐不满意
翻译：	☐满意	☐一般	☐不满意	书籍设计：	☐满意	☐一般	☐不满意
纸张：	☐满意	☐一般	☐不满意	印刷质量：	☐满意	☐一般	☐不满意
价格：	☐便宜	☐正好	☐贵了	整体感觉：	☐满意	☐一般	☐不满意

您的阅读渠道（多选）：☐书店 ☐网上书店 ☐图书馆借阅 ☐超市/便利店
☐朋友借阅 ☐找电子版 ☐其他_____

您是如何得知一本新书的呢（多选）：☐别人介绍 ☐逛书店偶然看到 ☐网络信息
☐杂志与报纸新闻 ☐广播节目 ☐电视节目 ☐其他

购买新书时您会注意以下哪些地方？
☐封面设计 ☐书名 ☐出版社 ☐封面、封底文字 ☐腰封文字 ☐前言、后记
☐名家推荐 ☐目录

您喜欢的书籍类型：
☐文学-奇幻小说 ☐文学-侦探/推理小说 ☐文学-情感小说 ☐文学-散文随笔
☐文学-历史小说 ☐文学-青春励志小说 ☐文学-传记
☐经管 ☐艺术 ☐旅游 ☐历史 ☐军事 ☐教育/心理 ☐成功/励志
☐生活 ☐科技 ☐其他_____

请列出3本您最近想买的书：_____、_____、_____

请您提出宝贵建议：_____
_____

★感谢您购买本书，请将本表填好后，扫描或拍照后发电子邮件至 wipub_sh@126.com，您的意见对我们很珍贵。祝您阅读愉快！

图书翻译者征集

为进一步提高我们引进版图书的译文质量，也为翻译爱好者搭建一个展示自己的舞台，现面向全国诚征外文书籍的翻译者。如果您对此感兴趣，也具备翻译外文书籍的能力，就请赶快联系我们吧！

您是否有过图书翻译的经验：☐有（译作举例：_____）
☐没有

您擅长的语种：☐英语 ☐法语 ☐日语 ☐德语
☐韩语 ☐西班牙语 ☐其他_____

您希望翻译的书籍类型：☐文学 ☐生活 ☐心理 ☐其他_____

请将上述问题填写好、扫描或拍照后，发电子邮件至 wipub_sh@126.com，同时请将您的译者应征简历添加至邮件附件，简历中请着重说明您的外语水平等。

期待您的参与！

上海万墨轩图书有限公司

更多好书资讯，敬请关注

万墨轩图书

文学·心理·经管·社科

艺术影响生活，文化改变人生